中华人民共和国
传染病防治法

知识问答

刘鑫　霍宏蕾
编著

案例
讲解版

中国法治出版社
CHINA LEGAL PUBLISHING HOUSE

序言 FOREWORD

开创我国传染病防控的新纪元

传染病是危害人类身体健康、威胁人民生命安全的最严重疾病之一。纵观人类文明进程，传染病防控史与社会发展史深度交织，每一次与微生物的生死博弈，都在重塑着人类社会的秩序与格局。《中华人民共和国传染病防治法》（以下简称《传染病防治法》）正是肩负着守护人民健康、助力民族复兴的历史使命应运而生。在"健康中国"战略全面推进的时代背景下，修订《传染病防治法》不仅关乎公共卫生安全体系的完善，更对提升全民健康水平、夯实民族复兴健康根基具有不可估量的战略价值与现实意义。

一、传染病严重威胁着人类的生命和健康

传染病的全球流行有着悠久的历史，情况也极为复杂，不断威胁和影响着人类的健康。历史上最致命的传染病之一是黑死病（The Black Death），发生在14世纪中期，席卷欧亚大陆，人口因

之锐减,社会为之剧变。① 此后,天花、霍乱等多种传染病在欧洲、亚洲、非洲等地流行。人类社会早期即开始着手传染病防控。② 20世纪以来,流行性感冒、艾滋病和埃博拉病毒病等古老和新发传染病不断威胁全球人类健康。传染病的预防控制和治疗策略也随之不断发展,疫苗接种、消毒隔离、治疗药物等措施的施行,大大降低了各种传染病的发病率和死亡率。③ 然而,现代社会频繁快速的人口移动和交流,也在所难免地加剧了传染病的传播,尤其是新发传染病的全球暴发。

传染病对人类社会的侵袭范围之广,中国也不能独善其身。最早与传染病防控有关的事件可以追溯到甲骨文中记载的措施。在甲骨文中,有"疾,亡入"的卜辞,意为不要接近病人,这可能是早期对传染病患者进行隔离的记录。此外,在殷墟出土的完善下水道系统也表明当时已经有了公共卫生设施,有助于减少疫病的传播。④ 近代、现代中华民族一直在与传染病展开防控斗争,取得了一定的成效。1910年中国东北鼠疫大流行,这场大瘟疫持续了6个多月,席卷半个中国,造成了6万多人死亡。公共卫生学家伍连德为抗击东北鼠疫做出重大贡献,并创造了中国医学史上诸多的"第一次":亲手实施了中国医学史上第一例病理解剖、世界上

---

① 李化成:《黑死病期间的英国社会初揭(1348—1350年)》,载《中国社会科学》2007年第3期。

② Forder AA. A brief history of infection control-past and present. S Afr Med J. 2007, 97 (11 Pt 3): 1161-1164.

③ Shaw-Taylor L. An introduction to the history of infectious diseases, epidemics and the early phases of the long-run decline in mortality. Econ Hist Rev. 2020, 73 (3): E1-E19.

④ 郑洪:《中国历史上的防疫斗争》,载《求是》2020年第4期。

第一个提出"肺鼠疫"概念、让中国人第一次用口罩预防传染病。① 新中国成立后逐步建立了各项公共卫生制度，强化了传染病防控，在提高国民健康素质、减少传染病传播方面发挥了重要的作用。

二、传染病防控法制化是最有效的防控措施

人类在与传染病博弈的过程中逐渐认识到，约束和规范人类群体行为对传染病的防控起着至关重要的作用，很早便开始针对传染病防控工作进行立法。在英国，1840年的《疫苗接种法》为穷人提供免费疫苗接种；1848年8月31日通过英国历史上第一部综合性的公共卫生法案——《公共卫生法案》；1853年英国制定了《防疫法》，该法规定所有1853年8月之后出生的婴儿必须在出生三个月内接种牛痘疫苗，这是第一部用强制预防接种的方法来预防传染病的法案。②

我国高度重视传染病防控工作。为加强传染病管理、计划免疫等工作，从1950年起国务院和卫生部着重制定实施了一系列法规、规章。

1989年全国人民代表大会常务委员颁布了《传染病防治法》，标志着我国传染病防治工作进入了法治化时代，并在后续的传染病防治工作中发挥了重要作用。随着人们行为习惯发生变化，病毒的不断演化以及新病毒的陆续产生，传染病防控工作也出现了

---

① 程丛杰：《清末民初公共卫生体系发展视域下的伍连德抗击东北肺鼠疫再探究》，载《河北大学学报（哲学社会科学版）》2021年第3期。

② Wolfe RM, Sharp LK. Anti-vaccinationists past and present. BMJ. 2002, 325 (7361): 430-2.

一些新情况、新问题,《传染病防治法》又经过了 2004 年、2013 年两次修订或修正。

三、从构建人类卫生健康共同体的视角修订传染病防治法

对于传染病疫情面临的新形势,早在 2018 年世界卫生组织就提出了"X 疾病"的概念,并提醒各国加强协作,对新型传染病防控的展开研究。[①]对适应新形势、新任务、新要求,《传染病防治法》的修订具有重要意义。这些年来,我国积累了大量传染病防治的实战经验,在 2025 年《传染病防治法》修订中均得以吸收和体现。

第一,将"坚持中国共产党的领导,坚持人民至上、生命至上"作为传染病防控的方针列入《传染病防治法》中。为我国传染病防治工作指明了前进的方向和目标。"坚持中国共产党的领导"是我国各项工作取得成功的法宝。传染病疫情防控要求具有高度统一的执行力,更需要有中国共产党的领导。坚持"人民至上、生命至上"则要求今后的传染病防治工作中将以保障人民生命健康为最高目标,彰显了我国社会主义制度的本质特征与强大生命力。

第二,完善传染病防治机制健全公共卫生体系。国家建立健全传染病防治体制机制,明确属地、部门、单位和个人责任,实行联防联控、群防群控。国家建立健全城乡一体、上下联动、功能完备的疾病预防控制网络。在国家疾病预防控制部门领导各级疾病预防控制机构业务工作,建立上下联动的分工协作机制。

---

① Fei YD, Huang J. Unveiling disease X: Strategies for tackling the new frontier of infectious diseases. Zoonoses. 2024, 4 (1): 20.

序 言

第三，增加法定传染病分类，加强传染病目录动态调整。一是明确传染病分类标准，把传染病对人体健康和社会的危害程度以及采取的预防控制措施作为分类原则，明确甲类、乙类、丙类和其他不明原因传染病的分类。二是根据实际情况，对有关病种作了调整，列入传染病防治法的病种共 40 种。三是完善传染病目录调整主体和程序，明确国务院疾病预防控制部门根据传染病暴发、流行情况和危害程度，及时提出调整各类传染病目录的建议。

第四，在实施传染病防控措施方面，充分体现行政法上的比例原则。根据传染病的传播强度和危害程度，对不同种类的传染病疫情采取不同的防控措施，建立了完备的传染病防控措施体系，同时，又注重权衡公共利益与个人利益的关系，被传染病疫情防控措施侵犯合法权益的单位和个人可以向有关部门申诉。

第五，完善了法律责任的规定，对于不履行传染病防控义务和违反传染病防控措施的单位和个人，建立了完善的责任体系，并与其他法律法规相衔接，避免出现法律规定的冲突和空白。

《传染病防治法》修订期间，世界卫生组织也在组织各成员国讨论制定《大流行协定》（WHO Pandemic Agreement）。修订后的《传染病防治法》通过之后，《大流行协定》也顺利通过。中国代表团全程深度参与《大流行协定》谈判，以"构建人类卫生健康共同体"理念为指导，倡导多边合作与团结，支持世界卫生组织发挥核心协调作用。中方在技术条款起草中提出关键修改意见，公平性倡议和科学主导的内容，是中国的核心贡献。推动聚焦具有大流行潜力的新发传染病监测，减轻发展中国家履约负担。新修订的《传染病防治法》与世界卫生组织《大流行协定》

在国内法和国际法方面对全球传染病疫情和国内传染病疫情防控方面起着协同促进作用。

刘鑫、霍宏蕾两位学者撰写的《中华人民共和国传染病防治法知识问答：案例讲解版》一书，以大家在传染病防控工作中经常遇到、问到的问题为视角，以传染病防控工作实践中常见、频发问题为导向，以传染病防控工作中的实际需求为动力，以《传染病防治法》规定的内容为依据，简明易懂地介绍了《传染病防治法》的主要内容。书中对《传染病防治法》在具体实践中的落实要求作出针对性解答，书中列举了很多鲜活的实践案例，为普法宣传与实践应用提供了有力参考，是一部兼具实用性与科普性的优质普法教材。

孙阳
2025 年 5 月 30 日

前言

传染病防控事关人民生命健康与社会稳定发展，法律作为防控体系的重要支撑，始终随着时代发展不断完善。自1989年《中华人民共和国传染病防治法》（以下简称《传染病防治法》）颁布以来，经历了三次修改，每一次调整都紧密回应着公共卫生领域面临的挑战与需求。面对全球新发传染病频发、科技治理需求升级等新形势，2025年《传染病防治法》迎来全面修订。此次修订不仅总结了过往防治经验，更着眼未来，通过制度创新提升防控效能，标志着我国传染病防治工作迈向法治化、现代化的新征程。

一、传染病防治法历史沿革

1989年2月21日，第七届全国人民代表大会常务委员会第六次会议通过《传染病防治法》，标志着传染病防控进入法治化轨道。2004年8月28日，第十届全国人民代表大会常务委员会第十一次会议对《传染病防治法》进行第一次全面修订；2013年6月29日，第十二届全国人民代表大会常务委员会第三次会议对

《传染病防治法》进行部分修正。2025年4月30日第十四届全国人民代表大会常务委员会第十五次会议对《传染病防治法》进行第二次全面修订，删除了一些过时的、不太实用的内容，修改了部分内容，并根据传染病防治的新情况、新问题、新经验，总结了一些新的研究成果，增加了一些新内容，使得《传染病防治法》更能适应新形势的传染病防治要求。《传染病防治法》历次修订背景及修订情况见表1。

传染病防治法的制定实施，对有效防治传染病、保障人民健康发挥了重要作用。同时，传染病防治实践中也出现了一些新情况、新问题，需要总结经验，有针对性地补短板、堵漏洞、强弱项，进一步强化公共卫生法治保障。

表1 《传染病防治法》的制定和修订情况

时间	主要内容
1989年2月21日	7章41条
2004年8月28日	9章80条，重大修订
2013年6月29日	有关调整法定传染病种类和分级的职责、程序等规定进行了完善
2025年4月30日	9章115条，重大修订

二、本次《传染病防治法》修订的背景

2025年《传染病防治法》修订基于三方面背景。

首先，全球范围内，21世纪以来新发传染病发现速度较20世纪显著提升，埃博拉、猴痘等传染病等不断出现，全球公共卫生安全面临严峻挑战。

其次，国内层面，既有防控体系在信息报送、部门协同、基

层防控以及监测预警、应急响应、医防协同等制度方面需全面提升防控效率。

最后，随着社会的不断进步与科学技术的高速发展，传染病防控领域正迎来前所未有的技术革新浪潮。大数据、人工智能等科技手段为传染病防控带来新契机，数据共享、隐私保护等规范有待完善，以适应治理现代化的需求。

三、本次修订《传染病防治法》遵循的五大原则

新修订的《传染病防治法》共9章、115条，主要把握以下原则。

一是明确传染病防治工作坚持中国共产党的领导，坚持人民至上、生命至上，防范和化解公共卫生风险。

二是总结传染病防治经验，完善传染病防治体制机制，健全公共卫生体系，加强疾病预防控制能力建设。

三是坚持问题导向，围绕传染病防治中暴露出的短板和不足，有针对性地完善制度。

四是坚持依法防控、科学防控，高效统筹传染病防治和经济社会发展，加强公民权利保障。

五是加强与有关法律规定的衔接，增强立法的系统性、整体性和协同性，形成制度合力。

四、本次《传染病防治法》修订的制度创新

此次《传染病防治法》的修订标志着传染病防治从"应急响应"向"韧性治理"的战略转型，具有构建平战结合机制、平衡公共卫生与个人权益、健全公共卫生治理体系三重时代价值。具体而言主要体现了六大制度创新。

（一）完善传染病防治体制机制，责任体系立体化

2025年《传染病防治法》在责任体系构建上实现立体化升级，明确属地、部门、单位、个人四方在传染病防控中的具体义务，通过建立"联防联控、群防群控"机制，形成全社会协同防控合力。在法律责任方面，确立"过罚相当"原则，修改完善有关行政处罚的规定，增强合理性和可操作性，提升法律执行的公正性与权威性。

（二）实现传染病分类动态化调整，新增突发情况应对机制

修订后的法律明确传染病分类标准，把传染病对人体健康和社会的危害程度以及采取的预防控制措施作为分类原则，明确甲类、乙类、丙类传染病的定义。修订后列入传染病防治法的病种共40种，其中甲类传染病2种，乙类传染病27种，丙类传染病11种。传染病分类动态化方面，赋予国务院疾病预防控制部门根据传染病危害程度，对甲、乙、丙类传染病目录提出动态调整建议的权力，将调整甲类传染病目录的权限授予国务院，明确由国务院卫生健康主管部门报经国务院批准后予以公布，增强应对传染病的灵活性。

将突发原因不明的传染病纳入传染病的范围，明确本法所称传染病，分类甲类、乙类、丙类传染病以及突发原因不明的传染病等其他传染病。明确国务院有关部门、地方人民政府制订重点传染病和突发原因不明的传染病预防控制应急预案。加强原因不明的传染病监测，提高快速发现和及时甄别能力；明确新发传染病、突发原因不明的传染病网络直报要求。明确发生新发传染病、突发原因不明的传染病，地方人民政府经评估认为确有必要的，可以预先采取本法规定的甲类传染病预防、控制措施。

前 言

(三) 预防为主、关口前移，完善传染病监测预警报告制度

修订后的法律明确指出要坚持预防为主，开展爱国卫生运动，完善传染病预防控制应急预案，加强重点场所传染病预防、控制能力建设。健全监测预警体系，建立监测哨点，拓展症状监测范围，建立智慧化多点触发机制。完善传染病预警制度，建立疫情风险评估制度，明确疾病预防控制机构向社会发布健康风险提示；需要发布预警的，由县级以上人民政府决定向社会发布预警。完善传染病疫情报告制度，实行传染病疫情网络直报，明确重点场所、检验检测机构等的报告责任。加强部门协同，建立通报机制。修订后法律第13条规定，国家支持和鼓励在传染病防治中运用现代信息技术。在传染病监测预警体系中，应利用大数据、人工智能等技术手段，实现对传染病相关信息的实时收集、分析和处理，为传染病防控提供科学依据。

(四) 健全公共卫生体系，提高疾病预防控制能力

修订后的法律以法治重构防控体系，通过细化医疗机构、疾控机构职责，建立起高效防控网络，实现科学防控与权益平衡。一是落实疾病预防控制体系改革部署，建立健全城乡一体、上下联动、功能完备的疾病预防控制网络，进一步明确疾病预防控制机构、医疗机构功能定位，提升专业能力。二是夯实基层公共卫生基础，要求基层医疗卫生机构有专门的科室或者指定人员负责传染病预防、控制管理工作，明确相关职责任务。三是加强医疗机构疾病预防控制能力建设，持续提升传染病专科医院、综合医院的传染病监测、检验检测、诊断和救治、科学研究等能力和水平。明确国家创新医防协同、医防融合机制，推进医疗机构与疾病预防控制机构深度协作。四是加强传染病防治人才培养，明确国家加强传染病防治人才队伍建设，推进传染病防治相关学科建设。只有各方协同发力，健全公共卫生体系，才能全面提高我国疾病预防控制能力，在"管得住"与"放得开"之间走出一条稳健之路，筑牢传染病防控防线。

（五）加强公民权利保障，完善单位及个人救济途径

2025年修订的《传染病防治法》将公民的知情权、隐私权与参与权提升到全新高度，实现了从"被动服从"到"有权质疑"的重要转变。一是规定比例原则，明确采取传染病预防、控制措施，有多种措施可供选择的，应当选择有利于最大程度保护单位和个人合法权益，且对他人权益损害和生产生活影响较小的措施。二是加强个人信息保护，强调依法开展个人信息处理活动，保护个人隐私，不得过度收集个人信息，相关信息不得用于传染病防治以外的目的。三是拓宽救济渠道，明确单位和个人认为采取的相关传染病防控措施侵犯其合法权益的，可以提出申诉。要求县级以上人民政府畅通申诉渠道，完善处理程序，确保有关申诉及时处理。这些规定既确保传染病防控的有效性，又从法律层面为公民权利筑起"防护网"，实现公共利益与个人权利的有效平衡。

（六）强化保障措施，构建分级储备新体系

修订后的法律着眼于公共卫生应急管理的关键环节，新增国家建立健全公共卫生应急物资保障体系的重要内容。面对传染病疫情可能引发的物资需求激增、供应紧张等问题，完备的应急物资保障体系是支撑传染病防控工作有序开展、稳定社会秩序的关键基础。明确要求国家统筹防控应急物资保障工作，通过加强医药储备，将药品、医疗器械和其他物资全面纳入公共卫生应急物资保障体系。创新性地实行中央和地方两级储备制度，形成"中央统筹、地方协同"的高效物资调配格局。中央层面着重储备战略物资、特殊药品及高端医疗器械，保障全国性重大传染病防控需求；地方则依据本地疾病谱、人口规模等实际情况，储备基础防护物资、常用药品等，确保在传染病疫情初期能够快速响应、及时处置。两级储备既各司其职，又紧密联动，通过信息化管理平台实现物资储备数据共享，根据传染病态势动态调整储备规模与结构，有效避免物资短缺或积压现象，为传染病防控提供坚实的物资后盾，切实提升国家公共卫生应急处置能力。

从1989年的"被动防御"到2025年的"主动治理"，《传染病防治法》历时36年的四次完善，折射出中国公共卫生治理的现代化进程。2025年新修订的《传染病防治法》是我国公共卫生领域的重要法律成果，它承载着历史的经验和未来的期望。当法律的刚性约束与科技的柔性赋能深度融合，当政府的统筹协调与社会的多元共治形成合力，中国必将构建起更加坚固的传染病防控体系，在新的法律框架下，各部门应积极履行职责，全社会应共同参与，以更加坚定的信心、更加有力的措施，全面加强传染病防治工作，为保障人民健康和公共卫生安全，推动健康中国建设而不懈努力。相信在全社会的共同努力下，我们一定能够迎来更加健康、美好的未来。

目录

第一章 总 则 / 001

第一节 传染病防治法概述 / 003

1. 什么是传染病？/ 003

   【典型案例1-01】儿童感染手足口病传染来访客人的案例 / 003

2. 什么是重大传染病疫情？/ 004

3. 什么是"X疾病"？/ 004

第二节 《传染病防治法》的立法目的与意义 / 005

1. 修订《传染病防治法》立法目的有何意义？/ 005

2. 对《传染病防治法》立法目的作了什么修改？/ 005

   【典型案例1-02】某地疑似诺如病毒感染疫情事件 / 006

3. 修订《传染病防治法》有何现实意义？/ 006

第三节 传染病防治方针及管理原则 / 007

1. 对传染病防治方针进行修改有何意义？/ 007

2. 传染病防控的方针是什么？/ 008

3. 传染病防控的原则是什么？/ 009

【典型案例1-03】我国消除疟疾获世界卫生组织认证 / 009

第四节　建立有效的传染病防控体系 / 010

一、传染病疫情防控体系的建立 / 010

1. 新修订的《传染病防治法》为什么要对传染病防控机制进行修改？/ 010
2. 传染病防控机制是如何规定的？/ 011
3. 传染病防控机制是如何开展工作的？/ 011
4. 疾病预防控制网络是如何规定的？/ 012

【典型案例1-04】四川省疾控局"三线联动防艾方案"典型案例 / 013

二、各相关部门的传染病防控职责 / 014

1. 各级政府对传染病防控的职责是什么？/ 014
2. 各级卫生行政部门对传染病防控的职责是什么？/ 015
3. 各级疾病预防部门对传染病防控的职责是什么？/ 015
4. 各级疾病预防机构对传染病防控的职责是什么？/ 015
5. 在传染病防控中如何平衡公民个人信息的使用和保护？/ 016

【典型案例1-05】艾滋病感染者遭遇电信诈骗事件 / 017

6. 泄露患者个人信息的行为将承担什么法律责任？/ 017

【典型案例1-06】对入学新生强制检测"乙肝项目"事件 / 019

第五节　传染病分类体系 / 019

1. 我国传染病分类标准是什么？/ 019
2. 什么是甲类传染病？/ 020

目 录

3. 什么是乙类传染病？/ 020

4. 什么是丙类传染病？/ 021

【典型案例1-07】幼儿园常见传染病类型 / 021

5. 什么是突发原因不明的传染病等其他传染病？/ 022

【典型案例1-08】一起群体性不明原因疾病的调查 / 022

6. 调整传染病管理目录的主体和程序是如何规定的？/ 023

7. 哪些传染病可以按照甲类传染病管理？/ 023

8. 如何确定按照甲类传染病管理的乙类传染病？/ 024

9. 如何将其他非法定传染病纳入乙类或者丙类传染病管理？/ 024

【典型案例1-09】猴痘被列入乙类传染病管理的决策过程 / 025

10. 国际组织和域外国家对传染病如何分类管理？/ 026

第二章 传染病预防机制 / 027

第一节 预防的一般措施 / 029

一、传染病预防的科学知识 / 029

1. 传染病传播的基本条件有哪些？/ 029

【典型案例2-01】人流术后结核性胸膜炎病例 / 030

2. 阻断传染病传播的策略有哪些？/ 030

二、爱国卫生运动在传染病防控中的作用 / 031

1. 什么是爱国卫生运动？/ 031

2. 地方爱国卫生运动委员会办公室有哪些主要职责？/ 032

3. 爱国卫生运动可以发挥哪些传染病预防职能？/ 032

【典型案例2-02】某自来水公司生产供应饮用水不符合国家卫生标准案 / 033

第二节　公共卫生设施建设与管理 / 033

一、政府及所属部门在传染病预防中的工作 / 033

1. 地方政府应当承担哪些传染病预防职能？ / 033

【典型案例2-03】某公司未按规定开展二次供水水质检测案 / 034

【典型案例2-04】农村卫生厕改后粪—口传播疾病发病率明显下降 / 035

2. 地方政府所属部门应当承担哪些传染病预防职能？ / 035

【典型案例2-05】西安某宠物医院乱扔动物医疗废弃物被罚款3000元 / 036

3. 交通运输部门应当承担哪些传染病预防职能？ / 037

二、各专业机构在传染病预防中的工作 / 037

1. 各级疾病预防控制机构应当承担哪些传染病预防职能？ / 037

2. 各级疾病预防控制机构在传染病预防中如何分工协作？ / 038

3. 医疗机构应当承担哪些传染病预防职能？ / 039

4. 医疗机构应当采取哪些措施预防传染病？ / 039

【典型案例2-06】某诊所使用后的医疗废物混入其他废物案 / 040

第三节　预防接种制度 / 041

一、疫苗及其安全性 / 041

1. 什么是疫苗？ / 041

目 录

    2. 注射疫苗是否安全？／041

    3. 我国疫苗管理相关的法律及常用制度有哪些？／042

  二、国家免疫规划与疫苗接种管理／042

    1. 国家实行免疫规划制度的内容是什么？／042

    2. 儿童实行预防接种证制度是什么？／043

    3. 什么情况下可以启动紧急使用疫苗程序？／044

    4. 注射疫苗发生异常反应是否有补偿？／044

第四节 传染病预防控制应急预案／045

  一、传染病疫情应急预案概念和制订要求／045

    1. 什么是传染病疫情应急预案？／045

    2. 国家对传染病应急预案的规范文件是什么？／045

    3. 制订传染病预防控制应急预案的要求是什么？／046

    4. 制订传染病预防控制应急预案的内容是什么？／046

  二、疾病预防控制和卫生健康部门传染病疫情应急预案／046

    1. 制订国家重点传染病和突发原因不明的传染病预防控制应急预案的程序是什么？／046

    2. 制订区域性重点传染病和突发原因不明的传染病预防控制应急预案的程序是什么？／047

  三、单位和基层组织传染病疫情应急预案／047

    1. 哪些单位应当制订本单位的传染病预防控制应急预案？／047

    2. 哪些单位有义务开展传染病预防控制应急预案演练？／047

第五节 传染病防控体系强化措施／048

  一、容易引起传染病传播的专业机构的传染病防控管理／048

1. 医学实验室和从事病原微生物实验的单位的传染病防控义务是什么？／048

2. 采供血机构、生物制品生产单位的传染病防控义务是什么？／048

3. 《中华人民共和国献血法》规定的公民献血的条件是什么？／049

4. 自愿无偿捐献的血液的用途是什么？／049

5. 非法组织他人卖血将受到什么处罚？／049

【典型案例 2-07】"无偿献血"变"有偿"，非法牟利终获刑／050

6. 病原微生物菌（毒）种保藏库的传染病防控义务是什么？／051

二、容易引起传染病传播的环境及工程的传染病防控管理／051

1. 被传染病病原体污染的水、物品和场所的管理要求是什么？／051

2. 自然疫源地兴建水利等项目应当如何对传染病进行监测？／052

3. 国家对用于传染病防治的消毒产品有何特殊的要求？／052

4. 国家对饮用水和涉及饮用水卫生安全的产品有何特殊的要求？／052

【典型案例 2-08】某公司生产供应饮用水不符合国家卫生标准案／053

三、特殊传染病的防控管理／053

1. 艾滋病主要有哪些传播途径？／053

2. 我国防治艾滋病传播的法律是什么？／054

目　录

3. 什么是人畜共患传染病？/ 055

4. 人畜共患传染病如何预防？/ 056

四、需要加强的传染病防控环节 / 056

1. 传染病患者、病原携带者和疑似患者及密切接触者的传染病预防义务是什么？/ 056

2. 对一般单位和个人在传染病防控中的绝对禁止性要求是什么？/ 057

3. 故意传播传染病的行为如何追究刑事责任？/ 057

【典型案例 2-09】王某传播性病案 / 058

4. 什么是主体责任，它与第一责任、直接责任的区别是什么？/ 058

5. 哪些重点场所应当落实传染病防控的主体责任？/ 059

第三章　传染病疫情监测、报告和预警 / 061

第一节　传染病监测制度 / 063

一、传染病监测的含义 / 063

1. 什么是传染病监测？/ 063

2. 什么是传染病监测体系？/ 063

【典型案例 3-01】青岛市北区打造传染病综合防治新模式 / 064

3. 传染病监测预警体系的规范文件是什么？/ 065

二、监测体系的构成与运行 / 066

1. 传染病监测的核心环节是什么？/ 066

2. 传染病监测技术的关键手段是什么？/ 066

3. 监测对传染病防控有什么作用？/ 067

三、国家建立健全传染病监测制度 / 067

  1. 疾病预防控制部门制订的传染病监测计划和工作方案是如何分工的？ / 067

  2. 国家如何加强传染病监测工作？ / 068

    【典型案例 3-02】某诊所未按照规定承担本单位的传染病预防、控制工作案 / 069

  3. 疾病预防控制机构如何开展传染病监测工作？ / 069

  4. 国家建立的传染病监测信息共享机制涉及哪些部门？ / 070

  5. 医疗卫生机构在传染病监测信息共享机制中发挥什么作用？ / 070

第二节 传染病疫情报告制度 / 071

一、传染病疫情报告的含义 / 071

  1. 什么是传染病疫情报告？ / 071

    【典型案例 3-03】某幼儿园未按规定上报传染病疫情案 / 072

  2. 国家建立健全的传染病疫情报告制度是什么？ / 072

二、传染病疫情报告的实施 / 073

  1. 传染病疫情报告的义务主体是什么？ / 073

    【典型案例 3-04】某医院未按规定报告传染病疫情案 / 074

  2. 什么机构有责任接受传染病疫情信息报告？ / 075

  3. 确定接受传染病疫情报告单位的原则是什么？ / 076

  4. 传染病疫情报告应当遵循的原则是什么？ / 076

  5. 传染病疫情报告义务单位应当如何开展传染病疫情报告管理的日常工作？ / 077

目 录

  6. 疾病预防控制机构应当如何开展传染病疫情管理工作？/ 077

 三、传染病疫情报告的禁止和鼓励 / 078

  1. 传染病疫情报告的有哪些禁止性规定？/ 078

  【典型案例 3-05】某医院未及时报告传染病疫情信息被处罚 / 079

  2. 传染病疫情报告有哪些鼓励性规定？/ 079

第三节 传染病预警制度 / 080

 一、传染病疫情风险评估制度 / 080

  1. 什么是传染病疫情风险评估制度？/ 080

  2. 我国传染病疫情风险评估的专门规范是什么？/ 080

  3. 国家建立传染病疫情风险评估制度的内容是什么？/ 081

 二、传染病疫情预警制度 / 081

  1. 什么是传染病疫情预警？/ 081

  【典型案例 3-06】内蒙古达茂旗发布鼠疫疫情Ⅲ级预警 / 082

  2. 什么是健康风险提示？/ 083

  3. 传染病疫情预警与健康风险提示的区别是什么？/ 083

  4. 国家建立传染病疫情预警制度的内容是什么？/ 084

  5. 传染病疫情预警是如何分级的？/ 085

第四节 传染病疫情信息公布制度 / 086

 一、传染病疫情信息通报制度 / 086

  1. 什么是传染病疫情通报？/ 086

  【典型案例 3-07】北京确诊两例锡林郭勒盟鼠疫病例 / 086

  2. 地方疾控部门应当向什么单位通报传染病疫情信息？/ 087

3. 国家疾控部门应当向什么单位通报传染病疫情信息？/ 087

二、传染病疫情信息共享制度 / 088

1. 什么是传染病疫情信息共享？/ 088
2. 传染病疫情通报与传染病疫情信息共享的区别是什么？/ 088
3. 地方疾控部门应当与什么单位共享传染病疫情信息？/ 089

三、传染病疫情信息公布制度 / 089

1. 什么是传染病疫情公布？/ 089

【典型案例 3-08】我国发现一起猴痘病毒 Ib 亚分支聚集性疫情 / 089

2. 传染病疫情公布的目的和意义是什么？/ 090
3. 传染病疫情公布的内容是什么？/ 090
4. 传染病疫情公布的要求是什么？/ 091
5. 有权发布传染病疫情信息的单位有哪些？/ 091
6. 传染病疫情信息定期发布是如何分工的？/ 091
7. 传染病暴发流行时传染病疫情信息发布是如何分工的？/ 092
8. 地方疾病预防控制部门公布传染病疫情信息有误应当如何处理？/ 092

第四章 疫情控制措施 / 095

第一节 医疗机构与疾控机构的职责 / 097

目 录

一、医疗机构的防控职责与义务 / 097

 1. 医疗机构在传染病防控中的主要职责是什么？/ 097

 2. 医疗机构发现甲类传染病、病原携带者、疑似患者以及上述人员的密切接触者应该采取什么措施？/ 098

 3. 医疗机构如何配合疾控机构开展流行病学调查？/ 098

 4. 民营医院和公立医院在传染病防控职责上有什么区别？/ 099

 5. 针对肺结核的防控方面有什么特殊要求？/ 100

 【典型案例4-01】宜昌市第三人民医院结核病防治案例 / 100

 6. 医疗机构拒绝接受转诊的传染病患者将面临什么处罚？/ 100

 7. 医疗机构的医疗废物应如何处置？/ 101

 8. 医疗机构未按规定对医疗废物消毒处理，会受到什么处罚？/ 102

 【典型案例4-02】某县医疗废物相关行政处罚案 / 102

二、疾控机构的职能与工作内容 / 103

 1. 疾控机构在传染病疫情控制方面的主要职能有哪些？/ 103

 2. 发生传染病疫情时，疾控机构如何开展流行病学调查？/ 104

 3. 疾控机构如何追踪传染病患者的密切接触者？/ 104

 4. 疾控机构对公共场所的消毒工作有哪些指导要求？/ 105

 【典型案例4-03】呼伦贝尔市"十四冬"场馆消毒指导 / 105

 5. 疾控机构在疫苗接种管理中承担什么角色？/ 106

 6. 疾控机构如何监测学校等重点场所的传染病风险？/ 106

7. 疾控机构能否强制要求密切接触者进行医学观察？／107

8. 医疗机构或疾控机构应如何对被隔离人员进行书面告知？／107

第二节 政府紧急措施与权限／109

一、政府紧急措施／109

1. 修订后的法律对政府紧急措施的规定有哪些改变？／109

2. 政府采取紧急措施前需要进行风险评估吗？／109

3. 采取紧急措施的权限在哪个层级的政府？／110

4. 政府可采取哪些紧急防控措施？／111

5. 政府应急响应权限的调整机制是什么？／112

6. 政府的应急响应如何做到动态调整？／113

7. 哪些部门有权决定暂停公共交通运营？／114

8. 政府在什么情况下可以限制或者停止集市、影剧院演出或者其他人群聚集的活动？／115

二、政府紧急措施的约束／115

1. 政府的紧急措施权限有何约束？／115

2. 政府宣布紧急措施不适当时，由谁决定进行调整或撤销？／116

3. 为什么要建立地方政府的监督协调机制？／117

第三节 疫情控制措施的适用性／117

1. 为何要让防控措施因地制宜？／117

2. 增强适用性和提高防控效率有什么关系？／118

3. 采取措施的机关是否应在采取措施时向社会发布公告？公告内容都有哪些？／119

4. 采取传染病疫情防控措施时,政府有什么法定义务? / 119

5. 《传染病防治法》修订后传染病疫情控制措施的适用性将达到什么程度? / 119

第四节 个人权利与公共利益的平衡 / 120

一、疫情防控中的个人权利限制 / 120

1. 在传染病疫情控制期间个人的人身自由权是否能够受到限制? / 120

2. 患传染病死亡的患者遗体,其家属是否有权处置? / 121

二、个人权利与公共利益之间的平衡 / 122

1. 为什么说个人权利与公共利益之间是"平衡"而非"取舍"? / 122

2. 在流行病学调查中传染病患者的个人隐私被泄露将如何处罚? / 123

3. 在传染病隔离期间,个人的生活与自由权利如何得到保障? / 124

4. 个人认为传染病疫情防控措施侵犯自身合法权益时,应该怎么申诉? / 125

5. 个人在什么情况下可以依法申请行政复议或提起诉讼? / 125

6. 个人能否参加宣传教育、志愿服务等传染病疫情防控工作? / 126

7. 个人在隔离期间无法正常到岗工作,工资是否会受影响? / 126

8. 政府在疫情期间有权征用私人场地作为隔离点吗？/ 126

第五章　医疗救治 / 129

第一节　医疗救治体系的构建与运行 / 131

一、传染病医疗救治体系的基本架构 / 131

1. 我国传染病医疗救治体系由哪些部分组成？/ 131
2. 我国传染病医疗救治机构都有哪些？/ 132
3. 医疗救治体系在传染病防控中如何实现分级诊疗？/ 133
4. 基层医疗机构在救治体系中承担什么角色？/ 135

【典型案例5-01】某社区卫生服务中心开展传染病防控救治工作 / 136

5. 传染病专科医院和综合医院的分工是怎样的？/ 136
6. 是不是只有传染病专科医院才可以收治传染病患者？/ 137

【典型案例5-02】某医院救治鹦鹉热肺炎患者 / 138

7. 不同级别医院收治传染病患者有什么标准？/ 138
8. 医疗救治体系中的专家组发挥什么作用？/ 139
9. 医疗救治体系如何保障边远地区患者？/ 140

【典型案例5-03】十堰市结核病防治援助专家提升当地防治水平 / 142

10. 民营医院能否参与传染病医疗救治？/ 142
11. 医疗救治体系与疾控系统如何协同？/ 143

二、医疗救治的流程与规范 / 144

1. 传染病患者的病历记录有什么要求？/ 144

目 录

　　　2. 医疗机构不具备救治能力时应当怎么办？/ 145

　　　　【典型案例 5-04】某医院未按规定转诊结核病患者
　　　　　　被处罚 / 146

　　　3. 医疗救治过程中如何防止交叉感染？/ 146

　　　4. 传染病患者的心理疏导工作如何开展？/ 147

　　　5. 中医药在医疗救治中如何发挥作用？/ 148

　　　6. 对防治传染病急需的药品、医疗器械等不足
　　　　怎么办？/ 149

　　　　【典型案例 5-05】甲型 H1N1 流感疫情防控案例 / 151

　　　7. 患者家属能否探视住院的传染病患者？/ 151

　第二节　社会力量参与医疗救治 / 152

　　一、企业在医疗救治中的责任 / 152

　　　1. 医药企业在疫情期间要承担哪些任务？/ 152

　　　2. 企业参与医疗救治能否获得政策支持？/ 153

　　　3. 企业能否自行组织医疗救助队伍？/ 154

　　二、社会组织与志愿者的作用 / 154

　　　1. 社会组织在医疗保障中承担什么职责？/ 154

　　　2. 志愿者可以参与哪些传染病疫情防控和医疗救治
　　　　工作？/ 155

　第三节　特殊人群的医疗救治与保障 / 157

　　一、慢性病患者的医疗服务保障 / 157

　　　1. 慢性病患者在传染病疫情期间如何就医？/ 157

　　　2. 精神障碍患者的医疗服务如何开展？/ 157

　　二、特殊人群的医疗救治与保障 / 158

1. 对老年人如何做好医疗救治与保障？/ 158

2. 对残疾人的医疗救治有哪些特殊要求？/ 159

3. 孕产妇及新生儿的医疗救治有哪些特殊要求？/ 159

4. 低收入人群的医疗费用如何解决？/ 160

第六章　保障措施 / 161

第一节　政策保障与机制 / 163

一、财政资金的来源与预算管理 / 163

1. 国家如何保障传染病防治的财政资金投入？/ 163

2. 中央与地方财政资金分配比例如何确定？/ 164

3. 突发传染病疫情时的紧急财政拨款程序是什么？/ 165

4. 欠发达地区、民族地区和边境地区的传染病防治经费有哪些保障？/ 166

5. 医疗机构传染病防治专项资金的使用范围有哪些？/ 166

二、资金使用监督与责任追究 / 167

1. 如何监管财政资金的合规使用？/ 167

【典型案例 6-01】怒江州财政局多方位强化财政资金监管 / 168

2. 政府采购传染病防治物资的价格监管机制如何运行？/ 169

3. 医疗机构虚报资金需求需承担何种法律责任？/ 170

4. 社会捐赠资金如何纳入财政统筹管理？/ 170

三、医疗保险及费用保障 / 172

1. 传染病疫情时，医保能否报销医疗费用？/ 172

【典型案例 6-02】甲型 H1N1 流感疫情案例 / 173

2. 国家对特殊困难人群是否都能减免医疗费用？/ 173

3. 商业保险能否参与传染病救治相关保障？/ 174

第二节 分级储备体系与应急调配 / 175

一、物资分级储备体系建设 / 175

1. 什么是分级储备体系？/ 175

2. 传染病疫情中哪些物资必须纳入储备清单？/ 176

3. 过期储备物资的处置流程如何规范？/ 177

二、应急调配与市场协同 / 178

1. 省级物资储备的跨区域支援审批流程是什么？/ 178

2. 应急物资运输车辆的优先通行权如何保障？/ 180

3. 临时征用民用房屋、设施或交通工具的是否应当给予补偿？/ 181

第三节 医疗资源统筹与人才队伍建设 / 182

一、医疗资源应急调度 / 182

1. 医疗资源的应急调度有何法律依据？/ 182

2. 医疗机构停诊非急诊科室的法律依据是什么？/ 183

3. 医疗机构停诊非急诊科室的程序通常是什么？/ 184

4. 医护人员跨机构执业应遵循什么规定？/ 184

二、人才储备及队伍建设 / 186

1. 国家如何加强传染病防治人才队伍建设？/ 186

2. 传染病专科医院如何提升人才队伍传染病救治能力？/ 187

3. 综合医院如何提升传染病人才队伍素质？/ 188

4. 基层医疗卫生机构如何加强传染病监测、识别及处置能力？/ 188

第四节　人员权益保障 / 189
　　一、传染病防治人员津贴待遇 / 189
　　　　1. 传染病防治人员获得津贴的法律依据有哪些？/ 189
　　　　2. 哪些传染病防治人员可获得临时性工作补助？/ 190
　　　　3. 临时性工作补助的发放时限如何界定？/ 190
　　　　4. 传染病防治人员津贴的执行范围包括哪些人员？/ 191
　　　　5. 传染病防治人员的临时性工作补助和津贴会叠加发放吗？/ 191
　　　　6. 享受津贴的传染病防治人员工作变动后，津贴会有什么变化？/ 191
　　二、传染病防治人员职业风险及特殊情况保障 / 192
　　　　1. 传染病防治人员在工作中感染传染病，是否算工伤？/ 192
　　　　2. 传染病防治人员因工伤残，如何进行评定和补偿？/ 193
　　　　3. 传染病防治人员因公殉职，家属可获得哪些抚恤？/ 193
　　　　4. 传染病防治人员工伤认定的流程是怎样的？/ 194
　　　　5. 传染病防治人员工伤期间的医疗费用如何报销？/ 194
　　　　6. 对于因传染病防治工作导致精神创伤的人员，有什么保障措施？/ 195

第七章　监督管理 / 197

第一节　政府监督管理 / 199
　　一、政府承担监督管理主导责任 / 199
　　　　1. 政府在传染病防治监督管理中扮演何种角色？/ 199

目 录

  2. 政府如何监督传染病防治相关计划的制订与实施？/ 199

  3. 政府如何落实传染病防治监督报告与接受监督责任？/ 200

  4. 个人能否向政府举报违规事项？/ 201

  5. 举报人能否要求保密个人信息？/ 202

  6. 政府如何监督下级部门履行传染病防治职责？/ 203

  【典型案例 7-01】河池市疟疾防治案例 / 205

  7. 政府如何协调各部门间的传染病防治监督工作？/ 205

  8. 政府如何确保传染病防治措施的有效监督？/ 206

 二、政府统筹规划传染病防治监督体系建设 / 206

  1. 政府如何建立传染病防治监督体系？/ 206

  2. 政府怎样推动跨区域传染病防治监督协作？/ 207

  3. 政府如何引导社会力量参与传染病防治监督？/ 208

  4. 政府在传染病防治监督的宣传教育方面有哪些举措？/ 208

  5. 政府如何根据传染病疫情变化调整传染病防治监督策略？/ 209

第二节　部门监督管理 / 210

 一、部门监督职能 / 210

  1. 疾病预防控制部门主要履行哪些监督检查职责？/ 210

  2. 卫生健康主管部门、疾病预防控制部门是否有权查阅或调阅患者的病历资料？/ 211

  3. 疾病预防控制部门在检查中发现被污染的饮用水源或食品时应如何处置？/ 212

 二、内部监督制度 / 213

1. 卫生健康主管部门、疾病预防控制部门为何要建立内部监督制度？/ 213

2. 内部监督制度主要监督内容是什么？/ 215

3. 内部监督中发现不履职或不当履职行为如何处理？/ 215

第三节　监督执法程序 / 216

一、监督执法要点 / 216

1. 传染病防治监督执法的启动条件是什么？/ 216

2. 监督执法人员在执法前需要做哪些准备？/ 217

3. 监督执法过程中如何进行现场检查？/ 218

4. 监督执法过程中需至少几名工作人员共同开展工作？/ 219

【典型案例 7-02】永安市随机监督抽查案 / 220

5. 监督执法过程中是否必须出示执法证件？/ 220

二、监督执法程序中的特殊情况处理 / 221

1. 当事人拒绝在执法文书中签字应如何处理？/ 221

2. 当事人对监督措施不认可是否可申请行政复议或诉讼？/ 222

3. 在监督中发现违法犯罪行为如何处置？/ 223

第八章　传染病防控的法律责任 / 225

一、人民政府及所属部门传染病防治的法律责任 / 227

1. 卫生健康主管部门、疾病预防控制部门的哪些违法行为要追究法律责任？/ 227

目 录

  2. 人民政府有关部门的哪些违法行为应当追究法律
    责任？／227

二、医疗卫生专业机构传染病防治的法律责任／228

  1. 疾病预防控制机构及工作人员的哪些违法行为应
    当追究法律责任？／228

  2. 医疗机构及工作人员的哪些违反传染病防治的行
    为应当追究法律责任？／229

  3. 医疗机构及其工作人员违规使用血液及血液制品
    应当被追究什么法律责任？／230

  4. 医疗机构及其工作人员违反消毒制度应当被追究
    什么法律责任？／230

    【典型案例8-01】某口腔诊所未执行消毒灭菌规范案／231

  5. 采供血机构及工作人员未依法履行传染病疫情报
    告义务应当被追究什么法律责任？／231

  6. 采供血机构违反规定输血引起传染病传播应当被
    追究什么法律责任？／232

  7. 采供血机构及工作人员非法采集血液或者组织他
    人出卖血应当被追究什么法律责任？／232

  8. 医疗机构、疾病预防控制机构泄露四类人员信息
    应当被追究什么法律责任？／233

三、其他单位和个人传染病防治的法律责任／234

  1. 交通运输邮寄单位及工作人员未优先运输传染病
    防控人员或者物资应当被追究什么法律责任？／234

2. 从事生产经营未符合标准的健康相关产品应当被追究什么法律责任？／234

3. 健康相关产品生产经营单位及工作人员的哪些行为应当被追究法律责任？／235

【典型案例 8-02】 生活饮用水水质检测不合标准案件／236

4. 涉重点物品的单位及工作人员未履行传染病防控义务应当被追究什么法律责任？／236

5. 涉重点物品的单位及工作人员的哪些行为应当被追究法律责任？／237

【典型案例 8-03】 现制现售水制水设备安装使用不合规案／238

6. 涉大型项目的单位及工作人员未履行传染病防控义务应当被追究什么法律责任？／238

7. 传染病疫情期间不履行传染病防控义务的单位及个人应当承担什么法律责任？／239

8. 传染病疫情期间相关单位及个人存在的哪些不履行传染病防控义务的行为会被处罚？／240

9. 传染病疫情期间相关单位安排具有传染病传播风险的人从事传染病传播风险的工作将承担什么法律责任？／240

10. 传染病防治专业单位及工作人员未履行个人信息保护义务应当被追究什么法律责任？／241

11. 传染病防治中有关单位和个人有其他未依法履行个人信息保护义务行为的应当被追究什么法律责任？／242

四、违反传染病防治的刑事处罚 / 242

  1. 《中华人民共和国刑法》对违反《传染病防治法》规定了有哪些罪名？/ 242

  2. 什么是妨害传染病防治罪，《中华人民共和国刑法》是如何规定的？/ 243

  3. 什么是传染病防治失职罪，《中华人民共和国刑法》是如何规定的？/ 244

  【典型案例 8-04】A 县卫生健康主管部门负责人的行为构成传染病防治失职罪 / 245

附 录 / 247

中华人民共和国传染病防治法 / 249

第一章
总　则

传染病始终是人类社会的重大威胁，对全球公共卫生、经济发展和社会稳定构成持续性挑战。传染病防控已进入"全健康"（One Health）时代，在人类命运共同体理念之下，需要调动和整合各方面的技术和资源，实现从"被动应对"到"主动防御"的范式转型，最终降低传染病从"全球危机"向"可控疾病"的转化。在传染病防控方面，需要调动全社会的力量，群策群力，共同参与，分工协作，在传染病防控的总体要求之下，推动各单位和个人积极参与到传染病防控工作中来。

第一章 总 则

第一节 传染病防治法概述

1. 什么是传染病？

　　传染病是由各种病原体引起的能在人与人、动物与动物或人与动物之间相互传播的一类疾病。引起传染病发病的病原体主要是微生物，包括细菌、病毒等，还有小部分为寄生虫，由寄生虫引起的传染病又称之为寄生虫病。但并非所有的传染性疾病都需要依照法定程序报告，只有法定传染病发现后应按规定时间及时向当地疾病预防控制部门报告，以便疾病预防控制部门及时掌握其发病情况，及时采取对策。在《传染病防治法》中所称的传染病是指法律所规定的具有传染性的疾病，分为甲类传染病、乙类传染病、丙类传染病，以及突发原因不明的传染病等其他传染病。

　　【典型案例1-01】儿童感染手足口病传染来访客人的案例[1]

　　小王是一个30岁的白领，平时工作很忙，经常加班。最近他感觉身体不适，咽喉疼痛、食欲不振，手掌和脚底出现了一些红色的小点。他以为是感冒，就在家里休息了两天，吃了一些退烧药和止咳药。但是他的情况不仅没有好转，反而越来越严重。他的咽喉疼痛加剧，口腔里长出了很多水泡和溃疡，难以吞咽。手足皮疹也变得更红更肿，甚至开始起水泡。随即来到医院就

---

[1] 根据实务案例改编。

诊。医生检查确诊他得了手足口病。小王不敢相信自己会得这种通常小孩子才会得的病。但医生解释如果成年人接触了手足口病患儿及其被污染物品，也会被感染此病时，他想起上个周末去一个亲戚家拜访，那里有一个正在发烧和长水泡的三岁儿童。后经询问得知该儿童确实已经感染手足口病。

2. 什么是重大传染病疫情？

重大传染病疫情的概念出现在《传染病防治法》中，其属于法律概念，是指造成或者可能造成公众生命安全和身体健康严重损害的传染病疫情。

3. 什么是"X疾病"？

"X疾病"并不代表某一种具体的疾病，而是由未知病原体引发可能导致全球大流行的严重威胁人类健康和生命的传染病。"X疾病"有可能在任何时间、由多种来源触发，恐会夺去数百万人的生命。

2018年，WHO公布的优先研究的疾病名单中，除马尔堡病毒感染、埃博拉病毒感染、拉沙热、寨卡病毒感染、非典、中东呼吸综合征等已知疾病外，还包括了一种名为"X疾病"的新选项，名单一经公布，迅速引起世界各国重视。在世界卫生组织最新的研究清单中，仍保留了"X疾病"。①

---

① 《世卫组织多次警告的"X疾病"，是种什么病？》，载环球网，https: //world.huanqiu.com/article/4GghAYay6Ei，2025年5月5日访问。

第一章 总 则

第二节 《传染病防治法》的立法目的与意义

1. 修订《传染病防治法》立法目的有何意义？

《传染病防治法》的修订，是对我国政府和人民长期与传染病斗争过程的经验总结，是《传染病防治法》近四十年实践的制度总结。在"健康中国"的大背景下，在以人民为中心、生命至上、健康至上的信念支撑下，在当前复杂的国际经济政治环境下，在构建人类命运共同体的呼声下，《传染病防治法》应时修订，具有现实意义，更是有长远的战略意义。

2. 对《传染病防治法》立法目的作了什么修改？

《传染病防治法》第1条规定，为了预防、控制和消除传染病的发生与流行，保障公众生命安全和身体健康，防范和化解公共卫生风险，维护国家安全和社会稳定。在历次《传染病防治法》的版本中，对立法目的的规定都放在第1条。目的是预防、控制传染性疾病的传播，保护人们的生命健康和公共卫生。但是本次修法在此基础上进一步提出，防范和化解公共卫生风险，维护国家安全和社会稳定。将我国《传染病防治法》的立法目的进一步完善和丰富，这是在传染病传播新形势和国际政治大背景下提出的立法新目的，提醒人们无论是在立法还是在法律实施过程中，除针对可见的传染病疫情及其危害外，更要警惕传染病疫情可能带来更为深远的社会影响,警惕有人利用传染病疫情扰乱社会秩序、危害国家安全。因此,《传染病防治法》从更高的政治站位、更深远的社会影响、更广泛的生物安全的角度,提出了新的立法目的。

【典型案例 1-02】某地疑似诺如病毒感染疫情事件①

2024 年 12 月 31 日,某地区某小学多名学生因腹痛、恶心、呕吐到医院就诊。事情发生后,当地卫健部门指导医疗机构迅速启动应急预案,开通绿色通道,增加诊室及病区,增加医务人员,全力做好诊治工作。当地疾控中心深入学校、医院开展流行病学调查,对学校环境进行采样检测。经检测,所有留样食品中诺如病毒和细菌学指标均为阴性,在呕吐物、粪便和学校环境样本中检测出Ⅱ型诺如病毒阳性;同时,市、区市场监管局抽取了学校大米、食用油、牛奶、苹果、鸡蛋、酱油等样品,并送市检验检测认证院进行检验,检验结果均合格。最终确定,本次事件累计诊治符合诺如病毒感染疑似病例 121 例,所有就诊学生均已得到及时有效治疗,无重症病例,均已好转。

3. 修订《传染病防治法》有何现实意义?

传染病最大的危害在于其传播性,尤其是通过空气传播的传染性疾病,其传播速度快,影响面更广,因而危害更大。回顾历

---

① 参见邓国庆:《"西班牙流感"致命之谜》,载《共产党员》2009 年第 13 期。

史重大传染病事件,如西班牙流感时期①,虽然当时有的国家有相关的公共卫生立法,但其防范疫情传播的措施远远不够,仍然造成了传染病的传播,在此危急情况下,各国政府采取了一些临时性的应急措施,如严防人口聚集、强行佩戴口罩、建造具有急救功能的隔离医院等,但由于这些措施并未在立法中明确规定,很多有效措施因耗费财力、人力,且影响公民的自由,大多未能长期坚持,导致疫情出现反复。由此可见,若无法律规范,传染病疫情控制十分困难,社会危害严重,社会秩序混乱加剧,这凸显传染病防控立法的必要性。

第三节 传染病防治方针及管理原则

1. 对传染病防治方针进行修改有何意义?

《传染病防治法》对传染病防治方针和管理原则作了较大的修改和补充。长期以来,我国的传染病防治,一直坚持实行"预防为主"的方针,坚持"防治结合、分类管理、依靠科学、依靠群众"的传染病防治原则。在经济发展水平不是很高、防控物资

---

① 西班牙型流行性感冒(有时简称西班牙流感)是人类历史上最致命的传染病,在1918~1919年曾经造成全世界约10亿人感染,2500万到4000万人死亡,其全球平均致死率约为2.5%,和一般流感的0.1%比较起来可谓极为恐怖。其名字的由来并不是因为此流感从西班牙暴发,而是因为当时西班牙有约800万人感染了此病,甚至连西班牙国王也感染了此病,所以被称为西班牙型流行性感冒。参见邓国庆:《"西班牙流感"致命之谜》,载《共产党员》2009年第13期。

和方法不是很多的情况下，广泛依靠群众，调动群众的积极性和参与性，在此基础上，加强对传染病分类管理，依靠当时的科学技术方法，可以最大限度地控制传染病的传播。但是，在我国社会经济发展取得了一定成就，医疗卫生科学技术得到很大提升，传染病传播控制的物资条件得以改善的情况下，尤其经过对"非典"等传染病防控的检验，对我国传染病防控的管理原则应作适当调整。《传染病防治法》对传染病防控的理念、方针和管理原则作出了规定。

2. 传染病防控的方针是什么？

传染病防控应当坚持预防为主、防治结合的方针。《黄帝内经》曰："上工治未病，不治已病，此之谓也"，这是中国传统医学的精髓，也是现代医学的基本理念。[1] 预防是传染病防治的首要任务。国家通过加强卫生资源建设，开展群众性卫生活动，普及预防传染病的科普教育，提高公众对传染病的防治意识和应对能力。同时，各级人民政府相关部门负责指导和组织消除可能传播传染病的动物和病媒生物的危害，从源头上降低传染病的传播风险。在此基础上，国家实行防治结合的策略，对传染病疫情和病例开展有针对性的隔离和诊治，如医疗机构对疑似病例、易感人群实施传染病预检、分诊制度，对传染病病人或者疑似传染病病人提供医疗救护、现场救援和接诊治疗等。

---

[1] 辛海：《〈黄帝内经〉疾病传变思想管窥》，载《浙江中医杂志》2009年第7期。

3. 传染病防控的原则是什么？

传染病防控应当坚持依法防控、科学防控的原则。一方面，在预防传染病传播时，往往涉及限制公民合法权益、增加公民负担的情况，如果没有法律依据，这种限制公民权益的行为便构成侵权行为。另一方面，在传染病防控方面还涉及大量的人力、物力和财力的投入，会挤占公共资源，甚至会征用公民和法人的财产，因而必须有法律依据作为保障。然而，传染病的传播和诊治又是一种自然现象，有其自然规律，只有通过科学研究，发现这些规律，运用科学的方法对疾病的传播和感染进行干预，才能精准预防和诊治传染性疾病，才能在最短的时间、耗费最小的成本控制疫情传播。如果不遵循规律，好的结果可能是耗费巨大资源和成本控制住传染病疫情，不好的结果可能会导致传染病疫情恶化、泛滥。

【典型案例1-03】我国消除疟疾获世界卫生组织认证[①]

疟疾曾经给我国乃至全世界带来了极其广泛、严重的危害。20世纪40年代，我国每年至少有3000万名疟疾患者，病死率约为1%；20世纪50年代初期，疟疾病例数占传染病报告总数的60%以上。1967年5月23日，由国家科委与总后勤部牵头，60多个军地科研单位共同组成"疟疾防治研究领导小组"，"523"项目启动。

1969年1月，屠呦呦被任命为北京中药研究所"523"项目

---

① 姜海婷、张大庆：《群策群力 防控重大传染病——共和国传染病防治历程回顾》，载《健康报》2022年12月20日，第6版。

课题组组长，研究青蒿抗疟作用。因为发现新型高效抗疟药物青蒿素，屠呦呦于 2011 年获得拉斯克奖，2015 年获得诺贝尔奖。2010 年，《中国消除疟疾行动计划（2010—2020 年）》启动，制定以病例和疫点为核心的"线索追踪、清点拔源"策略和"1-3-7"工作规范，各地科学开展消除疟疾行动。自 2017 年以来，我国无本地原发感染疟疾病例。2021 年 6 月，我国消除疟疾获世界卫生组织认证。

第四节 建立有效的传染病防控体系

一、传染病疫情防控体系的建立

1. 新修订的《传染病防治法》为什么要对传染病防控机制进行修改？

传染病防控是一项大型的、复杂的系统工程，传染病传播的环节多，情况复杂，因而只有对传染病传播的各个环节都采取严格的防控措施，才能最大限度地阻止传染病传播，将传染病感染危害降到最低。在开展传染病防控工作过程中，效率为优先事项，如何在最短的时间内，调动各方面的力量，全力以赴参与到传染病防控工作中来，各司其职，各相关部门都能够围绕传染病防控这一核心目标展开工作，是打赢传染病防控战役的根本保障。因此，建立具有权威性的高效运转的传染病防控体系就显得格外重要。应从"平战"两个层面设计传染病防控制度。在传染病疫情发生时，要建立统一协调高效运作的联防联控机制；在没有发生重大传染病疫情时，国家要建立健全城乡一体、上下联动、功能完备的疾病预防控制网络。

2. 传染病防控机制是如何规定的？

我国政府在过去应对传染病疫情的实战中，建立了从中央到地方全面覆盖、统一指挥的传染病疫情联防联控工作机制，从而形成了一个自上而下、协同互动、相互配合的传染病疫情防控体系，对于及时阻断传染病扩散，减少传染病感染病例及危害起到了决定性作用。在本次《传染病防治法》的修订中，建立传染病防控体系成为一个亮点和重点，对传染病防控体系要求强调"联防联控""群防群控"，在传染病防控责任方面，明确要求落实"属地、部门、单位和个人责任"，只有责权利清晰，责任和义务关联，权利和义务对等，才能充分调动相关部门和人员的积极性，才能在传染病防控中发挥各方的主观能动性，尽最大努力、最大可能防控传染病疫情。

3. 传染病防控机制是如何开展工作的？

《传染病防治法》第9条规定，国务院和县级以上地方人民政府的重大传染病疫情联防联控机制开展疫情会商研判，组织协调、督促推进防控工作。

发生重大传染病疫情，构成突发公共卫生事件的，国务院和县级以上地方人民政府依照有关突发公共卫生事件应对的法律、行政法规规定设立应急指挥机构、启动应急响应。

4. 疾病预防控制网络是如何规定的？

传染病防控重在预防，既要在没有发生传染病疫情时，政府相关部门将传染病预防纳入其日常工作职责，也要在传染病疫情发生时，对于未发生感染的地区和人员，加强传染病的预防。无论是哪一个层面的预防，都不是传染病发生时才临时采取预防措施，而是在尚未发生传染病疫情时，就应当建立传染病预防的机制。本次《传染病防治法》的修订，要求国家建立健全城乡一体、上下联动、功能完备的疾病预防控制网络。从地域范围来说，城市人口量大且集中，容易发生传染病疫情扩散，应当重点防控。但我国广大的农村，仍然生活着相当数量的人口，且多为老幼病残人员，健康情况较差，基础疾病较多，卫生健康保护措施相对较少，医疗卫生资源相对不足，且我国农村地域辽阔，如果在传染病防控上留下死角，极容易发生传染病播散，因而也是传染病预防的重要区域。根据《传染病防治法》第10条第1款规定，要求国家建立的疾病预防控制网络，要密织成一张覆盖城乡无死角的传染病防控网络。从功能上来说，虽然各级政府及其所属部门能够担负起本辖区的传染病防控工作，但是，我国的具体国情是，各地区之间的经济发展不平衡，各地区之间的医疗卫生资源配置情况差别较大，在传染病防控能力方面，也存在明显的地域差异。这种经济状况、资源状况、防控能力方面的差异，也体现在不同级别的行政部门之间。然而，传染病的传播，往往不受空间、地域限制，如果有的地方传染病防控工作做好了，有的地方传染病防控没做好，仍然难以阻断传染病的传播。因此，国家要建立健全疾病预防控制网络，在网络内部要具备

第一章 总　则

上下联动的功能。在功能内容上，传染病预防涉及方方面面的工作，包括各相关环节加强卫生管理，消灭传染病传播风险；疾病预防机构开展传染病专业预防；医疗机构对传染病感染者、疑似感染者诊疗等。涉及的物品包括疫苗、药品、医疗用品以及有关防疫物资；涉及的人员包括疾病预防专业人员、疾病诊治医护人员以及其他协助疫情控制的人员等，疾病预防控制网络应当功能完备。

【典型案例1-04】四川省疾控局"三线联动防艾方案"典型案例[①]

四川省疾病预防控制局、重庆市疾病预防控制局联合公布2024年度川渝地区疾控领域"医防协同 医防融合"典型案例评选结果，中心性艾所提交的《疾控、医疗、妇幼"三线"联动共同构筑我省艾滋病防治坚实屏障》案例成功入选2024年度四川省疾控领域"医防协同 医防融合"十大典型案例。

2018年，四川省在凉山艾防攻坚实践中创新建立了"疾控机构、定点医疗机构、妇幼保健机构三条专业防治工作线和乡镇一个工作网底"（简称"三线一网底"）艾滋病防治技术支撑体系，并于2019年推广至全省。整合疾控、医疗、妇幼三条系统工作平台、专业技术、人力资源优势，疾控牵头，分工协作，"三线"联动，狠抓预防干预、抗病毒治疗和预防母婴传播等重点工作，共同构筑起我省艾滋病防治的坚实屏障。自该方案

[①] 《艾防案例入选"医防协同 医防融合"典型案例》，载四川省疾病预防控制中心网站，https://sccdc.cn/Article/View? id=35474，2025年5月23日访问。

实施以来，各地党委政府切实发挥主体责任，部门之间密切配合，疾控、医疗、妇幼"三线"联动，分工协作，网底狠抓落实，全省上下齐心协力，艾滋病防治工作取得了显著成效，感染者发现率、治疗覆盖率、治疗成功率大幅提升，注射吸毒传播和母婴传播得到有效控制，新报告病例数、艾滋病死亡数大幅下降。

二、各相关部门的传染病防控职责

1. 各级政府对传染病防控的职责是什么？

在传染病防控体系内，如何保障体系统一、协同发挥传染病防控的功能，组织协调功能非常重要，这需要由具有综合协调、统一调配能力的机构来承担，即由各级人民政府来承担。《传染病防治法》第7条第1款规定，各级人民政府加强对传染病防治工作的领导。在涉及传染病防控的具体措施及保障方面，《传染病防治法》第7条第2款规定，县级以上人民政府建立健全传染病防治的疾病预防控制、医疗救治、应急处置、物资保障和监督管理体系，加强传染病防治能力建设。传染病防控采取属地原则，在传染病疫情出现的地域采取有力的防控措施，才能及时有效地阻止传染病的传播。相应的保障措施、专业支持、财力物力保障，由发生传染病疫情的县级以上人民政府承担，县级以上人民政府应当建立健全相应的保障和管理体系，在传染病疫情发生时，使其具有传染病防控的能力和条件。

2. 各级卫生行政部门对传染病防控的职责是什么？

《传染病防治法》第 8 条规定，国务院卫生健康主管部门牵头组织协调全国传染病疫情应对工作，负责全国传染病医疗救治的组织指导工作。

县级以上地方人民政府卫生健康主管部门牵头组织协调本行政区域传染病疫情应对工作，负责本行政区域传染病医疗救治的组织指导工作。

3. 各级疾病预防部门对传染病防控的职责是什么？

《传染病防治法》第 8 条规定，国务院疾病预防控制部门负责全国传染病预防、控制的组织指导工作，负责全国传染病疫情应对相关工作。国务院其他有关部门在各自职责范围内负责传染病防治有关工作。

县级以上地方人民政府疾病预防控制部门负责本行政区域传染病预防、控制的组织指导工作，负责本行政区域传染病疫情应对相关工作。县级以上地方人民政府其他有关部门在各自职责范围内负责传染病防治有关工作。

4. 各级疾病预防机构对传染病防控的职责是什么？

疾病预防控制机构是包括传染病在内的相关疾病预防控制的专业机构，在传染病防控方面，应当发挥其专业技术优势，主导传染病防控的具体实施工作，在国家建立的预防控制网络中发挥主导作用。《传染病防治法》第 10 条第 2 款、第 3 款规定，国务院疾病预防控制部门领导各级疾病预防控制机构业务工作，建立上下联动的分工协作机制。国家、省级疾病预防控制机构成立疾病预防控制专家委员会，为传染病防治提供咨询、评估、论证等专业技术支持。

5. 在传染病防控中如何平衡公民个人信息的使用和保护？

在传染病防控中如果能正确、及时处理相关信息，利用科学技术手段处理大数据信息，可以有效协助对传染病的防控；相反，如果对海量的传染病疫情有关的信息不作处理，则会给传染病防控工作带来负面影响，甚至影响国家安全、社会稳定。《传染病防治法》第13条第1款规定，国家支持和鼓励在传染病防治中运用现代信息技术。同时，在传染病防控工作中还会处理大量的公民个人信息，其中很多信息属于敏感个人信息，涉及公民隐私，如何加以保护呢？《传染病防治法》第13条第2款规定，传染病防治中开展个人信息收集、存储、使用、加工、传输、提供、公开、删除等个人信息处理活动，应当遵守《中华人民共和国民法典》《中华人民共和国个人信息保护法》等法律、行政法规的规定，采取措施确保个人信息安全，保护个人隐私，不得过度收集个人信息；相关信息不得用于传染病防治以外的目的。同时，《传染病防治法》第16条第2款还规定，任何单位或者个人不得歧视传染病患者、病原携带者和疑似患者，不得泄露个人隐私、个人信息。

【典型案例1-05】艾滋病感染者遭遇电信诈骗事件①

2016年某段时间,全国30个省份275位艾滋病感染者称接到了诈骗电话,艾滋病感染者的个人信息疑似被大面积泄露。骗子自称是政府部门或卫生局的工作人员,将给艾滋病感染者发放补助。一些感染者被要求提供600~700元的手续费。此外,还有一些不法分子自称为疾控的工作人员,谎称可以为感染者办理补贴,收费3000元,今后吃药不需要再花钱。电话交流中,艾滋病感染者发现诈骗者事先已掌握他们的个人信息,包括真实姓名、身份证号、联系方式、户籍信息、确诊时间、随访的医院或区县疾控等。艾滋感染者小王表示,他接到了"170"开头的诈骗电话,对方在打电话的过程中直呼其名字,对他在2015年的确诊时间、拿药地点、身份证号、工作单位等信息掌握精准。艾滋病感染者的个人隐私信息受国家法律保护。发现诈骗情况后,及时向当地公安机关报告。

6. 泄露患者个人信息的行为将承担什么法律责任?

《中华人民共和国民法典》《中华人民共和国刑法》《中华人民共和国个人信息保护法》《中华人民共和国数据安全法》等法律法规对公民个人信息作出了明确的保护规定,任何单位和个人泄露公民个人信息的行为,将面临承担法律责任的风险。

对于医疗机构及医务人员在履行职责过程中获悉的患者及其

---

① 《30省份275名艾滋患者遇诈骗个人信息疑遭泄露》,载新华网,http://www.xinhuanet.com/politics/2016-07/18/c_129153915.htm,2025年5月23日访问。

近亲属的个人信息，相关法律法规更是有严格的保密规定，禁止任何泄露患者及其近亲属个人信息的行为，违反者将承担民事、行政、刑事责任。

《中华人民共和国民法典》除"人格权编"第六章"隐私权和个人信息保护"的规定外，第1226条对医务人员作了专门规定，医疗机构及其医务人员应当对患者的隐私和个人信息保密。泄露患者的隐私和个人信息，或者未经患者同意公开其病历资料的，应当承担侵权责任。

《中华人民共和国医师法》第23条第3项规定，医师在执业活动中履行尊重、关心、爱护患者，依法保护患者隐私和个人信息的义务。第56条第1项规定，医师在执业活动中泄露患者隐私或者个人信息的，由县级以上人民政府卫生健康主管部门责令改正，给予警告，没收违法所得，并处1万元以上3万元以下的罚款；情节严重的，责令暂停6个月以上1年以下执业活动直至吊销医师执业证书。《护士条例》也有类似规定。

《中华人民共和国刑法》第253条之一规定，违反国家有关规定，向他人出售或者提供公民个人信息，情节严重的，处三年以下有期徒刑或者拘役，并处或者单处罚金；情节特别严重的，处三年以上七年以下有期徒刑，并处罚金。违反国家有关规定，将在履行职责或者提供服务过程中获得的公民个人信息，出售或者提供给他人的，依照前款的规定从重处罚。窃取或者以其他方法非法获取公民个人信息的，依照第一款的规定处罚。单位犯前三款罪的，对单位判处罚金，并对其直接负责的主管人员和其他直接责任人员，依照各该款的规定处罚。

【典型案例1-06】对入学新生强制检测"乙肝项目"事件[①]

一位重庆的家长发现自己附近的某中学强制要求新生入学前提供乙肝项目检测报告,并指定去某医疗机构体检。该家长到重庆教委官网进行投诉,要求学校取消强制性乙肝项目检测。很快,家长的投诉得到了教委的重视,责令学校取消强制性检测,改为建议性检测。后来家长也以同样的方式向重庆市卫健委官网投诉,重庆卫健委很快便对涉事医疗机构依法开展调查。责令涉事医疗机构整改,立即停止入学乙肝项目检测,退还相关检测费用给家长。

第五节 传染病分类体系

1. 我国传染病分类标准是什么?

《传染病防治法》没有明确规定我国传染病分类的具体标准,但是从《传染病防治法》对甲乙丙三类传染病的定义来看,我国传染病分类的标准包括:(1)对人体健康和生命安全危害的严重程度;(2)对该传染病进行管理的严格程度;(3)可能造成较大经济损失和社会影响的情况。依据该标准,我国《传染病防治法》将需要依法进行管理的法定传染病分为甲、乙、丙三类,突发原因不明的传染病等其他传染病,共计40种。

同时,为了应对突然出现的尚未列入法定传染病目录管理的

---

① 根据实务案例改编。

传染病，《传染病防治法》第 3 条还规定了"突发原因不明的传染病等其他传染病"，作为传染病分类的兜底性规定，同时也增加传染病防控的应急性和灵活性。这是我国对传染病严格管理的特有分类。1969 年的《国际卫生条例》主要规定鼠疫、霍乱、黄热病三种传染病的国境卫生检疫措施，但是，近 30 年来，由于国际疾病谱发生了巨大变化，新发传染病不断发现，人类对卫生需求不断增加，卫生检疫内容不断延伸，所以我国《传染病防治法》采取列举具体传染病的方式进行依法管理。

2. 什么是甲类传染病？

甲类传染病，是指对人体健康和生命安全危害特别严重，可能造成重大经济损失和社会影响，需要特别严格管理、控制疫情蔓延的传染病，包括鼠疫、霍乱这两种传染病。

3. 什么是乙类传染病？

乙类传染病，是指对人体健康和生命安全危害严重，可能造成较大经济损失和社会影响，需要严格管理、降低发病率、减少危害的传染病，包括新型冠状病毒感染、传染性非典型肺炎、艾滋病、病毒性肝炎、脊髓灰质炎、人感染新亚型流感、麻疹、流行性出血热、狂犬病、流行性乙型脑炎、登革热、猴痘、炭疽、细菌性和阿米巴性痢疾、肺结核、伤寒和副伤寒、流行性脑脊髓膜炎、百日咳、白喉、新生儿破伤风、猩红热、布鲁氏菌病、淋病、梅毒、钩端螺旋体病、血吸虫病、疟疾等。

4. 什么是丙类传染病？

丙类传染病，是指常见多发，对人体健康和生命安全造成危害，可能造成一定程度的经济损失和社会影响，需要关注流行趋势、控制暴发和流行的传染病，包括流行性感冒、流行性腮腺炎、风疹、急性出血性结膜炎、麻风病、流行性和地方性斑疹伤寒、黑热病、包虫病、丝虫病、手足口病，除霍乱、细菌性和阿米巴性痢疾、伤寒和副伤寒以外的感染性腹泻病，共14种传染病。

【典型案例1-07】幼儿园常见传染病类型①

某幼儿园小班近期有几名幼儿相继出现发热，手部、足部及口腔黏膜出现疱疹的症状，经医生诊断均确诊为手足口病。该病通过飞沫传播和接触传播，迅速在班级内蔓延。幼儿园随即让感染幼儿家长带幼儿就医，暂时不来幼儿园，同时采取以下措施：加强晨检力度，发现疑似病例立即隔离；对教室、玩具等进行彻底消毒；教育幼儿勤洗手，注意个人卫生。

除手足口病外，幼儿园常见的传染病还有水痘、流感、细菌性痢疾等。除水痘外，手足口病、流感、细菌性痢疾都属于丙类传染病。根据《传染病防治法》第45条第2款、第47条第1款的规定，发现丙类传染病患者时，应当于24小时内进行网络直报。因此，幼儿园还应当将有关发病情况向所在地疾控机构报告。

---

① 根据实务案例改编。

5. 什么是突发原因不明的传染病等其他传染病？

这是本次《传染病防治法》修订时新增加的内容，是指突然发生、发病原因一时无法查明、具有一定传染性、导致群体性发病但又不在现有的法定传染病目录中的疾病。规定突发原因不明的传染病等其他传染病的目的在于严格依法管理传染病之外，增加传染病防控管理的灵活性。

这个概念来自《突发公共卫生事件应急条例》第2条，突发公共卫生事件（以下简称突发事件），是指突然发生，造成或者可能造成社会公众健康严重损害的重大传染病疫情、群体性不明原因疾病、重大食物和职业中毒以及其他严重影响公众健康的事件。

实际上，我们在工作和生活中遇到的首先是突发性群体性不明原因的疾病，这类疾病发病突然，原因暂时不明，同样症状体征人数较多，此时尚不能纳入"突发原因不明的传染病"管理范畴，而是应当按照《突发公共卫生事件应急条例》的规定上报，由疾控机构展开调查，如果能够明确其性质为传染性疾病，才可纳入"突发原因不明的传染病"进行管理。

【典型案例1-08】 一起群体性不明原因疾病的调查[①]

2009年2月，某市某学校发生群体性不明原因疾病事件资料。包括24名病例和81名非病例的个案调查表、调查记录、病历等相关资料。这些病人在2月24日下午2点开始陆续出现了呕

[①] 张竞、钱国华、单志雄：《一起群体性不明原因疾病的调查》，载《职业与健康》2009年第21期。

吐、恶心、乏力、腹痛症状，经广谱抗菌、补液治疗后痊愈。当地疾控机构接到报告后到达现场了解情况，快速编制《学生饮食饮水调查表》，调查内容包括姓名、年龄、性别等一般情况及23日、24日饮食饮水情况，共11项。由卫生监督员、预防保健人员现场进行调查。共调查105人，其中24名病人作为病例组，在发病班级及其周围采用整群抽样方法选择非病人81名作为对照组。在初步了解调查后表明，发病具有短时暴发性和班级聚集性，初步怀疑与食堂就餐无关，但要排除这一因素尚缺乏科学依据。同时，根据发病具有班级聚集性特点，不能排除与饮用教室桶装水或传染病等有关。现场指挥部根据这一科学依据，立即进一步重点加强了传染病方面的防控措施。结果本次事件得到了有效控制，再无续发病例发生。

6. 调整传染病管理目录的主体和程序是如何规定的？

国务院疾病预防控制部门根据传染病暴发、流行情况和危害程度，及时提出调整各类传染病目录的建议。调整甲类传染病目录，由国务院卫生健康主管部门报经国务院批准后予以公布；调整乙类、丙类传染病目录，由国务院卫生健康主管部门批准、公布。

7. 哪些传染病可以按照甲类传染病管理？

有的传染病传播能力强、对人体生命和健康危害大、采取乙类传染病防控措施不足以管理的传染病，根据具体疫情，可以调整为按照甲类传染病防控措施进行管理，包括部分严重的乙类传染病、突发原因不明的传染病等。目前包括传染性非典型肺炎、肺炭疽中的肺炭疽，之前还包括人类非典型肺炎、人感染高致病性禽流感等纳入甲类传染病管理。

依照《传染病防治法》规定采取甲类传染病预防、控制措施的传染病，适用《传染病防治法》有关甲类传染病的规定。

8. 如何确定按照甲类传染病管理的乙类传染病？

未纳入甲类传染病管理的其他乙类传染病、突发原因不明的传染病需要采取《传染病防治法》规定的甲类传染病预防、控制措施的，国务院疾病预防控制部门应及时提出建议，由国务院卫生健康主管部门报经国务院批准后予以公布。

需要解除依照《传染病防治法》第4条规定采取的甲类传染病预防、控制措施的，国务院疾病预防控制部门应及时提出建议，由国务院卫生健康主管部门报经国务院批准后予以公布。

9. 如何将其他非法定传染病纳入乙类或者丙类传染病管理？

我国对传染病管理原则上限定在法定传染病范围内，但是在特殊情况下，可以将非法定传染病纳入乙类、丙类传染病进行管理。不过仅限于特定的行政区域内。因此，《传染病防治法》第5条规定，省级人民政府对本行政区域常见多发的其他传染病，可以根据情况决定按照乙类或者丙类传染病管理并予以公布，报国务院疾病预防控制部门备案。

第一章 总　则

【典型案例1-09】 猴痘被列入乙类传染病管理的决策过程[①]

猴痘是一种人兽共患病，过去主要在中非和西非地区发生。自2022年5月以来，全球100多个国家和地区报告了猴痘疫情，显示猴痘已发生人际传播，并广泛传播到非洲以外的国家和地区。病死率约为0.1%。2022年9月，我国报告了首例猴痘输入病例。2023年6月开始，我国出现本土猴痘疫情，目前已有20多个省份报告了猴痘病例，引发了本土续发疫情和隐匿传播。

决策依据和过程：国家卫生健康委、国家疾控局认真贯彻落实党中央、国务院的决策部署，将猴痘作为新发突发传染病进行应对处置。通过多部门协同防控，不断完善防控政策措施，加强信息发布、宣传教育、重点人群干预和规范治疗，取得了积极成效。

具体措施：考虑到猴痘疫情在我国一定时期内将持续存在，为进一步科学规范开展疫情防控工作，切实保障人民群众生命安全和身体健康，国家卫生健康委决定自2023年9月20日起将猴痘纳入《传染病防治法》规定的乙类传染病进行管理，采取乙类传染病的预防、控制措施。

防控措施：根据《传染病防治法》相关规定，医疗机构在发现猴痘病例后，必须严格执行隔离治疗、流行病学调查和密切接触者追踪管理等措施，及时阻断疫情传播。

[①]《猴痘纳入乙类传染病进行管理》，载中华人民共和国中央人民政府网站，https：//www.gov.cn/lianbo/bumen/202309/content_6904113.htm，2025年5月5日访问。

10. 国际组织和域外国家对传染病如何分类管理？

欧盟成员国在 2018 年联合推出的传染病分类清单特别关注人畜共患病，如禽流感和疯牛病，这种划分方式源于欧洲畜牧业发达的现实需求。

日本在传染病分类中特别设立"指定传染病"类别，赋予政府紧急处置权限。

当前的分类体系存在明显的地域差异，如疟疾在非洲国家普遍列为最高风险等级，但在温带国家仅作为输入性疾病管理。这种差异导致疫苗研发资源分配不均。此外，抗生素耐药性引发的超级细菌问题日益严重，但现有分类系统尚未建立对应类别。实际操作中常出现分类交叉现象，如猴痘在多国暴发时，各国对其风险等级认定存在差异。分类标准与防控措施存在脱节情况，如结核病虽属第三类，但其耐药变种的实际危害远超部分第一类疾病。

第二章
传染病预防机制

　　《传染病防治法》规定，我国传染病防治坚持预防为主、防治结合的方针。在传染病防治工作中，预防工作应当放在第一位，预防是基础，将传染病预防纳入各级政府及相关部门和机构的日常工作中，强化传染病预防的意识，提升传染病预防的能力，巩固传染病预防的措施和方法，便可以将绝大多数传染病疾病封堵在传播、蔓延之前，将已经发生的传染病感染病例的损害降到最低。

第一节　预防的一般措施

一、传染病预防的科学知识

1. 传染病传播的基本条件有哪些？

传染病传播涉及三个基本条件：传染源、传播途径以及易感人群。

（1）传染源。传染源是引起传染病的源头，病原体寄生在宿主体内即形成传染源。病原体在人、动物或其他环境要素中生长、繁殖并向外排泄时，即成为传染源。患者、隐性感染者、病原携带者和人畜共患疾病的受感染动物，此时其体内寄生了病原体，因而都是常见的重要传染源。

（2）传播途径。病原体的传播需要借助相应的媒介，一般来说，传染病传播的方式主要有空气传播、接触传播、血液与体液传播、消化道传播、虫媒传播等。例如，乙肝、艾滋病可通过血液、体液和母婴传播。

（3）易感人群。对某种传染病缺乏特异性免疫力的人称为易感者。若受染者具有足够特异性免疫力，则可能不发展为显性感染。以结核病为例，其传播需通过接触结核分枝杆菌（如吸入带菌飞沫），健康个体若未接触病菌，体内并无结核菌；当人体感染结核菌后，若免疫系统正常，细菌会处于潜伏状态而不发病，仅在免疫力低下时（如免疫缺陷、慢性病等），潜伏的结核菌可能活化并引发临床症状。

【典型案例2-01】人流术后结核性胸膜炎病例[①]

某女性患者,30岁,低热伴右侧胸痛一周。患者一周前无明显诱因出现午后低热,体温37.5℃,夜间盗汗,伴右侧胸痛,深呼吸时明显,不放射,与活动无关,未到医院检查,自服止痛药,于3天前胸痛减轻,但胸闷加重伴气短,故来医院检查。经询问病史,该患者在1个月前曾经做过人流手术,术后仅休息1周即上班。发病来进食无变化,二便正常,睡眠稍差,体重无明显变化。既往体健,否认有结核病密切接触史,无吸烟史。查体:T37.4℃,P84次/分,R20次/分,血压120/80毫米汞柱,一般情况可,无皮疹,全身浅表淋巴结未触及,巩膜不黄,咽(—),颈软,气管稍左偏,颈静脉无怒张,甲状腺(—),右侧胸廓稍膨隆,右下肺语颤减弱,右下肺叩浊,呼吸音减弱至消失,心界向左移位,心右界叩不清,心律齐,无杂音,腹平软,无压痛,肝脾未及,下肢不肿。胸片显示右侧胸中等量腔积液。诊断:结核性胸膜炎。经对症治疗后痊愈。

2. 阻断传染病传播的策略有哪些?

防止传染病传播的三个措施有保护易感染人群、切断传播途径以及管理传染源。

(1) 管理传染源。对于传染病患者或者病原携带者,要积极采取隔离措施,并给予有效治疗,以此防止传染性疾病的传播。如果身边有传染病患者、疑似传染病患者,应避免与其直接接

[①] 工作案例改编。

触,防止传染病的发生。

(2)切断传播途径。切断传播途径也是防止传染病的重要措施,主要包括:其一,在传染病发生期间,做好消毒工作;其二,减少人口密集的机会,如少开会、不开线下会;其三,外出时佩戴口罩,定期对手部消毒,从而切断传播途径。

(3)保护易感染人群。在发生传染病疫情时,保护易感染人群是预防传染病的重要措施之一,具体措施包括:其一,加强易感染人群的营养,多摄入蛋白质以及维生素含量较丰富的食物,比如牛奶、瘦肉、鱼肉等,能增强机体的免疫功能;其二,减少群体性聚集,避免与传染源接触;其三,必要时可以接种疫苗,在人体内产生特定传染病抗体,增强机体抗病能力,从而降低传染病的发生概率。

二、爱国卫生运动在传染病防控中的作用

1. 什么是爱国卫生运动?

爱国卫生运动是指强化全民健康意识,养成文明卫生习惯,改善卫生条件,减少健康危害因素,提高公民健康水平的社会性、群众性卫生活动。是中国共产党把群众路线运用于卫生防病工作的成功实践,是一项重大惠民工程。

中央设有全国爱国卫生运动委员会,这是国务院议事协调机构,具体工作由国家卫生健康委员会承担,全国爱国卫生运动委员会办公室设在国家疾病预防控制局。县级以上地方政府成立所在地的爱国卫生运动委员会,并设立爱国卫生运动委员会办公室

负责日常工作。

2. 地方爱国卫生运动委员会办公室有哪些主要职责？

地方爱国卫生运动委员会办公室的主要职责是承办爱国卫生运动委员会（以下简称爱卫会）的各项规划、计划、决议、决定、表彰奖励等事项的实施和督办，检查各项工作落实情况；承担推动卫生城市创建和健康城市建设的组织、宣传工作，负责组织推进创建卫生镇、村和卫生单位活动；组织协调各爱卫会成员单位共同履行爱国卫生工作职责，组织协调城乡环境卫生整治工作，组织开展病媒生物防制和环境健康危害因素监测，推进农村改水改厕；协调开展重大疾病防治、突发公共卫生事件的群防群控和重大自然灾害后的传染病防治工作；协调组织开展全民健康教育和健康促进等活动。

3. 爱国卫生运动可以发挥哪些传染病预防职能？

根据《传染病防治法》第 21 条规定，各级人民政府组织开展爱国卫生运动，完善公共卫生设施，改善人居环境状况，加强社会健康管理，提升全民健康水平。爱国卫生运动是全面提升公民健康意识、卫生保护能力和提高身体素质的工作，在预防传染病方面可以发挥重要职能，包括：（1）完善公共卫生设施，如加强饮用水的卫生质量，改善公共厕所的卫生条件等；（2）改善人居环境状况，如消除城市死水、积水，减少蚊虫生长繁殖的条件；（3）加强社会健康管理，比如基层医疗卫生机构对辖区居民开展慢病管理等；（4）提升全民健康水平，比如对辖区居民定期开展健康体检等。

【典型案例2-02】某自来水公司生产供应饮用水不符合国家卫生标准案[①]

2024年5月，巴中市恩阳区卫生健康局（疾控局）执法人员收到区疾病预防控制中心出具的某镇供水站水质检测报告，显示其出厂水的浑浊度、总大肠菌群、大肠埃希氏菌，及末梢水的浑浊度、总大肠菌群、大肠埃希氏菌，菌落总数不符合《生活饮用水卫生标准》（GB5749-2022）的规定。经查实，该供水站经营方某自来水公司存在生产饮用水不符合国家卫生标准的违法行为，但在得知检测结果后，立即开展清洗消毒、再次进行水质检测并合格，巴中市恩阳区卫生健康局（疾控局）依据《四川省生活饮用水卫生监督管理办法》和《四川省卫生健康行政处罚行政强制裁量实施标准》的规定，给予该公司"警告，罚款2000元"的行政处罚。

第二节　公共卫生设施建设与管理

一、政府及所属部门在传染病预防中的工作

1. 地方政府应当承担哪些传染病预防职能？

地方各级人民政府在传染病预防方面，主要是要强化公共卫生基础设施的建设，改善人居生活环境条件，从而减少引起传

[①] 《四川省2024年度公共卫生和传染病防治行政处罚典型案例公示》，载四川省卫生健康委员会网站，https：//wsjkw.sc.gov.cn/scwsjkw/gggs/2025/3/13/82ebfefc88514a15ba871089f042e4d9.shtml，2025年5月23日访问。

病传播媒介，阻断传染病的传播。另外，医疗机构废物属于引起传染病传播的高风险物质，应当加大投入，完善医疗废物处置设施、设备建设，完善医疗废物处置管理制度建设。《传染病防治法》第22条规定，地方各级人民政府应当有计划地建设和改造城乡公共卫生设施，改善饮用水卫生条件，对污水、污物、粪便进行无害化处置。城市应当按照国家和地方有关标准修建公共厕所、垃圾和粪便无害化处置场以及排水和污水处理系统等公共卫生设施。农村应当逐步改造厕所，建立必要的卫生管理制度。县级以上地方人民政府应当加强医疗废物收集处置能力建设。设区的市级人民政府应当确定医疗废物协同应急处置设施，提高重大传染病疫情医疗废物应急处置能力。

【典型案例2-03】某公司未按规定开展二次供水水质检测案①

2024年3月，泸州市江阳区卫生健康局（疾控局）执法人员对某公司管理的A、B两个小区二次供水进行检查时发现，A小区仅能提供2份2023年度水质检测报告，B小区仅能提供1份2023年度水质检测报告。经查实，某公司存在未按规定对管理的A、B小区二次供水进行水质检测的违法行为，泸州市江阳区卫生健康局（疾控局）依据《四川省生活饮用水卫生监督管理办法》的规定，给予该公司"警告，罚款4600元"的行政处罚，并责令立即改正违法行为。

---

① 《四川省2024年度公共卫生和传染病防治行政处罚典型案例公示》，载四川省卫生健康委员会网站，https://wsjkw.sc.gov.cn/scwsjkw/gggs/2025/3/13/82ebfefc88514a15ba871089f042e4d9.shtml，2025年5月23日访问。

【典型案例2-04】农村卫生厕改后粪—口传播疾病发病率明显下降[1]

2009年,农村卫生厕所纳入医改重大公共卫生服务项目,到2013年年底,中央财政共投入资金82.7亿元,支持2103万农户建设了卫生厕所,全国农村卫生厕所普及率提高至74.09%。2009-2011年医改农村改厕项目综合效益评估显示,项目地区粪—口传播疾病的发病率明显下降,由37.5/10万降至22.2/10万。改厕后,农村居民的文明卫生意识明显提高,健康知识知晓率和个人卫生行为形成率分别提高了7%和24%。农村改厕还带动了肥料费用节约,增加了有机肥,产生直接经济效益达到516.9亿元,投入产出比为1:5.3。农村改厕防控疾病效果十分明显,近年来痢疾、伤寒、甲肝这些肠道传染病发病率呈逐年下降趋势。改厕大大改善了农村家庭环境,减少了化肥的使用,也提高了群众的卫生文明素质。

2. 地方政府所属部门应当承担哪些传染病预防职能?

传染病原体的宿主除人外,另一个重要的宿主便是一些特殊的动物,包括老鼠、蚊虫以及其他寄生虫等。县级以上人民政府农业农村、水利、林业草原等部门应当加强对这些动物的管理,消除相关区域的鼠害和其他寄生虫。《传染病防治法》第23条第1款规定,县级以上人民政府农业农村、水利、林业草原等部门依据职责指导、组织控制和消除农田、湖区、河流、牧场、林

---

[1] 白剑锋:《农村卫生厕所普及超七成》,载《人民日报(海外版)》2014年4月4日,第1版。

区、草原地区的鼠害与血吸虫危害，以及其他传播传染病的动物和病媒生物的危害。

【典型案例2-05】西安某宠物医院乱扔动物医疗废弃物被罚款3000元[①]

2017年8月12日，某市民在晨练时看到景观路地上扔着黑色垃圾袋，里面是小动物的治疗药物，猜测是附近哪家宠物医院丢弃的医疗垃圾。动物身上携带的病菌较多，感觉随意丢弃有潜在危害，随即向有关单位反映该情况。14日上午，碑林区动物卫生监督所便来到景观路上进行调查，基本确认被丢弃的动物医疗垃圾来自某宠物医院，来到医院进行调查取证，执法人员对多位工作人员及某宠物医院负责人询问。该宠物医院院长王先生表示，自己前一天在宠物交流群里看到网上的消息，一开始还不太相信是店里的员工所为。经过内部调查，才知道是在8月12日晚，该宠物医院一位实习生在帮助当班医生打扫卫生时，因为不了解医疗垃圾与生活垃圾处理规定，将一部分医疗垃圾混入生活垃圾中丢弃，事后也没有向当班医生汇报，直到医生问起，这名19岁的女实习生才知道违反了相关法规规定。王先生表示，确实是医院内部管理出现了问题，将以此为鉴，向医护人员强调医疗垃圾处理规定。执法人员查看了该医院的《动物诊疗许可证》《执业兽医医师资格证书》《西安市医疗废弃物集中处置委托合同》以及发票，均在有效期内。经过调查取证，基本确认该动物医院违法处理医疗废弃物的行为，已经立案处理，下一步按照相

---

① 邓小卫：《宠物医疗垃圾乱丢谁来管？》，载《华商报》2017年8月14日，A1版。

关法律法规从重处罚,将按照最高上限3000元处罚。随后将下发行政处罚决定书,并要求该动物医院立即进行整改。

3. 交通运输部门应当承担哪些传染病预防职能?

随着我国社会的进步和发展,工作、生活节奏的加快,人员流动性增强,从而也导致传染病的传播性增强。加强各种交通工具卫生管理,消除各种交通工具鼠害和蚊、蝇等病媒生物的危害,可以一定程度上阻止传染病的传播。《传染病防治法》第23条第2款规定,交通运输、铁路、民用航空等部门依据职责指导、监督交通运输经营单位以及车站、港口、机场等相关场所的运营单位消除鼠害和蚊、蝇等病媒生物的危害。

二、各专业机构在传染病预防中的工作

1. 各级疾病预防控制机构应当承担哪些传染病预防职能?

各级疾病预防控制机构是传染病防控的中坚力量,运用其掌握的各种传染病防控的设备和技术,发挥疾病预防控制专业人员的专业知识和经验,为传染病防控提供科学技术支持,可以少走弯路,提升传染病防控效力,减少传染病造成的危害。根据《传染病防治法》第25条第1款的规定,各级疾病预防控制机构在传染病预防、控制中履行下列职责:(1)实施传染病预防控制规划,制定传染病预防控制技术方案并组织实施;(2)组织开展传染病监测,收集、分析和报告传染病监测信息,预测传染病的发生、流行趋势;(3)开展对传染病疫情和

突发公共卫生事件的流行病学调查、风险评估、现场处理及其效果评价；(4) 开展传染病实验室检验检测、诊断、病原学鉴定；(5) 实施免疫规划，负责预防性生物制品的使用管理；(6) 开展健康教育、咨询，普及传染病防治知识；(7) 指导、培训下级疾病预防控制机构及其工作人员开展传染病预防、控制工作；(8) 指导医疗机构和学校、托育机构、养老机构、康复机构、福利机构、未成年人救助保护机构、救助管理机构、体育场馆、监管场所、车站、港口、机场等重点场所开展传染病预防、控制工作；(9) 开展传染病防治基础性研究、应用性研究和卫生评价，提供技术咨询。

2. 各级疾病预防控制机构在传染病预防中如何分工协作？

根据《传染病防治法》第 25 条第 2 款、第 3 款的规定，国家、省级疾病预防控制机构主要负责对传染病发生、流行以及分布进行监测，对重点传染病流行趋势进行预测，提出预防、控制对策，参与并指导对暴发的传染病疫情进行调查处理，开展传染病病原学鉴定，建立检验检测质量控制体系，开展基础性研究、应用性研究、卫生评价以及标准规范制定。设区的市级、县级疾病预防控制机构主要负责传染病预防控制规划、预防控制技术方案的落实，组织实施免疫、消毒，指导病媒生物危害控制，普及传染病防治知识，负责本地区传染病和突发公共卫生事件监测、报告，开展流行病学调查和常见病原微生物检测，开展应用性研究和卫生评价。

3. 医疗机构应当承担哪些传染病预防职能？

医疗机构是传染病防控的重点场所，在传染病防控工作中发挥重要作用。根据《传染病防治法》第26条的规定，二级以上医疗机构应当有专门的科室并指定专门的人员，承担本机构的传染病预防、控制和传染病疫情报告以及责任区域内的传染病预防工作。基层医疗卫生机构应当有专门的科室或者指定人员负责传染病预防、控制管理工作，在疾病预防控制机构指导下，承担本机构的传染病预防、控制和责任区域内的传染病防治健康教育、预防接种、传染病疫情报告、传染病患者健康监测以及城乡社区传染病疫情防控指导等工作。

4. 医疗机构应当采取哪些措施预防传染病？

传染病感染者在其不明病情的情况下到医疗机构就医，会接触其他患者、陪同人员、医务人员，人员接触多，容易导致传染病传播，因此，医疗机构应当采取切实可行的措施预防传染病的传播。具体的措施要求，《传染病防治法》第27条规定，医疗机构的基本标准、建筑设计和服务流程应当符合预防医疗机构感染的要求，降低传染病在医疗机构内传播的风险。医疗机构应当严格执行国家规定的管理制度、操作规范，加强与医疗机构感染有关的危险因素监测、安全防护、消毒、隔离和医疗废物、医疗污水处置工作，防止传染病在医疗机构内的传播。医疗机构应当按照规定对使用的医疗器械进行消毒或者灭菌；对按照规定一次性使用的医疗器械，应当在使用后予以销毁。

【典型案例2-06】某诊所使用后的医疗废物混入其他废物案[①]

2023年9月7日，执法监督人员对某诊所进行现场监督检查，发现该诊所存在将使用后的医疗废物皮试针混入了装有输液袋外包装、安瓿瓶瓶盖、针剂药水包装盒等其他废物桶的行为。

违法事实认定：该诊所存在把使用后的医疗废物皮试针混入了装有输液袋外包装、安瓿瓶瓶盖、针剂药水包装盒等其他废物桶的行为，违反了《医疗废物管理条例》第14条第2款"禁止在运送过程中丢弃医疗废物；禁止在非贮存地点倾倒、堆放医疗废物或者将医疗废物混入其他废物和生活垃圾"的规定。

处理依据及结果：依据《医疗废物管理条例》第47条第1项"医疗卫生机构、医疗废物集中处置单位有下列情形之一的，由县级以上地方人民政府卫生行政主管部门或者环境保护行政主管部门按照各自的职责责令限期改正，给予警告，并处5000元以上1万元以下的罚款；逾期不改正的，处1万元以上3万元以下的罚款；造成传染病传播或者环境污染事故的，由原发证部门暂扣或者吊销执业许可证件或者经营许可证件；构成犯罪的，依法追究刑事责任：（一）在运送过程中丢弃医疗废物，在非贮存地点倾倒、堆放医疗废物或者将医疗废物混入其他废物和生活垃圾的"的规定，并参照《重庆市卫生健康行政处罚

---

① 《以案释法》典型案例（2024年宣传稿）》，载巴南区卫生健康委网站，http：//www.cqbn.gov.cn/bmjz/bm/wsjkw/zwgk_88897/fdzdgknr_88899/cfqz/bljg/202412/t20241230_14031930.html，2025年5月23日访问。

裁量基准实施办法》（2023年版）"医疗卫生机构在医疗卫生机构内运送过程中丢弃医疗废物，在非贮存地点倾倒、堆放医疗废物或者将医疗废物混入其他废物和生活垃圾，发现违法行为，且在责令改正期限内完成整改的，警告，并处5000元以上至1万元罚款"的规定，决定给予当事人警告并处罚款6000元的行政处罚。

第三节　预防接种制度

一、疫苗及其安全性

1. 什么是疫苗？

疫苗属于药品的一种，是专门用于传染病预防的药物，对人和动物接种疫苗是阻断和预防传染病疫情的有效措施。根据《中华人民共和国疫苗管理法》第2条第2款规定，疫苗是指为预防、控制疾病的发生、流行，用于人体免疫接种的预防性生物制品，包括免疫规划疫苗和非免疫规划疫苗。

我国疫苗分为免疫规划疫苗和非免疫规划疫苗两大类。

2. 注射疫苗是否安全？

疫苗是预防疾病而非治疗疾病的药物，在药物研发、临床试验、药物生产许可审批中，对其药物安全性、有效性的要求比一般药物要求更高、更严。在疫苗生产、流通、运输、仓储和使用的过程中，有更为严格的外部环境条件和使用操作的要求，对疫苗注射产生的毒副作用的发生率、处置等也有更高的要求。接种疫苗是一项安全有效的公共卫生措施。疫苗的使用经过了严格的科学研究和临床试验，确保其安全性和有效性。大部分疫苗接种只会引起轻微的副作用，如注射部位红肿、发热等，而这些副作用通常会在几天内自行缓解。预防接种无疑是广泛应用的最有效、最安全、最经济的公共卫生干预措施之一。

3. 我国疫苗管理相关的法律及常用制度有哪些？

我国有严格的疫苗管理相关的法律制度。对于疫苗研发、生产、流通、使用等行为，有《中华人民共和国疫苗管理法》的规制；疫苗注射出现不良反应，按照《预防接种异常反应鉴定办法》进行鉴定，从而确定补偿范围和标准。此外，还有《预防接种工作规范（2023年版）》《疫苗储存和运输管理规范（2017年版）》等规范性文件。

二、国家免疫规划与疫苗接种管理

1. 国家实行免疫规划制度的内容是什么？

《传染病防治法》第24条第1款、第2款规定，国家实行免疫规划制度。政府免费向居民提供免疫规划疫苗。国务院疾病预防控制部门制定国家免疫规划。省级人民政府在执行国家免疫规划时，可以根据本行政区域疾病预防、控制需要，增加免疫规划疫苗种类，加强重点地区、重点人群的预防接种，报国务院疾病预防控制部门备案并公布。

2. 儿童实行预防接种证制度是什么？

《传染病防治法》第24条第3款规定，国家对儿童实行预防接种证制度。医疗机构、疾病预防控制机构与儿童的监护人、所在学校和托育机构应当相互配合，保证儿童及时接种免疫规划疫苗。

《中华人民共和国疫苗管理法》第47条规定，国家对儿童实行预防接种证制度。在儿童出生后一个月内，其监护人应当到儿童居住地承担预防接种工作的接种单位或者出生医院为其办理预防接种证。接种单位或者出生医院不得拒绝办理。监护人应当妥善保管预防接种证。预防接种实行居住地管理，儿童离开原居住地期间，由现居住地承担预防接种工作的接种单位负责对其实施接种。预防接种证的格式由国务院卫生健康主管部门规定。

《中华人民共和国疫苗管理法》第48条规定，儿童入托、入学时，托幼机构、学校应当查验预防接种证，发现未按照规定接种免疫规划疫苗的，应当向儿童居住地或者托幼机构、学校所在地承担预防接种工作的接种单位报告，并配合接种单位督促其监护人按照规定补种。疾病预防控制机构应当为托幼机构、学校查验预防接种证等提供技术指导。儿童入托、入学预防接种证查验办法由国务院卫生健康主管部门会同国务院教育行政部门制定。

3. 什么情况下可以启动紧急使用疫苗程序？

《传染病防治法》第24条第4款规定，出现特别重大突发公共卫生事件或者其他严重威胁公众健康的紧急事件，可以依照《中华人民共和国疫苗管理法》的规定在一定范围和期限内紧急使用疫苗。

《中华人民共和国疫苗管理法》第20条规定，应对重大突发公共卫生事件急需的疫苗或者国务院卫生健康主管部门认定急需的其他疫苗，经评估获益大于风险的，国务院药品监督管理部门可以附条件批准疫苗注册申请。出现特别重大突发公共卫生事件或者其他严重威胁公众健康的紧急事件，国务院卫生健康主管部门根据传染病预防、控制需要提出紧急使用疫苗的建议，经国务院药品监督管理部门组织论证同意后可以在一定范围和期限内紧急使用。

《中华人民共和国疫苗管理法》第97条规定，免疫规划疫苗，是指居民应当按照政府的规定接种的疫苗，包括国家免疫规划确定的疫苗，省、自治区、直辖市人民政府在执行国家免疫规划时增加的疫苗，以及县级以上人民政府或者其卫生健康主管部门组织的应急接种或者群体性预防接种所使用的疫苗。

4. 注射疫苗发生异常反应是否有补偿？

国家对预防接种发生异常反应的病例有明确的经济补偿规定。

《中华人民共和国疫苗管理法》第56条第1款、第2款规定，国家实行预防接种异常反应补偿制度。实施接种过程中或者实施接种后出现受种者死亡、严重残疾、器官组织损伤等损害，属于预防接种异常反应或者不能排除的,应当给予补偿。补偿范围实行目录管理,并根据实际情况进行动态调整。接种免疫规划疫苗所需的补偿费用,由省、自治区、直辖市人民政府财政部门在预防接种经费中安排;接种非免疫规划疫苗所需的补偿费用,由相关疫苗上市许可持有人承担。国家鼓励通过商业保险等多种形式对预防接种异常反应受种者予以补偿。

第四节 传染病预防控制应急预案

一、传染病疫情应急预案概念和制订要求

1. 什么是传染病疫情应急预案?

传染病疫情应急预案是指各级疾病预防控制和卫生健康部门、单位和基层组织为依法、迅速、科学、有序、高效应对传染病疫情,最大程度减少传染病疫情及其造成的危害预先制订的方案。传染病疫情应急预案按照制订主体划分,分为疾病预防控制和卫生健康部门应急预案、单位和基层组织应急预案两大类。

2. 国家对传染病应急预案的规范文件是什么?

为构建分级分类、高效实用的传染病疫情应急预案体系,规范传染病疫情应急预案管理工作,国家疾病预防控制局于2024年4月23日发布了《传染病疫情应急预案管理办法》。该管理办

法包括总则，分类和内容，预案编制、审核、备案和发布，培训、演练和宣传，评估和修订，保障措施，附则8章共35条。

3. 制订传染病预防控制应急预案的要求是什么？

《传染病防治法》第30条第1款规定，传染病预防控制应急预案应当增强科学性、针对性和可操作性，并根据实际需要和形势变化及时修订。

4. 制订传染病预防控制应急预案的内容是什么？

《传染病防治法》第28条第3款规定，传染病预防控制应急预案应当根据本法和其他有关法律、法规的规定，针对传染病暴发、流行情况和危害程度，具体规定传染病预防、控制工作的组织指挥体系和职责，传染病预防、监测、疫情报告和通报、疫情风险评估、预警、应急工作方案、人员调集以及物资和技术储备与调用等内容。

二、疾病预防控制和卫生健康部门传染病疫情应急预案

1. 制订国家重点传染病和突发原因不明的传染病预防控制应急预案的程序是什么？

《传染病防治法》第28条第1款规定，国务院疾病预防控制部门拟订国家重点传染病和突发原因不明的传染病预防控制应急预案，由国务院卫生健康主管部门批准、公布。

2. 制订区域性重点传染病和突发原因不明的传染病预防控制应急预案的程序是什么？

《传染病防治法》第 28 条第 2 款规定，县级以上地方人民政府制定本行政区域重点传染病和突发原因不明的传染病预防控制应急预案，报上一级人民政府备案并予以公布。鼓励毗邻、相近地区的地方人民政府制订应对区域性传染病的联合预防控制应急预案。

三、单位和基层组织传染病疫情应急预案

1. 哪些单位应当制订本单位的传染病预防控制应急预案？

《传染病防治法》第 29 条规定，医疗卫生机构和学校、托育机构、养老机构、康复机构、福利机构、未成年人救助保护机构、救助管理机构、体育场馆、监管场所、车站、港口、机场等重点场所，应当制定本单位传染病预防控制应急预案。

2. 哪些单位有义务开展传染病预防控制应急预案演练？

《传染病防治法》第 30 条第 2 款规定，县级以上人民政府疾病预防控制部门应当根据有关传染病预防控制应急预案定期组织开展演练。医疗卫生机构和学校、托育机构、养老机构、康复机构、福利机构、未成年人救助保护机构、救助管理机构、体育场馆、监管场所、车站、港口、机场等重点场所应当根据本单位传染病预防控制应急预案开展演练。

第五节　传染病防控体系强化措施

一、容易引起传染病传播的专业机构的传染病防控管理

1. 医学实验室和从事病原微生物实验的单位的传染病防控义务是什么？

基于开展专业工作的需要，疾病预防控制机构、医疗机构和从事病原微生物实验的单位拥有一些处理生物样本和病原微生物的实验室，他们在开展科学研究、样本检测的过程中往往会使用生物样本，这些样本有传播传染病的风险，同时也会接触和使用一些病原微生物，因而应当强化这些单位的传染病防控管理要求。《传染病防治法》第31条规定，疾病预防控制机构、医疗机构的实验室和从事病原微生物实验的单位，应当遵守有关病原微生物实验室生物安全的法律、行政法规规定，符合国家规定的条件和技术标准，建立严格的管理制度，对传染病病原体和样本按照规定的措施实行严格管理，严防传染病病原体的实验室感染和扩散。

2. 采供血机构、生物制品生产单位的传染病防控义务是什么？

血液及其制品是血源性传染病的重要传播媒介，如果对采供

血行为及血液制品的生产管理不到位，容易发生血源性传染病传播。《传染病防治法》第 32 条规定，采供血机构、生物制品生产单位应当严格执行国家有关规定，保证血液、血液制品的质量和安全。禁止非法采集血液或者组织他人出卖血液。疾病预防控制机构、医疗机构使用血液和血液制品，应当遵守国家有关规定，防止因输入血液、使用血液制品引起经血液传播疾病的发生。

3.《中华人民共和国献血法》规定的公民献血的条件是什么？

根据《中华人民共和国献血法》第 2 条的规定，国家实行无偿献血制度。献血者应当符合以下条件：（1）身体健康；（2）国家提倡 18 周岁至 55 周岁；（3）自愿。

4. 自愿无偿捐献的血液的用途是什么？

根据《中华人民共和国献血法》第 11 条的规定，无偿献血的血液必须用于临床，不得买卖。血站、医疗机构不得将无偿献血的血液出售给采血浆站或者血液制品生产单位。第 18 条规定，血站、医疗机构出售无偿献血的血液的，由县级以上地方人民政府卫生行政部门予以取缔，没收违法所得，可以并处 10 万元以下的罚款；构成犯罪的，依法追究刑事责任。

5. 非法组织他人卖血将受到什么处罚？

非法组织他人出卖血液的行为，可能面临行政处罚和刑事处罚。

《中华人民共和国献血法》第18条规定，非法组织他人出卖血液的，由县级以上地方人民政府卫生行政部门予以取缔，没收违法所得，可以并处10万元以下的罚款。

非法组织他人卖血构成非法组织卖血罪。根据《中华人民共和国刑法》第333条规定，非法组织卖血罪是指违反国家有关规定，非法组织出卖他人血液的行为，本法规定，非法组织他人出卖血液的，处5年以下有期徒刑，并处罚金；以暴力、威胁方法强迫他人出卖血液的，处5年以上10年以下有期徒刑，并处罚金。

【典型案例2-07】"无偿献血"变"有偿"，非法牟利终获刑[1]

2023年2月至2024年1月，张某长期在武汉、黄石等地多家医院"蹲点"，大量收集急需献血证、用于输血治疗的病患个人信息。与此同时，张某以在网络平台发布兼职广告、医院周边散发名片等方式散布有偿收购献血证等信息，以金钱为诱饵，招揽多人多次至指定医院捐献血液，待这些人获得"无偿献血证"后，张某以每张300~550元的价格从他们手中收购献血证，随即再以每张850~1100元的价格卖给病患家属，从中非法牟利1万余元。

2024年6月14日，该案被移送至西塞山区检察院审查起诉。经查，张某非法组织他人出卖血液，犯罪事实清楚、证据确实、充分，其行为触犯了《中华人民共和国刑法》第333条第1款的规定，应当以非法组织卖血罪追究其刑事责任。西塞山区检察院

---

[1] 《"无偿献血"变"有偿"，非法牟利终获刑》，载湖北省黄石市西塞山区人民检察院网站，http://xss.hs.hbjc.gov.cn/xjxw/yasf_69130/202410/t20241028_1835818.shtml，2025年5月23日访问。

于 8 月 16 日依法对张某提起公诉。2024 年 8 月 28 日，经西塞山区检察院提起公诉，法院依法以非法组织卖血罪对被告人张某判处有期徒刑 8 个月，并处罚金人民币 3000 元。

6. 病原微生物菌（毒）种保藏库的传染病防控义务是什么？

病原微生物具有致病性，但为了开展科学研究，了解传染病发病机制，研发传染病疫苗和治疗药物，又需要保存、繁殖一定数量的病原微生物。因此，国家对病原微生物菌（毒）种加强管理。《传染病防治法》第 35 条规定，国家建立病原微生物菌（毒）种保藏库。对病原微生物菌（毒）种和传染病检测样本的采集、保藏、提供、携带、运输、使用实行分类管理，建立健全严格的管理制度。从事相关活动应当遵守有关病原微生物实验室生物安全的法律、行政法规规定；依法需要经过批准或者进行备案的，应当取得批准或者进行备案。

二、容易引起传染病传播的环境及工程的传染病防控管理

1. 被传染病病原体污染的水、物品和场所的管理要求是什么？

《传染病防治法》第 36 条规定，对被传染病病原体污染的水、物品和场所，有关单位和个人应当在疾病预防控制机构的指导下或者按照其提出的卫生要求，进行科学严格消毒处理；拒绝消毒处理的，由当地疾病预防控制部门组织进行强制消毒处理。

2. 自然疫源地兴建水利等项目应当如何对传染病进行监测？

《传染病防治法》第 37 条规定，在国家确认的自然疫源地计划兴建水利、交通、旅游、能源等大型建设项目的，应当事先由省级以上疾病预防控制机构对施工环境进行卫生调查。建设单位应当根据疾病预防控制机构的意见，采取必要的传染病预防、控制措施。施工期间，建设单位应当设专人负责工地上的卫生防疫工作。施工期间和工程竣工后，疾病预防控制机构应当对可能发生的传染病进行监测。

3. 国家对用于传染病防治的消毒产品有何特殊的要求？

《传染病防治法》第 38 条第 1 款、第 2 款规定，用于传染病防治的消毒产品应当符合国家卫生标准和卫生规范。用于传染病防治的消毒产品的生产企业，应当经省级人民政府疾病预防控制部门批准，取得卫生许可。利用新材料、新工艺技术和新杀菌原理生产的消毒剂和消毒器械，应当经国务院疾病预防控制部门批准，取得卫生许可；其他消毒剂、消毒器械以及抗（抑）菌剂，应当报省级人民政府疾病预防控制部门备案。

4. 国家对饮用水和涉及饮用水卫生安全的产品有何特殊的要求？

《传染病防治法》第 38 条第 1 款、第 3 款规定，饮用水供水单位供应的饮用水和涉及饮用水卫生安全的产品，应当符合国家卫生标准和卫生规范。饮用水供水单位应当经设区的市级或者县级人民政府疾病预防控制部门批准，取得卫生许可。涉及饮用水卫生安全的产品应当经省级以上人民政府疾病预防控制部门批准，取得卫生许可。

【典型案例2-08】某公司生产供应饮用水不符合国家卫生标准案[①]

2024年6月，某市某卫生健康局（疾控局）委托当地疾病预防控制中心对辖区内现制现售水水质进行抽检，发现某公司安装在不同小区的7台现制现售水设备水质检测结果不合格，细菌总数和耗氧量指标不符合国家卫生标准规定。某市某卫生健康局（疾控局）依据《四川省生活饮用水卫生监督管理办法》的规定，给予该公司"警告，罚款11000元"的行政处罚，并责令立即改正违法行为。

三、特殊传染病的防控管理

1. 艾滋病主要有哪些传播途径？

艾滋病的主要传播途径有性接触传播、血液传播和母婴传播。预防艾滋病应避免不安全性行为，不共用医疗器械，减少不必要输血和注射，对感染艾滋病毒的孕妇采取干预措施。

（1）性接触传播，这是艾滋病传播的最主要途径。艾滋病

[①] 《四川省2024年度公共卫生和传染病防治行政处罚典型案例公示》，载四川省卫生健康委员会网站，https://wsjkw.sc.gov.cn/scwsjkw/gggs/2025/3/13/82ebfefc88514a15ba871089f042e4d9.shtml，2025年5月23日访问。

病毒存在于感染者的精液和阴道分泌物中，在性接触过程中由于性交部位的摩擦，可能会造成生殖器官黏膜的细微破损，病毒即可通过破损处进入血液而感染。无论是同性还是异性间没有采取防护措施（如使用安全套）的性接触，都可能导致艾滋病传播。

（2）血液传播，血液传播是艾滋病另一种重要的传播途径。无论大小，任何创口只要接触了被感染者血液，如不规范拔牙、纹身、输血，或者与感染者共用注射器、针头等医疗器械，或者使用被艾滋病毒污染的血液制品，都可能导致艾滋病的传播。

（3）母婴传播，母婴垂直传播，即感染艾滋病毒的母亲在产前、分娩过程中及产后不久会将艾滋病毒传染给胎儿或婴儿。通常发生在母亲妊娠、分娩过程中或者哺乳期间，病毒可以通过胎盘、产道或者乳汁传染给婴儿。如果母亲接受艾滋病的抗病毒治疗，可大大降低婴儿感染艾滋病的风险。

2. 我国防治艾滋病传播的法律是什么？

《传染病防治法》第 33 条规定，各级人民政府应当加强艾滋病的防治工作，采取预防、控制措施，防止艾滋病的传播。具体办法由国务院制定。

我国防治艾滋病传播的法律法规是《艾滋病防治条例》，这是国务院于 2006 年发布，2019 年修订的行政法规，此外，各地还有艾滋病防治相关的规范性文件。《艾滋病防治条例》共 7 章 64 条，是我国防治艾滋病的法律文件。值得注意的是，该条例明确规定国家实行艾滋病自愿咨询和自愿检测制度，为自愿接受艾滋病咨询、检测的人员免费提供咨询和初筛检测。同时规定，未经本人或其监护人同意，任何单位或者个人不得公开艾滋病病毒感染者、艾滋病病人及其家属的姓名、住址、工作单位、肖像、病史资料以及其他可能推断出其具体身份的信息。同时也规定，艾滋病感染者有将其感染或者发病的事实及时告知与其有性关系者，就医时应当将其感染或者发病的事实如实告知接诊医生的义务。任何单位和个人不得歧视艾滋病病毒感染者、艾滋病病人及其家属。艾滋病病毒感染者、艾滋病病人及其家属享有的婚姻、就业、就医、入学等合法权益受法律保护。

3. 什么是人畜共患传染病？

人畜共患传染病即人畜共患病，这是一种传统的说法，是指人类与人类饲养的畜禽之间自然传播或感染的疾病。1979年世界卫生组织和联合国粮农组织将"人畜共患病"这一概念扩大为"人兽共患病"，即人类和脊椎动物之间自然感染与传播的疾病。[1]而"人畜共患病"的概念在医学界已不再使用。人与畜禽共患疾病包括由病毒、细菌、衣原体、立克次体、支原体、螺旋体、真菌、原虫和蠕虫等病原体所引起的各种疾病。据有关文献记载，动物传染病有200余种，其中有半数以上可以传染给人类，另有超过100种的寄生虫病也可以感染人类。全世界已证实的人与动物共患传染病和寄生性动物病有250余种，其中较为重要的有89种，中国已证实的人与动物共患病约有90种，严重的人兽共患

---

[1] 石静：《以犬为例 浅谈人兽共患病的特征、危害及其防控措施》，载《中国工作犬业》2024年第10期。

病包括狂犬病、禽流感、埃博拉出血热等。①

4. 人畜共患传染病如何预防？

人畜共患传染病是由动物（包括人类饲养的动物和野生动物）传染给人类的。基于人类的生存和发展，有很多动物有经济价值，是人类重要的食物来源或者生产资料，必须大规模饲养，只有严格管理，加强对人畜共患传染病的防治，才能在造福人类的同时，将传染病风险降至最低。《传染病防治法》第34条规定，国家建立健全人畜共患传染病防治的协作机制，统筹规划、协同推进预防、控制工作，做好重点人群健康教育、传染病监测、疫情调查处置和信息通报等工作。县级以上人民政府农业农村、林业草原、卫生健康、疾病预防控制等部门依据职责负责与人畜共患传染病有关的动物传染病的防治管理工作，重点加强鼠疫、狂犬病、人感染新亚型流感、布鲁氏菌病、炭疽、血吸虫病、包虫病等人畜共患传染病的防治工作。

四、需要加强的传染病防控环节

1. 传染病患者、病原携带者和疑似患者及密切接触者的传染病预防义务是什么？

在防治传染病的过程中，传染病患者、病原携带者和疑似患

---

① 布丽·马汗：《布氏杆菌病诊断、治疗和防治措施》，载《农家参谋》2020年第18期。

者及密切接触者是传染源或者可能的传染源，因而应当重点管理。《传染病防治法》第 39 条第 1 款、第 2 款规定，传染病患者、病原携带者和疑似患者应当如实提供相关信息，在治愈前或者在排除传染病嫌疑前，不得从事法律、行政法规和国务院疾病预防控制部门规定禁止从事的易使该传染病扩散的工作。传染病患者、病原携带者、疑似患者以及上述人员的密切接触者应当采取必要的防护措施。

2. 对一般单位和个人在传染病防控中的绝对禁止性要求是什么？

任何单位、任何人、任何场合都可能会发生传染病的传播，一般单位和个人在传染病防控中除要遵守《传染病防治法》的相关规定，自身配合和履行传染病防控义务外，《传染病防治法》第 39 条第 3 款还规定，任何单位或者个人不得以任何方式故意传播传染病。这里所称的"故意"，包括直接故意，也包括间接故意，即明知自己感染了传染病，自己的行为可能会导致该传染病的传播，却放任这种行为的实施。故意传播传染病的行为，造成严重后果的，可以构成刑事犯罪。

3. 故意传播传染病的行为如何追究刑事责任？

故意传播传染病的行为，视具体情况可以构成故意伤害罪、传播性病罪、以危险方法危害公共安全罪、妨害传染病防治罪等。

【典型案例2-09】王某传播性病案[①]

艾滋病属于危害性与梅毒、淋病相当的严重性病，属于《中华人民共和国刑法》第360条规定的"严重性病"。明知自己携带艾滋病病毒而卖淫的，以传播性病罪定罪处罚。

4. 什么是主体责任，它与第一责任、直接责任的区别是什么？

主体责任、第一责任和直接责任是法律和组织管理中经常用到的概念，它们在不同的法律和组织管理语境中有着特定的含义和应用。在医疗卫生管理规范文件中多次提到"第一责任"，在《传染病防治法》中提到了"主体责任""直接责任"。这三者的区别如下。

（1）主体责任。主体责任是一个宽泛的概念，通常指的是组织或单位在运营和管理过程中，对于其内部事务和外部行为所承担的主要责任。这种责任不仅涵盖了组织的日常运营和管理，还包括了组织需要遵守的法律法规、规章制度以及行业标准等。在法律责任体系中，主体责任通常与组织的法定代表人或主要负责人相关联，他们需要对组织的整体运营和行为负责。

（2）第一责任。第一责任，虽然并非严格的法律术语，但在组织管理实践中被广泛使用。它通常指的是组织的主要负责人或

[①] 参见人民法院案例库，https：//rmfyalk.court.gov.cn/view/content.html?id=rRlQNiXBcNsCiklTrQ9RzV93iZ1gNDRc0G4yxz6k2w4%253D&lib=ck&qw=%E4%BC%A0%E6%92%AD%E6%80%A7%E7%97%85%E7%BD%AA，2025年6月23日访问。

法定代表人所承担的首要责任。这个责任人需要对组织的整体运营、管理、决策以及行为承担最直接的责任。在多数情况下，第一责任人会与主体责任人有重叠，但也可能根据组织的具体情况而有所不同。第一责任人在组织中扮演着至关重要的角色，其决策和行为直接影响到组织的运营和发展。

（3）直接责任。直接责任是指具体执行某项工作或任务的人员所承担的责任。这些人员直接参与了相关工作的实施和执行，因此需要对工作的结果和质量负责。在法律和组织管理的语境中，如果某项工作或任务出现了问题或失误，那么直接责任人员将需要承担相应的责任。与主体责任和第一责任相比，直接责任更加具体和明确，它关注的是具体执行层面的问题。

综上所述，主体责任、第一责任和直接责任在法律和组织管理中各自扮演着重要的角色。它们之间既有联系又有区别，共同构成了组织责任体系的完整框架。

5. 哪些重点场所应当落实传染病防控的主体责任？

在阻断传染病传播的过程中，一些存在传染病传播的高风险场所所属单位，应当对本单位所属的场所加强传染病防控工作，《传染病防治法》将这些机构的传染病防控责任界定为主体责任。《传染病防治法》第40条规定，学校、托育机构、养老机构、康复机构、福利机构、未成年人救助保护机构、救助管理机构、体育场馆、监管场所、车站、港口、机场等重点场所应当落实主体责任，加强传染病预防、控制能力建设，在疾病预防控制机构指导下开展传染病预防、控制工作。

第三章
传染病疫情监测、报告和预警

　　传染病防控工作是否有效，是否能最大限度减少传染病疫情的危害，在于对传染病的早发现、早诊断、早隔离。可见，传染病发生之初的工作极为重要。为了有效防治传染病，应当加强传染病发生早期的信息收集、分析、研判工作。《传染病防治法》第三章"传染病疫情监测、报告和预警"所规定的传染病疫情监测、报告、预警和公布等工作，就是传染病发生早期的重要工作。

第一节 传染病监测制度

一、传染病监测的含义

1. 什么是传染病监测?

传染病监测是通过系统化收集、分析和反馈传染病的相关数据,及时发现传染病的传播趋势并采取相应的防控措施的公共卫生手段。其核心目标是早期识别传染病疫情、阻断传染病传播链,从而保障公众健康。传染病监测工作涉及医疗机构、实验室、社区等多环节协作。要让传染病监测工作发挥实际效果,国家需要建立统一的、内部相互关联的,并运用各种科学技术手段加强信息收集、分析、评价和处置的体系。

2. 什么是传染病监测体系?

传染病监测主要是通过各种渠道收集和分析与传染病相关的信息,涉及多部门、多渠道、多环节,信息量大,信息内容复杂,而且很多信息的专业性极强,因而这是一项系统工程。构建包括卫生健康、教育、民政、农业农村、海关、网信、林草等部门参与的,按职责分工协同开展的传染病信息收集、分析、评价、共享、处理等监测工作的系统,构成了传染病监测体系。传染病监测往往与传染病预警密切关联,因而常常称之为传染病监测预警体系。《传染病防治法》第41条规定，国家加强传染病监测预警工作，建设多点触发、反应快速、权威高效的传染病监测预警体系。

【典型案例3-01】青岛市北区打造传染病综合防治新模式[①]

近年来，市北区始终以保障人民健康为中心，以守牢公共卫生安全为底线，以医防融合、医教协同为抓手，精准施策、平战结合，积极探索传染病防治新模式新举措，持续提升人民群众对公共卫生服务的获得感、幸福感、安全感。其中，"经验做法（二）""经验做法（四）"最值得关注。

"经验做法（二）"：构建以医疗机构为关口，以学校托幼、养老机构等重点场所症状监测为导向，以"四级"传染病疫情和症状预警信息监测为抓手，以多病原学哨点监测为依据的重大传染病预警监测体系，实验室检测结果实现与医疗机构共享，传染病疫情报告综合质量评价指标保持100%，重点传染病防控工作质量综合评估位列全市第一。依托市级传染病多点触发监测预警信息平台，实现传染病多点触发监测预警公立医疗机构全覆盖，症状录入活跃度和及时率均为100%。制定《市北区传染病疫情风险评估管理实施细则（试行）》和《市北区传染病疫情风险评估专家工作方案》，通过舆情检索信息周提示、疫情监测月分析、新发再发及重点传染病预警专题报告、风险评估季度会商发布等

[①] 《【深化改革试点高质量推动疾控体系建设优秀案例展播（八）】市北区卫生健康局：协作赋能，精准施策，打造市北区传染病综合防治新模式》，载"青岛卫生健康"微信公众号，https://mp.weixin.qq.com/s/baYnEZ1MrFaZHc_tsIVGkg，2025年6月4日访问。

方式出具监测预警和风险评估报告,充分发挥传染病防控感应器、吹哨者作用。

"经验做法(四)":依托"一防N哨"重点传染病监测体系和重点场所症状监测系统,运行常态化卫生应急"平战结合"机制,严格执行24小时在岗值班制度,八支专业应急队伍24小时应急待命,实施"培训+演练"常态模式和"个人作战单元"实战模式,动态管理应急预案35项。针对学校、托幼等重点场所,录制常态和应急态势校园重点传染病防控实操演练指导视频。组建背囊化卫生应急分队,纳入区基层背囊化医疗应急小分队统一建设管理,形成反应迅速、机动灵活、上下联动的卫生应急处置力量。确定市第六人民医院为定点医院,组建区重点传染病临床救治专家组,指导医疗救治工作,减少重症和死亡病例发生。重点传染病、输入性传染病和新发传染病的监测处置应急响应率和标本采集率均为100%,最大程度降低疫情传播风险。

3. 传染病监测预警体系的规范文件是什么?

为鼓励公众提供传染病疫情线索,强化对群体性不明原因疾病诊断报告,优先开展急性呼吸道感染和腹泻症候群监测。国家疾控局、国家卫健委、国家发改委等9部委联合印发的《关于建立健全智慧化多点触发传染病监测预警体系的指导意见》明确,到2030年,建成多点触发、反应快速、科学高效的传染病监测预警体系,新发突发传染病、群体性不明原因疾病、重点传染病监测预警的灵敏性、准确性明显提升,早期发现、科学研判和及时预警能力达到国际先进水平。该指导意见包括7个部分,共23

条，提出要健全监测预警体制机制，开展多渠道传染病监测，规范风险评估和预警管理，推进监测预警信息平台建设，强化监测预警能力建设。

二、监测体系的构成与运行

1. 传染病监测的核心环节是什么？

传染病监测的核心环节包括传染病相关的数据收集、分析与风险评估、预警与响应、反馈与优化等。

（1）数据收集。医疗机构、实验室、疾控中心通过法定传染病报告系统上报病例信息，包括症状、流行病学史、检测结果等。社区、学校等场所的异常健康事件也被纳入监测范围。

（2）分析与风险评估。利用统计学模型和人工智能技术，分析疾病时空分布、传播速度和风险人群，如通过 R0 值（基本再生数）评估病毒扩散潜力。

（3）预警与响应。当监测数据超过阈值或发现新型病原体时，触发预警机制，启动流行病学调查、隔离管控、疫苗接种等应急措施。

（4）反馈与优化。定期评估监测系统灵敏度与准确性，如通过漏报率、报告及时性等指标优化流程。

2. 传染病监测技术的关键手段是什么？

监测技术的关键手段包括建立数字化监测网络、实验室病原检测、多源数据整合等。

（1）数字化监测网络。电子病历、健康码、移动端 APP 等实时采集数据，提升信息传递效率。例如，中国传染病网络直报系统实现传染病病例的 2 小时内上报。

（2）实验室病原检测。基因测序技术（如全基因组测序）用于识别病原体变异。

（3）多源数据整合。融合气象、交通、人口流动等数据，建立预测模型。

3. 监测对传染病防控有什么作用？

通过对传染病疫情的监测，及时收集到具有疫情判断价值的各种信息，以便后续开展传染病疫情的研判。因此，对传染病疫情的监测，是传染病防控的基础，加强传染病的监测工作，对传染病防控可以发挥极为重要的作用，在传染病监测的基础上，及时发出传染病疫情信息，有利于及时采取有效措施干预传染病传播。具体作用包括：提供早期干预依据，为传染病防控资源调配提供指南，为传染病防控政策制定提供支撑。

三、国家建立健全传染病监测制度

1. 疾病预防控制部门制订的传染病监测计划和工作方案是如何分工的？

疾病预防控制部门是我国设立的专门管理和应对包括传染病在内的特殊疾病的防控管理单位，形成了自上而下的组织结构体系。在制订传染病监测规划和方案方面，国家疾病预防控制局负责全国的规划和方案，地方各级疾病预防控制部门负责本行政区域的传染病监测计划和工作方案的制订。中央和地方疾控部门上下关联，紧密联系，协调配合，让传染病监测体系形成一个统一协调、内在关联、有机联动的整体。

《传染病防治法》第 42 条第 1 款、第 2 款规定，国家建立健全传染病监测制度。国务院疾病预防控制部门会同国务院有关部门制订国家传染病监测规划和方案。省级人民政府疾病预防控制部门会同同级人民政府有关部门，根据国家传染病监测规划和方案，制订本行政区域传染病监测计划和工作方案，报国务院疾病预防控制部门审核后实施。

2. 国家如何加强传染病监测工作？

传染病监测工作强调全面、效率和效力。在尽可能及时、准确、全面收集到传染病发生早期的信息的基础上，通过智能化的信息分析系统，加上专家委员会的研究、研判，作出比较准确的传染病疫情判断，提出有针对性的阻断传染病传播的措施和方案。因此，传染病监测工作的开展，首先，要广布点，拓宽监测传染病疫情的哨点；其次，要建立具有人工智能辅助决策的信息化平台；再次，组建由各方专家参与的专家委员会；最后，准确进行疫情判断和决策。

《传染病防治法》第 42 条第 3 款规定，国家加强传染病监测，依托传染病监测系统实行传染病疫情和突发公共卫生事件网络直报，建立重点传染病以及原因不明的传染病监测哨点，拓展传染病症状监测范围，收集传染病症候群、群体性不明原因疾病等信息，建立传染病病原学监测网络，多途径、多渠道开展多病原监测，建立智慧化多点触发机制，增强监测的敏感性和准确性，提高实时分析、集中研判能力，及时发现传染病疫情和突发公共卫生事件。

【典型案例3-02】某诊所未按照规定承担本单位的传染病预防、控制工作案[①]

2024年9月13日，深圳市某区卫生健康局行政执法人员对深圳某中医（综合）诊所进行传染病防治监督检查时，发现该医疗机构分别于2024年9月7日、2024年9月9日接诊发热患者时未按要求做好登革热流行病学史询问等预检分诊工作。针对深圳某中医（综合）诊所未按照规定承担本单位的传染病预防、控制工作的违法行为，深圳市某区卫生健康局经调查后对深圳某中医（综合）诊所作出警告、通报批评的行政处罚，并向其下发《卫生监督意见书》责令立即改正违法行为。

3. 疾病预防控制机构如何开展传染病监测工作？

疾病预防控制机构是传染病疫情监测的主力军，监测传染病疫情信息是其日常工作职责之一。疾病预防控制机构在传染病监测中的主要职能是保证传染病监测工作能够顺利而有效实施，保证收集到的传染病疫情数据专业、准确而详细。尤其在群体性不明原因的传染病出现时，应当尽快启动专业分析机制，对病原体

[①]《以案释法丨某诊所未按照规定承担本单位的传染病预防、控制工作案》，载深圳市卫生健康委员会网站，http://wjw.sz.gov.cn/ztzl/xzzfgs/shhjgk/ssj/content/post_11716756.html，2025年6月4日访问。

溯源，明确传染病的传播力、传染媒介以及对人体的危害性。《传染病防治法》第43条规定，疾病预防控制机构对传染病的发生、流行以及影响其发生、流行的因素进行监测，及时掌握重点传染病流行强度、危害程度以及病原体变异情况。疾病预防控制机构应当加强原因不明的传染病监测，提高快速发现和及时甄别能力；对新发传染病、境内已消除的传染病以及境外发生、境内尚未发生的传染病进行监测。

4. 国家建立的传染病监测信息共享机制涉及哪些部门？

不同部门由于性质不同，职能不同，业务不同，专业不同，其收集的与传染病相关的信息也不相同。不同部门收集到的传染病信息，往往反映了传染病疫情的某一个方面、某一个环节，只有将这些信息叠加、整合进行分析，才能最大限度地发挥这些信息的作用。另外，信息收集是需要成本的，如果各部门都各自为阵收集决策所需要的信息，既造成资源浪费，推高信息收集成本，还会导致信息收集、分析和决策的效率低下，不利于传染病疫情防治。《传染病防治法》第44条第1款规定，国家建立跨部门、跨地域的传染病监测信息共享机制，加强卫生健康、疾病预防控制、生态环境、农业农村、海关、市场监督管理、移民管理、林业草原等部门的联动监测和信息共享。

5. 医疗卫生机构在传染病监测信息共享机制中发挥什么作用？

传染病人发病首先会到医疗机构就诊，尤其会到基层医疗机构就诊。传染病人在发病之初呈现单个性的特点，医疗机构接诊的往往是一两个病人，并不呈现群体性的特征。但是如果将各医疗机构的接诊信息进行汇总，就能发现传染病的规律和特征，所出现的"群体性疾病"是否是传染病也能作出比较准确的判断。由此观之，医疗机构在传染病疫情监测中发挥了重要的基础性、哨点性的作用，是传染病疫情监测网络中的重要基本元素。传染病疫情信息共享，可以让各医疗机构相互学习和借鉴处理同类病例的经验和教训，也有利于对传染病作出最早的判断。《传染病防治法》第44条第2款规定，国家建立临床医疗、疾病预防控制信息的互通共享制度，加强医防协同，推动医疗机构等的信息系统与传染病监测系统互联互通，建立健全传染病诊断、病原体检测数据等的自动获取机制，规范信息共享流程，确保个人信息安全。

第二节　传染病疫情报告制度

一、传染病疫情报告的含义

1. 什么是传染病疫情报告？

传染病报告是《传染病防治法》规定的负有传染病报告义务的单位和个人在发现传染病例后，依照《传染病防治法》规定的时间、程序和方式，向特定部门报告传染病例信息的制度。传染病报告是法定责任，需按照《传染病防治法》进行分类，及时上报，重点包括甲类（2小时内）、乙类（24小时内）、丙类（24小时内）传染病，责任主体为医疗机构和疾控机构。

【典型案例3-03】某幼儿园未按规定上报传染病疫情案[①]

2024年5月，成都市青羊区卫生健康局（疾控局）执法人员在对辖区内某幼儿园开展随机监督检查中发现，该园大一班于5月24日有6名儿童出现呕吐症状，但疫情报告人张某延迟至5月27日上午9时才上报区疾病预防控制中心，疫情报告时间超过24小时。该行为违反了传染病疫情报告的要求，成都市青羊区卫生健康局（疾控局）依据《托儿所幼儿园卫生保健管理办法》《学校和托幼机构传染病疫情报告工作规范（试行）》相关规定，给予该幼儿园"通报批评"的行政处罚，并责令该幼儿园立即改正。

2. 国家建立健全的传染病疫情报告制度是什么？

传染病疫情报告是为各级政府提供传染病发生、发展信息的重要渠道。只有建立起一套完整的传染病报告制度，并且保障其正常运转，才能保证信息的通畅。这是政府决策者准确掌握事件动态、正确进行决策与有关部门及时采取预防控制措施的重要前提。依据《传染病防治法》《突发公共卫生事件应急条例》《突发公共卫生事件与传染病疫情监测信息报告管理办法》制定传染病疫情报告制度。

[①] 《四川省2024年度公共卫生和传染病防治行政处罚典型案例公示》，载四川省卫生健康委员会网站，https://wsjkw.sc.gov.cn/scwsjkw/gggs/2025/3/13/82ebfefc88514a15ba871089f042e4d9.shtml，2025年6月4日访问。

二、传染病疫情报告的实施

1. 传染病疫情报告的义务主体是什么？

传染病疫情报告的义务主体是《传染病防治法》规定的，在发现传染病疫情后必须将有关信息向所在地有关单位报告的单位和个人，分为法定强制报告义务主体、法定报告义务主体和一般报告义务主体。

法定强制报告义务主体是指其所开展的业务工作更容易发现传染病疫情，因而法律规定报告传染病疫情系其法定职责，必须予以报告，否则将面临行政处罚。这在《传染病防治法》和《医师法》都有规定。法定强制报告义务主体包括疾病预防控制机构、医疗机构和采供血机构及其执行职务的人员；向社会公众提供医疗服务的中国人民解放军、中国人民武装警察部队的医疗机构。这些机构发现传染病疫情，应当将传染病疫情信息在规定的时间内上报。

法定报告义务主体是指那些容易造成传染病传播的重点场所的管理单位，这些重点场所容易发生传染病传播，也容易发现传染病例。《传染病防治法》第47条第1款规定，法定报告主体包括学校、托育机构、养老机构、康复机构、福利机构、未成年人救助保护机构、救助管理机构、体育场馆、监管场所、车站、港口、机场等重点场所。

一般报告义务主体泛指任何单位和个人。根据《传染病防治法》第48条第1款的规定，任何单位和个人发现传染病患者、疑似患者时，应当及时向附近的疾病预防控制机构、医疗机构或者疾病预防控制部门报告。

【典型案例3-04】某医院未按规定报告传染病疫情案[①]

某年4月14日，某区卫生计生行政机关执法人员在某医院开展传染病疫情报告工作的日常监督检查中，通过抽查该院的网上就诊系统，查阅传染病登记册以及核对传染病报告的网络直报系统，发现了两例麻疹疑似病例可能存在漏报的违法行为，其中一名患儿段某的就诊日期为4月4日，另一名患儿吕某的就诊日期为4月5日。发现上述情况后，一方面，执法人员第一时间联系区疾病预防控制中心，确认了患儿段某于4月5日在其他医疗机构的麻疹病例（实验室确诊病例）上报记录以及段某的流行病调查情况。另一方面，执法人员积极尝试与患儿段某母亲取得联系，获取了患儿4月4日病历内容的照片。通过病历中院方首诊医生对患儿的记录，进一步还原了就诊当日患儿临床症状，依据原卫生部出台的《麻疹诊断标准》（WS 296-2008）中3.2及5.1的规定，确认患儿具有麻疹临床症状，符合疑似病例诊断标准。在此之后与院方法定代表人、传染病报告负责人、接诊医生进行询问时，一方面，进一步确认了患儿的就诊当日的诊断情况，另一方面，上述当事人均承认了对患儿段某的麻疹疑似病例漏报事实。经查，某医院存在未按规定报告麻疹疑似病例的行为，违反了《传染病防治法》第30条第1款的规定，应按照《传染病防

[①] 《以案释法//某医院未按规定报告传染病疫情案》，载"邯郸卫生监督"微信公众号，https://mp.weixin.qq.com/s/88x9pRGZC2STDKgB1BOCbg，2025年6月6日访问。

治法》第69条第2项的规定进行处罚。因该院尚不存在造成传染病传播、流行或者其他严重情节,依据《传染病防治法》第69条的规定对该院给予警告的行政处罚。在随后的复查中,该医疗机构积极整改并主动提交了整改报告。

本案中,某医院存在未按规定报告麻疹疑似病例的行为违反《传染病防治法》。执法人员在对患儿吕某的调查中,一是未查见吕某在疾控中心网络直报系统中的任何医院相关上报记录;二是未能与吕某方面取得联系,因而无法获得吕某当时诊断内容;三是接诊医生提出原病程内容中所记载的麻疹内容填写有误;四是吕某配药记录中查见小儿热速清颗粒收费记录,该药物为治疗小儿感冒的常用药物,且为非麻疹专用药物。故,在无其他证据证明患儿吕某为麻疹疑似病人的情况下,难以认定当事人未上报患儿吕某的麻疹疑似病例的违法事实。

2. 什么机构有责任接受传染病疫情信息报告?

法律规定传染病疫情报告的目的是在发生传染病疫情的第一时间,相关信息能够为传染病防治管理部门收集到,并做信息汇总、分析、评价。因此,确定接受传染病疫情信息收集的机构也非常重要。《传染病防治法》将接受传染病疫情信息的主体分为两个层次:一般接受报告信息的主体和专门接受报告的主体。一般接受报告信息的主体在接到传染病疫情报告信息后,应当将有关信息在规定时间内上报专门接受报告的主体。前者是指疾病预防控制机构、医疗机构;后者是指疾病预防控制部门。《传染病防治法》第48条第2款规定,疾病预防控制部门应当公布热线电话等，畅通报告途径，确保及时接收、调查和处理相关报告信息。

3. 确定接受传染病疫情报告单位的原则是什么？

我国疾病预防控制部门分别隶属相应的行政区划，分为国家级、省级、设区的市级、县级。各地都有自己的疾病预防控制部门。传染病人的发现地一般是患者生活、学习、工作或者就医的单位，这些单位发现了传染病人后，应当向哪一个行政区域哪一个行政级别的疾病预防控制部门报告呢？

《传染病防治法》第45条第4款规定，传染病疫情报告遵循属地管理原则。所谓属地管理原则，是指传染病病例的发现地，包括发现传染病例的医疗机构，发现传染病例的学校、托育机构、养老机构、康复机构、车站、码头等，由发现传染病例机构向所在地疾病预防控制部门接受报告，开展流行病学调查，进行传染病疫情处置等。

《突发公共卫生事件与传染病疫情监测信息报告管理办法》都是按照属地管理原则制定的。

4. 传染病疫情报告应当遵循的原则是什么？

传染病疫情报告的目的在于迅速、准确、保密。迅速，是要求报告快，接受报告的单位向其他信息处理单位传递要快。准确，是要求报告的信息准确，接受报告信息的单位要准确。保密，是为了保障最开始发现的传染病疫情信息安全，不泄露，因为这种信息有很大的不确定性、不准确性，甚至可能是错误信息。在没有核实、确定之前泄露，不仅不能有效防控传染病疫情，还可能造成社会恐慌，甚至引起其他社会问题。迅速、准确、保密是传染病疫情报告的基本要求，在此要求下，确定传染病疫情报告的基本原则。《突发公共卫生事件与传染病疫情监测信息报告管理办法》第3条规定，突发公共卫生事件与传染病疫情监测信息报告，坚持依法管理，分级负责，快速准确，安全高效的原则。

5. 传染病疫情报告义务单位应当如何开展传染病疫情报告管理的日常工作？

具有法定报告传染病疫情义务的单位，应当将传染病疫情报告纳入其日常工作中，制定相关规章制度，确定责任人及职责，定期开展传染病疫情信息分析、汇总和通报，对一线医护人员报告传染病疫情进行培训，指导和监督一线医护人员报告传染病疫情等。《传染病防治法》第46条规定，疾病预防控制机构、医疗机构和采供血机构应当建立健全传染病疫情报告管理制度，加强传染病疫情和相关信息报告的培训、日常管理和质量控制，定期对本机构报告的传染病疫情和相关信息以及报告质量进行分析、汇总和通报。

6. 疾病预防控制机构应当如何开展传染病疫情管理工作？

疾病预防控制机构是专业的传染病防控机构，是传染病防控的主力军和专业队伍。疾病预防控制机构开展传染病防控工作，涉及早期的传染病信息的收集、分析和研判，并向疾病预防控部门提出专业化的防控建议，在疾病预防控制部门作出传染病防控决策后，疾病预防控制机构将传染病防控方案、措施予以贯彻、落实，并对社会各层面相关单位和个人落实情况予以监督。《传染病防治法》第49条规定，疾病预防控制机构应当设立或者指定专门的部门、人员负责传染病疫情信息管理工作，主动收集、分析、调查、核实传染病疫情信息。疾病预防控制机构接到甲类传染病、新发传染病、突发原因不明的传染病报告或者发现传染病暴发、流行时，应当于两小时内完成传染病疫情信息核实以及向同级卫生健康主管部门、疾病预防控制部门和上级疾病预防控制机构报告的工作。疾病预防控制部门接到报告后应当立即报告同级人民政府，同时报告上一级人民政府卫生健康主管部门、疾病预防控制部门和国务院卫生健康主管部门、疾病预防控制部门。

三、传染病疫情报告的禁止和鼓励

1. 传染病疫情报告的有哪些禁止性规定？

关于传染病疫情报告，要按照规定的时间，依照法定程序和要求，将传染病疫情信息向有关单位准确报告，同时，为了避免人为干扰因素的出现，及避免不规范甚至人为作假的报告行为，《传染病防治法》还作了禁止性规定。第50条规定，任何单位或者个人不得干预传染病疫情报告。依照本法规定负有传染病疫情报告职责的人民政府有关部门、疾病预防控制机构、医疗机构、采供血机构及其工作人员，不得隐瞒、谎报、缓报、漏报传染病疫情。

【典型案例 3-05】某医院未及时报告传染病疫情信息被处罚①

武汉市卫生监督机构调查发现武汉市某区中医医院（武汉市某区中西医结合医院）未按照规定时限报告（缓报）丙类传染病（甲型流行性感冒）疫情，经调查取证，查证属实，于 2024 年 12 月 4 日对本案作出处理决定：根据《传染病防治法》第 69 条第 2 项、《突发公共卫生事件与传染病疫情监测信息报告管理办法》第 38 条第 3 项的规定，对武汉市某区中医医院给予警告、通报批评的处罚。

2. 传染病疫情报告有哪些鼓励性规定？

作为普通单位和个人，虽然有传染病报告的义务，但这种义务仅仅是法律的一般性规定，并没有强制要求。为了鼓励有关单位和个人发现传染病例情况后积极主动报告，《传染病防治法》还规定了对报告的单位和个人的奖励要求。对于非因主观恶意动机报告错误信息的行为，明确规定报告的单位和个人不承担法律责任。第 51 条规定，对及时发现并报告新发传染病、突发原因不明的传染病的单位和个人，按照国家有关规定给予奖励。对经调查排除传染病疫情的，报告的单位和个人不承担法律责任。

---

① 《行政处罚案件信息公示（武卫传罚〔2024〕076 号）》，载武汉市卫生健康委员会网站，https://wjw.wuhan.gov.cn/zwgk_28/fdzdgknr/cfqz/xzcf/202412/t20241212_2497329.shtml，2025 年 6 月 6 日访问。

第三节　传染病预警制度

一、传染病疫情风险评估制度

1. 什么是传染病疫情风险评估制度？

传染病疫情风险评估是指采用包括现代人工智能技术在内的信息分析系统，对收集到的一定时期内的传染病信息及其他相关信息进行综合分析，通过风险识别、风险分析和风险评价，对传染病疫情风险进行评估，并提出传染病疫情风险管理建议的过程。

2. 我国传染病疫情风险评估的专门规范是什么？

2023年8月29日，为提高传染病疫情风险管理水平，及时发现和科学研判传染病疫情风险，规范和指导风险评估工作，根据《传染病防治法》《突发事件应对法》《生物安全法》等，国家疾控局制定并发布了《传染病疫情风险评估管理办法（试行）》。该办法共17条，特别规定了地方各级疾病预防控制机构在常规监测或日常风险评估中发现异常情形时，应开展专题风险评估。这些情形包括以下方面：（1）发现新发突发急性传染病、甲类或按甲类管理的法定传染病；（2）国外发生、国内尚未发生的传染病输入我国并出现本土传播；（3）传染病常见的流行模式发生明显改变、发病率或死亡率异常升高或地区分布明显扩大；

(4) 发现群体性不明原因疾病, 或 2 例及以上的聚集性重症与死亡病例; (5) 检测发现新型病原体或重要的病原体出现耐药、免疫逃逸、致病力增强; (6) 发生高致病性病原体菌毒种丢失; (7) 其他需要开展专题风险评估的情形。

3. 国家建立传染病疫情风险评估制度的内容是什么?

国家建立健全传染病疫情风险评估制度,各级疾病预防控制主管部门负责建立健全风险评估的工作制度和工作机制,负责风险评估工作的组织协调、业务管理、督促检查、信息通报发布等。传染病疫情风险评估是一项专业性极强的工作,要求研判人员掌握丰富的传染病防控知识和经验,因而应当充分发挥专家的力量。各级疾病预防控制机构应当组建专家委员会,及时召集专家分析研判传染病疫情,评估传染病疫情面临的风险。根据《传染病防治法》第 52 条的规定,国家建立的传染病疫情风险评估制度的内容主要要求疾病预防控制机构应当及时分析传染病和健康危害因素相关信息,评估发生传染病疫情的风险、可能造成的影响以及疫情发展态势。

二、传染病疫情预警制度

1. 什么是传染病疫情预警?

国家建立健全传染病疫情预警制度。传染病疫情预警制度,是传染病防治中预防制度之一。《传染病防治法》和《突发事件应对法》都有明确的规定。

所谓传染病疫情预警是指在传染病疫情发生之前，根据以往总结的规律或观测得到的可能性前兆，向相关部门和公众发出传染病疫情的紧急信号，报告传染病疫情发生的危险情况，以避免传染病疫情在不知情或准备不足的情况下发生，从而最大限度减轻传染病疫情所造成的损失。

【典型案例3-06】内蒙古达茂旗发布鼠疫疫情Ⅲ级预警[①]

2020年8月2日，包头市卫健委接到达茂旗卫健委报告，达茂旗石宝镇温都不令村委苏吉新村发生1例死亡病例，内蒙古自治区、包头市两级疾控中心鼻咽拭子PCR核酸检测呈阳性，内蒙古综合疾控中心鼻咽拭子基因测序检测符合鼠疫目标基因序列。8月6日，包头市、达茂旗两级医疗专家组依据流行病学调查资料、电话询问密接人员和实验室检测结果，会诊判定患者为肠型鼠疫，死亡原因为循环系统衰竭。根据《内蒙古自治区鼠疫控制应急预案（2020年版）》和《内蒙古自治区鼠疫疫情预警实施方案》的要求，达茂旗发布鼠疫防控Ⅲ级预警，自2020年8月6日起进入预警期，预警时间从发布之日持续至2020年年底。

目前，相关防控措施已全部落实到位，对9名密切接触者、26名次密切接触者的接触人员已按要求进行集中隔离医学观察并给予预防性用药及鼠疫核酸PCR检测，目前无发热等异常，鼠疫核酸PCR检测结果均为阴性。同时，对死者居住地某村实行封锁隔离，划定大小隔离圈，全面开展流行病学调查，强化隔离对象健康监

[①] 《关于发布达茂旗鼠疫疫情Ⅲ级预警的通告》，载包头市卫生健康委员会网站，http://wjw.baotou.gov.cn/wjyw/5098933.jhtml，2025年6月6日访问。

测，对隔离圈内所有人员进行健康监测、鼠疫核酸检测及宣传教育等工作，对死者住所及其周边农户居住场所每日进行全面消杀，并在苏吉新村及周边开展灭蚤灭鼠、环境卫生清洁整治。目前，苏吉新村所有村民无发热等异常，鼠疫核酸 PCR 检测结果全部为阴性。

2. 什么是健康风险提示？

健康风险提示是国家建立的传染病预警制度中的一个重要环节，是县级以上人民政府发布传染病预警之前的一种传染病预防的方法。健康风险提示是指在疾病预防控制机构根据其监测到的传染病信息和对传染病疫情风险评估结果的情况，认为有传染病发生可能性时，向公众发出的一种注意加强传染病防护的提醒和警示，其实质是一种专家建议性意见，具有专业性，但不具有强制性，因而应当注意健康风险提示内容的措辞和表达方式，要严格区分传染病预警的内容。

3. 传染病疫情预警与健康风险提示的区别是什么？

传染病疫情预警是在传染病疫情发生之前，根据以往总结的规律或观测得到的可能性前兆，向相关部门和公众发出的可能发生某种传染病疫情的紧急信号。健康风险提示是指在疾病预防控制机构根据其监测到的传染病信息和对传染病疫情风险评估结果的情况，向公众发出的可能注意加强预防某种传染病提示信息。在现实工作中，很多单位常常混淆二者的界限，在相关信息中做出不准确的表述。二者的区别如下。

（1）发布主体不同。健康风险提示的发布单位是疾病预防控制机构；传染病疫情预警的发布单位是疾病预防控制部门。

（2）发布时机不同。健康风险提示的发布是在传染性疾病可能出现时，疾病预防控制机构首先捕捉到，但未经有关部门的专业研判，也没有得出完整结论。传染病疫情预警是疾病预防控制部门确认了有发生某种传染病的可能性，有针对性地发布该传染病的预防措施和要求。

（3）发布严格程序不同。健康风险提示的发布，不需要有太严格的程序要求；传染病疫情预警的发布则有严格的程序要求。

（4）发布目的不同。健康风险提示的目的，在于向普通民众提示如何在生活工作中采取力所能及的措施预防某种传染性疾病；传染病疫情预警的目的则是向公众提醒对某种传染病采取何种加强的预防措施。

4. 国家建立传染病疫情预警制度的内容是什么？

我国法律规定的传染病疫情预警制度的具体内容，涉及传染病监测的各相关单位在传染病疫情预警中各自的工作职责，谁有权发布传染病疫情预警信息，预警信息审查、决定的程序，预警信息发布的渠道和方法等。

根据《传染病防治法》第53条第2款、第3款规定，疾病预防控制机构根据传染病监测信息和传染病疫情风险评估结果，向社会发布健康风险提示；发现可能发生突发公共卫生事件，经评估认为需要发布预警的，向同级疾病预防控制部门提出发布预警的建议。疾病预防控制部门收到建议后应当及时组织专家进行分析研判，需要发布预警的，由卫生健康主管部门、疾病预防控制部门立即向同级人民政府报告。县级以上人民政府依照有关突发公共卫生事件应对的法律、行政法规和国务院规定的权限和程序，决定向社会发布预警，见图3.1。

```
┌─────────────┐  报告   ┌─────────────┐  报告   ┌─────────────┐
│疾病预防控制机构│ ──→   │疾病预防控制部门│ ──→   │县级以上人民政府│
└─────────────┘        │卫生行政部门   │        └─────────────┘
       │                └─────────────┘              │向社会发布
       ▼                                             ▼
  ┌─────────┐                                 ┌─────────────┐
  │ 健康提示 │                                 │ 传染病疫情预警│
  └─────────┘                                 └─────────────┘
```

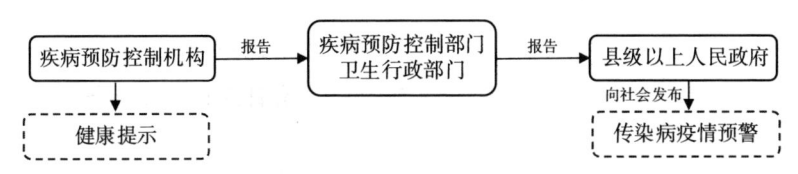

图3.1 传染病疫情预警建议、研判、决定、发布的流程

5. 传染病疫情预警是如何分级的？

《传染病防治法》没有对传染病疫情预警作出分级规定，但是传染病事件是我国突发公共卫生事件的一种，更广泛来说，是突发事件的一种，因此，传染病疫情预警的分级方法应当参照突发事件预警分级方法。根据《突发事件应对法》第63条第2款的规定，可以预警的自然灾害、事故灾难和公共卫生事件的预警级别，按照突发事件发生的紧急程度、发展势态和可能造成的危害程度分为一级、二级、三级和四级，分别用红色、橙色、黄色和蓝色标示，一级为最高级别。与此匹配，《国家突发公共卫生事件应急预案》第3条也规定，根据预测分析结果，对可能发生和可以预警的突发公共事件进行预警。预警级别依据突发公共事件可能造成的危害程度、紧急程度和发展势态，一般划分为四级：一级（特别严重）、二级（严重）、三级（较重）和四级（一般），依次用红色、橙色、黄色和蓝色表示。预警信息包括突发公共事件的类别、预警级别、起始时间、可能影响范围、警示事项、应采取的措施和发布机关等要素。

第四节　传染病疫情信息公布制度

一、传染病疫情信息通报制度

1. 什么是传染病疫情通报？

传染病疫情通报是一种及时、准确、全面地传达疫情相关信息的行为。其目的是让相关部门了解当前传染病疫情的状况，包括病例数量、病情发展趋势、防控措施执行情况等，以便相关部门能够做出正确的判断和行为，共同防控传染病疫情。传染病疫情通报中会公布最新的传染病疫情数据。

【典型案例3-07】北京确诊两例锡林郭勒盟鼠疫病例[①]

2019年11月12日，北京市朝阳区人民政府网站发布消息称，内蒙古自治区锡林郭勒盟苏尼特左旗2人经专家会诊，被诊断为肺鼠疫确诊病例。目前，患者已在北京市朝阳区相关医疗机构得到妥善救治，相关防控措施已落实。

得知消息后，内蒙古自治区卫生健康委第一时间安排部署疫情处置工作，内蒙古自治区综合疾病预防控制中心当日即派出相关专家赴锡林郭勒盟和苏尼特左旗，指导当地开展病例溯源工

[①] 《鼠疫可防可治可控》，载内蒙古自治区疾病预防控制中心网站，http://www.nmgcdc.org.cn/jkzt/crb/201911/t20191114_352918.html，2025年6月6日访问。

作，查明传染源和传播途径，并对密切接触者等进行排查，开展医学观察和预防性服药工作等。

2. 地方疾控部门应当向什么单位通报传染病疫情信息？

传染病疫情信息通报，是有针对性地用特定的方法将传染病疫情信息进行点对点的传递。传染病疫情信息通报要求"四特"：特定的通报单位、特定的被通报对象、特定的通报渠道、特定的通报信息。传染病疫情信息通报涉及纵向通报和横向通报两个维度。《传染病防治法》第54条规定，县级以上地方人民政府疾病预防控制部门应当及时向本行政区域的疾病预防控制机构和医疗机构通报传染病疫情以及监测、预警的相关信息。接到通报的疾病预防控制机构和医疗机构应当及时报告本机构的主要负责人，并告知本机构的有关人员。这是纵向通报。《传染病防治法》第55条第2款规定，毗邻或者相关地区的地方人民政府疾病预防控制部门，应当及时相互通报本行政区域的传染病疫情以及监测、预警的相关信息。这是横向通报。

3. 国家疾控部门应当向什么单位通报传染病疫情信息？

在中央层面，同样涉及传染病疫情信息通报的问题。这里需要注意的是，在中央层面涉及军队和地方两个不同的系统，这两个系统间应当建立传染病疫情信息通报机制，这是横向通报。同时，国务院疾病预防控制部门应当将传染病疫情信息向省级疾病预防控制部门通报，这是纵向通报。《传染病防治法》第55条第1款规定，国务院疾病预防控制部门应当及时向省级人民政府疾病预防控制部门和中央军事委员会负责卫生工作的部门通报全国传染病疫情以及监测、预警的相关信息。中央军事委员会负责卫生工作的部门发现传染病疫情时，应当向国务院疾病预防控制部门通报。

二、传染病疫情信息共享制度

1. 什么是传染病疫情信息共享？

传染病疫情信息共享是指在不同机构、部门或组织之间交换和交流传染病的相关信息，包括疫情数据、防控措施、成功案例等。其目的是通过共享信息，协调各方的资源和行动，提高传染病的整体防控效果。

2. 传染病疫情通报与传染病疫情信息共享的区别是什么？

有时人们难以区分传染病疫情通报与传染病疫情信息共享。在实际应用中，传染病疫情通报主要侧重于快速传递传染病疫情信息，确保相关部门和公众能够及时了解传染病疫情信息。传染病疫情通报是一种主动的、有明确目的和对象的传染病信息的传递。而传染病疫情信息共享则更注重通过共享详细的信息和经验，协调各方资源，形成合力，提高防控效率和效果。例如，通过建立公共卫生信息平台，收集和分析全国范围内的传染病疫情数据，结合移动互联网技术，实时追踪人员流动和传染源扩散路径，提高监测的准确性和时效性。传染病疫情信息共享往往通过特定的信息平台，允许共享者有权登录和访问相关信息。

3. 地方疾控部门应当与什么单位共享传染病疫情信息？

地方人民政府各部门之间要实现传染病疫情信息的共享，以便调动各部门、各方面的力量，全面开展本辖区的传染病防控工作。《传染病防治法》第 56 条第 1 款规定，县级以上人民政府疾病预防控制部门与同级人民政府教育、公安、民政、司法行政、生态环境、农业农村、市场监督管理、林业草原、中医药等部门建立传染病疫情通报机制，及时共享传染病疫情信息。

三、传染病疫情信息公布制度

1. 什么是传染病疫情公布？

国家建立健全传染病疫情信息公布制度，对传染病疫情信息的发布主体、发布方式、发布内容等有明确的规定和要求。传染病疫情公布是指各级疾病预防控制部门依照法律规定的权限，定期或根据需要向公众通报传染病的发生、传播情况及相关信息。这种公布旨在提高公众对传染病的认识，指导公众采取必要的预防措施，控制疫情的传播。

【典型案例3-08】我国发现一起猴痘病毒 Ib 亚分支聚集性疫情[①]

我国发现一起猴痘病毒 Ib 亚分支聚集性疫情，传染源为 1 位

[①] 《我国发现一起猴痘病毒 Ib 亚分支聚集性疫情》，载中国疾病预防控制中心网站，https://www.chinacdc.cn/jksj/jksj01/202501/t20250109_303772.html，2025 年 6 月 6 日访问。

外籍人员，有刚果（金）旅居史。发现疫情后，国家及浙江、广东、北京、天津等省（市）迅速启动联防联控机制，开展流调溯源、风险排查、病例诊治等工作，在密切接触者中陆续发现4例关联病例，均为亲密接触后感染。相关病例以皮疹、疱疹等症状为主，症状较轻。目前在一般接触人员中未发现感染者，相关感染者和风险人员正在接受医学治疗和健康观察，疫情已得到有效处置。

2. 传染病疫情公布的目的和意义是什么？

传染病疫情公布的目的和意义在于，提高公众传染病防控的意识，指导传染病防控的实施措施，促进传染病疫情信息公开透明。

（1）提高公众意识：通过公布疫情信息，让公众了解传染病的危害和预防方法，增强自我保护能力。

（2）指导防控措施：政府和卫生部门根据疫情公布的信息，制定和调整防控策略，确保资源的有效配置。

（3）促进信息公开透明：通过及时、准确的疫情公布，增强公众对政府和卫生部门的信任，维护社会稳定。

3. 传染病疫情公布的内容是什么？

传染病疫情公布的内容包括传染病疫情数据、传播途径、防控措施、预防建议等信息。

（1）疫情数据：包括确诊病例数、疑似病例数、死亡病例数等。

（2）传播途径：详细说明病毒的传播方式，如空气传播、接触传播等。

(3) 防控措施：政府和卫生部门采取的防控措施，如疫苗接种、隔离措施等。

(4) 预防建议：针对不同人群的预防建议，如勤洗手、戴口罩、避免前往人群密集场所等。

4. 传染病疫情公布的要求是什么？

根据《传染病防治法》，国家建立传染病监测制度，对传染病的发生、流行以及影响其发生、流行的因素进行监测。卫生部门根据监测结果，按照法定程序和标准，及时向社会公布疫情信息。公布的疫情信息必须真实、准确，不得隐瞒、谎报、缓报传染病疫情。

5. 有权发布传染病疫情信息的单位有哪些？

修订前的《传染病防治法》第 38 条规定，在传染病疫情暴发流行时，只能由国务院卫生行政部门公布传染病疫情，在其授权的情况下，省级卫生行政部门可以公布本行政区域内的传染病疫情。这样的规定显然造成传染病疫情公布不及时，各地采取传染病防控措施不及时，拖累传染病疫情防治。本次修订将传染病疫情发布权限放到地方各级疾病预防控制部门。这是一个重大的、有意义的变化。

6. 传染病疫情信息定期发布是如何分工的？

我国已经形成传染病疫情信息的定期发布机制。传染病疫情信息定期公布，是社会进步和现代文明的体现。各相关单位在日常工作中监测传染病疫情信息，并定期发布本行政区域内的传染病疫情信息，以保障公民知情权。《传染病防治法》第57条第2款规定，国务院疾病预防控制部门定期向社会公布全国传染病疫情信息。县级以上地方人民政府疾病预防控制部门定期向社会公布本行政区域的传染病疫情信息。

7. 传染病暴发流行时传染病疫情信息发布是如何分工的？

在传染病爆发流行时，传染病疫情信息的发布极为重要，既要保证传染病疫情信息及时公布，让各单位和个人知悉，从而配合有关单位开展传染病疫情防治，又要避免引起恐慌和混乱。因此，地方疾病预防控制部门只能发布本辖区的疫情信息；跨省（包括全国）的传染病疫情发布，只能由国家疾病预防控制部门发布。《传染病防治法》第57条第3款规定，传染病暴发、流行时，县级以上地方人民政府疾病预防控制部门应当及时、准确地向社会公布本行政区域传染病名称、流行传播范围以及确诊病例、疑似病例、死亡病例数量等传染病疫情信息。传染病跨省级行政区域暴发、流行时，国务院疾病预防控制部门应当及时、准确地向社会公布上述信息。

8. 地方疾病预防控制部门公布传染病疫情信息有误应当如何处理？

在工作和生活中有时会出现错误，尤其是对传染病疫情的分析和研判，存在很大的不确定性，况且还不断出现新型传染性疾病，因此更容易出现错误。疾病预防控制部门发布了错误的传染病疫情信息，应当及时纠正，避免错误信息对人们生活和工作的误导，最大限度地降低错误传染病疫情信息造成的损失。《传染病防治法》第57条第4款规定，县级以上人民政府疾病预防控制部门发现虚假或者不完整传染病疫情信息的，应当及时发布准确的信息予以澄清。

第四章
疫情控制措施

　　传染病疫情发生后,对疫情控制的关键,是在法律的框架下,根据传染病防控的理论和技术,制定有针对性的传染病疫情控制措施,制订统一的传染病疫情防治方案,有分工,有协作,相关单位和个人按照要求参与传染病疫情控制,方能终止传染病疫情。

第一节　医疗机构与疾控机构的职责

一、医疗机构的防控职责与义务

1. 医疗机构在传染病防控中的主要职责是什么？

在传染病防控体系中，医疗机构作为传染病防治的前沿阵地，承担着发现、报告、隔离的"三重责任"，这既是保障公众健康的关键防线，也是法律赋予的重要职责。2025年修订的《传染病防治法》进一步明确并强化了这些责任，使其更具操作性与权威性。

（1）病例发现环节是防控的首要关口。首诊医生作为"前哨"，需对疑似传染病患者进行细致筛查，依据患者症状体征及流行病学史做出初步诊断。如遇到发热、咳嗽患者，需详细询问其近期出行史、接触史，不放过任何潜在风险。

（2）即时报告是阻断疫情扩散的"生命线"。修订后法律要求医疗机构对甲类传染病、新发传染病等特殊情形，必须在2小时内通过国家传染病网络直报系统提交信息，极大提升了疫情信息传递效率。

（3）临时隔离则是控制传染源的关键举措。对于甲类传染病（如鼠疫、霍乱）及按甲类管理的乙类传染病，医疗机构有权就地对患者或疑似患者实施临时隔离，快速切断传播途径。

医疗机构应严格执行国家规定的管理制度、操作规范，加强与医疗机构感染有关的危险因素监测、安全防护、消毒、隔离和医疗废物、医疗污水处置工作，防止传染病在医疗机构内传播。此外，医疗机构应配合疾病预防控制机构，做好免疫规划疫苗接种工作，确保儿童及时接种，提高群体免疫水平。

2. 医疗机构发现甲类传染病、病原携带者、疑似患者以及上述人员的密切接触者应该采取什么措施？

医疗机构在发现甲类传染病、病原携带者、疑似患者以及上述人员的密切接触者时，应当立即对甲类传染病患者、病原携带者，予以隔离治疗、医学观察；对甲类传染病疑似患者，确诊前单独隔离治疗；对甲类传染病患者、病原携带者、疑似患者的密切接触者，予以医学观察，并采取其他必要的预防措施。医疗机构应当对上述人员书面告知诊断或者判定结果和依法应当采取的措施。医疗机构应及时报告传染病疫情：发现甲类传染病患者、病原携带者、疑似患者或者新发传染病、突发原因不明的传染病，以及其他传染病暴发、流行时，应当于两小时内进行网络直报；发现乙类传染病患者、疑似患者或者国务院疾病预防控制部门规定需要报告的乙类传染病病原携带者时，应当于二十四小时内进行网络直报。同时，应当建立健全传染病疫情报告管理制度，加强传染病疫情和相关信息报告的培训、日常管理和质量控制，定期对本机构报告的传染病疫情和相关信息以及报告质量进行分析、汇总和通报。

3. 医疗机构如何配合疾控机构开展流行病学调查？

疾病预防控制机构发现传染病疫情或者接到传染病疫情报告

时，会根据需要对传染病疫情进行流行病学调查，根据调查情况对医疗机构提出对相关区域的防控建议，指导医疗机构对被污染的场所进行卫生处理，判定密切接触者，指导做好对密切接触者的管理，医疗机构应当接受和配合疾病预防控制机构开展流行病学调查，如实提供信息。疾病预防控制机构开展流行病学调查，医疗机构应按要求做好协助工作。

4. 民营医院和公立医院在传染病防控职责上有什么区别？

医疗机构的基本标准、建筑设计和服务流程，应当符合传染病防控的要求。民营医院和公立医院都是我国医疗卫生体系的重要组成部分，在传染病防控中承担着同等重要的法定责任，都要严格遵守传染病防治法及相关法规政策，履行好各自的防控职责，保障公众的健康和安全。无论是民营医院还是公立医院，都应按照国务院卫生行政部门规定的传染病诊断标准和治疗要求，采取相应措施，提高传染病医疗救治能力。民营医院作为我国医疗卫生系统的有益补充，有助于弥补我国卫生事业投入不足，有利于满足人民群众对医疗卫生服务的多元化需求。目前部分民营医院传染病防控能力还有待提升，要在专业技术上应当予以指导，落实好公立医院对口指导帮扶民营医院的政策，同步提高民营医院的专业技术能力；要将民营医院人员纳入卫生系统统一培训规划，通过学习培训，提高民营医院医护人员对传染病防治工作的认识，提升传染病防治专业水平，提高政府对传染病防治的应对能力；在服务社会上应当加强教育引导，鼓励民营医院主动参与公益活动，树立良好形象，打造良好口碑，保持民营医院正确的发展方向。

5. 针对肺结核的防控方面有什么特殊要求？

《传染病防治法》对肺结核的防控有着特殊的要求，在第60条中给予明确规定，肺结核患者需由县级以上地方人民政府疾病预防控制部门指定的医疗机构进行治疗；为了做好肺结核的控制传播措施，应重点对具有传染性的肺结核患者进行耐药检查和规范隔离治疗，同时需要对其密切接触者进行筛查。基层医疗卫生机构应对肺结核患者进行健康管理。具体办法由国务院疾病预防控制部门拟订，报国务院卫生健康主管部门审核、发布。

【典型案例4-01】宜昌市第三人民医院结核病防治案例[①]

宜昌市第三人民医院打造结核病"医、防、管"三位一体综合服务模式。建立医院—社区联系档案，定期上门随访；对接多部门为困难患者争取帮扶政策；将中医药特色治疗融入结核病治疗；综合评估患者病情制订康复计划；开展医患互动活动，减轻患者心理压力。自2023年以来，该市结核病患者治愈率达到95%以上。

6. 医疗机构拒绝接受转诊的传染病患者将面临什么处罚？

医疗机构应按规定接诊传染病患者，并按规定保管好相关病历记录。对于超出医疗机构执业范围或救治能力的，应当及时将传染病患者、疑似患者及其病历记录一并转至具备相应救治能力的医疗机构，同时采取必要的防护措施。具备接诊能力的医疗机

[①] 《宜昌市第三人民医院：抗击结核，我们从"心"出发》，载湖北省卫生健康委员会网站，https://wjw.hubei.gov.cn/bmdt/ztzl/ybykfz/ybyfdt/202406/t20240614_5238169.shtml，2025年6月16日访问。

构若拒绝接收转诊病人，由县级以上人民政府卫生健康主管部门依照相关规定给予行政处罚，包括：责令改正，给予警告或者通报批评，可以并处十万元以下罚款；情节严重的，可以由原发证部门或者原备案部门依法吊销医疗机构执业许可证或者责令停止执业活动，对直接负责的主管人员和其他直接责任人员依法给予处分，并可以由原发证部门责令有关责任人员暂停六个月以上一年以下执业活动直至依法吊销执业证书。

7. 医疗机构的医疗废物应如何处置？

根据《传染病防治法》的规定，医疗机构应当严格执行国家规定的管理制度、操作规范，加强与医疗机构感染有关的危险因素监测、安全防护、消毒、隔离和医疗废物、医疗污水处置工作，防止传染病在医疗机构内的传播。对于本机构内被传染病病原体污染的场所、物品以及医疗废物、医疗污水，应当依照有关法律、行政法规的规定实施消毒和无害化处置。第一，应按照感染性废物、病理性废物、损伤性废物、药物性废物和化学性废物等进行分类收集。第二，使用符合标准的医疗废物专用包装袋、利器盒和周转箱（桶）进行包装。包装应严密、无破损，并在每个包装物、容器上张贴医疗废物警示标识和中文标签。第三，设置专门的医疗废物暂存处，远离医疗区、食品加工区和人员活动区等。暂存处应有明显的警示标识和照明设施。第四，由专人专用的转运工具，按照规定的时间和路线将医疗废物从产生地点转运至暂存处，同时严格执行交接制度。第五，医疗废物最终需交由有资质的医疗废物处置单位进行集中处置，处置单位应按照相关规定和技术标准对医疗废物进行无害化处理，确保病原体被彻底杀灭，防止对环境造成污染。

8. 医疗机构未按规定对医疗废物消毒处理，会受到什么处罚？

医疗机构如果未按规定对本机构内医疗废物、医疗污水等实施消毒或者无害化处理，由县级以上人民政府卫生健康主管部门依照相关规定给予行政处罚，包括：责令改正，给予警告或者通报批评，可以并处十万元以下罚款；情节严重的，可以由原发证部门或者原备案部门依法吊销医疗机构执业许可证或者责令停止执业活动，对直接负责的主管人员和其他直接责任人员依法给予处分，并可以由原发证部门责令有关责任人员暂停六个月以上一年以下执业活动直至依法吊销执业证书。因此，医疗机构需建立健全医疗废物管理制度，加强对相关工作人员的培训，提高其对医疗废物管理重要性的认识和操作技能，以保障医疗废物处置的安全、规范。

【典型案例4-02】某县医疗废物相关行政处罚案[①]

2023年3月1日，某县卫生健康委检查发现某卫生院医疗废物暂存间的医疗废物转运箱内外有大量明显黑色污渍，且该院不能出示医疗废物暂存间和使用后的医疗废物运送工具的清洁及消

[①] 《以案释法（传染病防治）》，载城口县卫生健康委员会网站，http://www.cqck.gov.cn/bm/wsjkw/gsgg/202311/t20231127_12614905.html，2025年6月6日访问。

毒记录。经询问，确定因工作人员人手不足，责任落实不到位，未及时对使用后的医疗废物运送工具进行清洁和消毒。处罚结果：依据《医疗废物管理条例》第45条第5项、《医疗卫生机构医疗废物管理办法》第39条第5项，参照该地区《卫生健康行政处罚裁量基准实施办法》，对该院给予警告的行政处罚。

二、疾控机构的职能与工作内容

1. 疾控机构在传染病疫情控制方面的主要职能有哪些？

依据《传染病防治法》规定，疾控机构在传染病疫情控制中肩负着关键职责。第一，在规划执行与监测层面，需实施传染病预防控制规划、计划和方案，组织开展传染病监测，收集、分析和报告监测信息，预测传染病发生及流行趋势。通过建立健全监测系统，对传染病相关因素进行持续追踪，为防控决策提供精准依据。第二，在面对疫情时，开展流行病学调查与现场处理工作，查明传染源、传播途径，对密切接触者追踪管理，采取消毒等现场处置措施，并评估防控效果，及时调整策略。同时，开展传染病实验室检测、诊断与病原学鉴定，为疫情判断提供技术支撑。第三，在免疫规划与宣教方面，实施免疫规划，负责预防性生物制品使用管理，确保疫苗接种工作安全、有序进行。还需开展健康教育与咨询，普及传染病防治知识，提升公众防控意识与能力。此外，疾控机构还承担着指导培训工作，对下级疾控机构及其工作人员开展业务指导与培训，提升整体防控水平，为有效控制传染病疫情、保障公众健康筑牢防线。

2. 发生传染病疫情时，疾控机构如何开展流行病学调查？

发生传染病疫情时，疾控机构应按照规范流程开展流行病学调查。第一，迅速组建涵盖流调、临床、实验室等多领域的专业团队，准备调查工具、样本采集设备等物资，并熟悉调查区域环境。接收疫情报告后，及时核实疫情真实性，评估病例数量、症状及传播风险。第二，进入现场后，对确诊和疑似病例开展个案调查，详细询问基本信息、发病过程、暴露史及密切接触者情况。通过多种手段追踪密切接触者，对其登记并实施医学观察；同时对病例活动环境进行采样检测，排查环境传播风险。第三，全面收集病例、接触者、环境等资料，分析病例在时间、空间、人群中的分布特征，锁定传染源与传播途径，预测疫情发展趋势。在此基础上撰写调查报告，提出隔离管控、疫苗接种、健康教育等防控建议，为决策提供依据。后续还会持续监测疫情动态，根据防控效果及时调整策略，保障传染病防治科学、高效推进。

3. 疾控机构如何追踪传染病患者的密切接触者？

疾控机构追踪传染病患者密切接触者，综合运用多种手段形成严密追踪网络。第一，通过对患者深入访谈，详细询问发病前后的活动轨迹、接触人员情况，包括各类社交、工作场景，借助手机记录等辅助患者回忆细节；同时，与公安、交通等部门协作，调取监控录像、交通出行信息，掌握患者在公共场所和交通工具上的接触人员。第二，利用大数据技术分析患者手机信号轨迹、消费记录等，精准定位其活动范围，筛选出潜在接触人群。还会在患者活动场所开展现场调查，询问周边人员，查看场所监控,进一步明确接触情况。第三,依据已掌握的密切接触者信息,分析病例传播链,挖掘更多潜在接触者;对跨区域接触者,及时发送协查函,与相关地区联动追踪,确保密切接触者无遗漏追踪。

4. 疾控机构对公共场所的消毒工作有哪些指导要求?

疾控机构对公共场所进行消毒工作指导。首先,在方案制订上,依据场所类型、规模、人流及传染病流行情况,指导经营单位制订个性化方案。例如,商场、影院等人员密集场所需加大消毒频次和范围;车站、机场等交通枢纽则聚焦高频接触区域制订重点计划。在人员管理上,组织消毒人员专业培训,同时规范作业防护,常规作业配备基础防护装备,处理疑似污染物时加强防护。其次,要求经营单位建立消毒记录台账,详细记录消毒信息。疾控机构定期监督检查,对未落实消毒要求的单位责令整改,保障公共场所消毒工作科学、有效开展。

【典型案例4-03】呼伦贝尔市"十四冬"场馆消毒指导[1]

为加强"十四冬"赛场的预防性消毒工作,根据相关标准规定,呼伦贝尔市疾控中心与卫生健康综合行政执法支队联合在"十四冬"场馆开展现场消毒评价及消毒监督指导工作。选择速滑馆和冰球馆进行采样,以观众席座椅、扶手、栏杆、桌面、门

---

[1] 《呼伦贝尔市疾控中心与卫生健康综合行政执法支队联合在"十四冬"场馆开展现场消毒评价及消毒监督指导工作》,载呼伦贝尔市卫生健康委员会网站,https://wjw.hlbe.gov.cn/News/show/1149096.html,2025年6月6日访问。

把手等高频率接触部位为重点采样对象，消毒前、后采样点成对设置，采集物品表面和空气样品送实验室检测。同时查看场馆消毒方案、消毒产品、消毒工作程序及消毒工作人员个人防护等方面内容，对发现的问题及时指导和反馈。对提高场馆的消毒质量起到积极推动作用，为"十四冬"的顺利举行提供可靠保障。

5. 疾控机构在疫苗接种管理中承担什么角色？

疾控机构负责掌握辖区免疫规划疫苗使用需求，协助省级疾控主管部门制定辖区免疫规划相关政策。开展国家免疫规划疫苗接种率监测，收集非免疫规划疫苗接种信息，评估疫苗接种工作的落实情况；对疑似预防接种异常反应进行报告、组织调查诊断并参与处理，为受种者的安全提供保障。疾控机构还通过各种渠道宣传疫苗接种的重要性和必要性，提高公众对疫苗接种的认识和重视程度，推动疫苗接种工作的顺利开展，助力提升群体免疫水平，防控传染病的发生与传播。

6. 疾控机构如何监测学校等重点场所的传染病风险？

疾控机构通过构建长效监测机制防范风险。一方面，与教育部门紧密协作，指导学校落实传染病风险报告制度，定期对学校防控措施落实、环境卫生、通风消毒等情况进行评估及指导，并借助传染病监测系统分析学校病例数据，掌握发病趋势，提前预判风险。另一方面，在传染病高发季或开学等关键节点，扩大监测范围，筛查潜在隐患。当学校出现聚集性疫情或突发公共卫生事件时，疾控机构迅速响应，立即启动应急监测程序，派遣专业人员开展流行病学调查，追踪病例密切接触者并实施健康监测，采集样本进行实验室检测，以明确疫情原因和传播途径；同步加强对师生的防控知识宣教，对学校卫生保健人员及教职工进行针对性培训，提升校园应急处置能力，为科学防控提供有力支撑。

7. 疾控机构能否强制要求密切接触者进行医学观察？

根据《传染病防治法》的规定，对甲类传染病患者、病原携带者、疑似患者的密切接触者，予以医学观察，并采取其他必要的预防措施。疾控机构应向上述人员进行书面告知诊断或者判定结果和依法应当采取的措施。拒绝隔离治疗、医学观察或者隔离治疗、医学观察的期限未满擅自脱离的，由公安机关协助医疗机构、疾病预防控制机构采取强制隔离治疗、医学观察措施。因此，疾控机构有权强制要求甲类传染病患者、病源携带者、疑似患者的密切接触者进行医学观察，被实施隔离措施的人员应当予以配合。

8. 医疗机构或疾控机构应如何对被隔离人员进行书面告知？

根据《传染病防治法》第 58 条的规定，疾控机构在对甲类传染病患者、病原携带者、疑似患者及其密切接触者予以医学观察，并采取其他必要的预防措施。医疗机构、疾病预防控制机构应当向甲类传染病患者、病原携带者、疑似患者以及上述人员的密切接触者书面告知诊断或者判定结果和依法应当采取的措施。因此，书面告知是不可或缺的法定程序。关于书面告知笔者提出如下建议。

（1）书面告知形式：需以规范严谨的方式开展，语言表达要通俗易懂，避免专业术语堆砌，关键信息突出显示。应制作正式告知书，采用打印形式确保内容清晰，避免歧义。

（2）告知书送达方式：优先选择直接送达，工作人员当面递交并要求当事人签字确认；若当事人拒绝签字，可邀请两名以上无利害关系见证人签字作证。在无法直接送达时，可采取留置送达，在见证人在场情况下将告知书留置其住所，并拍照或录像记录；也可采用挂号信或特快专递进行邮寄送达，保留邮寄凭证，若邮件退回需注明原因。

（3）告知书内容：第一，应明确法律依据，引用《传染病防治法》第 39 条等具体条款，让当事人清楚知晓强制隔离的法律依据。第二，要详细阐述隔离原因：说明其被判定为患者、病原携带者、疑似患者或密切接触者的具体情况，以及疫情传播风险和隔离的重要意义。第三，告知书应明确隔离期限、地点，说明期限可能根据医学观察调整，介绍隔离场所基本情况。第四，告知当事人在隔离期间依法享有的权利，如获得医疗救治、了解病情进展等。第五，告知其需履行的义务，如配合检查、如实提供信息等，并提供疾控机构和医疗机构的联系人和联系方式。第六，注意保护个人隐私。书面告知过程中，需严格遵守《中华人民共和国民法典》《中华人民共和国个人信息保护法》等法律法规，保护当事人隐私，避免泄露个人信息，对敏感信息妥善处理。第七，应告知法定救济途径。告知书中应引用《传染病防治法》第 74 条规定中相关救济途径，单位和个人认为采取的传染病防控措施侵犯其合法权益的，可以向县级以上地方人民政府或者其指定的部门提出申诉，申诉期间相关措施不停止执行。

第二节 政府紧急措施与权限

一、政府紧急措施

1. 修订后的法律对政府紧急措施的规定有哪些改变？

2025年修订的《传染病防治法》对政府紧急措施进行了全面规范，核心是平衡"防控效率"与"权力约束"。一方面明确政府可采取的具体措施，另一方面要求所有措施必须符合"必要性+最小侵害"原则，并建立事前备案、事中评估、事后追责的闭环机制。从法律制度上形成防范和化解公共卫生风险的合力。这些修订标志着我国公共卫生应急管理向"法治化精准防控"的转型。政府作这些紧急措施决定前要先备案，执行中要不断评估效果。这样一来，既能快速控制疫情，又不会随意影响群众的正常生活，让传染病防治更加科学、合理、有法可依。

2. 政府采取紧急措施前需要进行风险评估吗？

政府采取紧急措施前需要进行风险评估，只有经过疾控机构评估认为有必要时，政府才能采取紧急措施，且需同时向上一级人民政府报告。《传染病防治法》第63条明确规定，传染病暴发、流行时，县级以上地方人民政府应当立即组织力量，按照传染病预防控制应急预案进行防治，控制传染源，切断传染病的传播途径；发生重大传染病疫情，经评估必要时，可以采取紧急措施：如限制或者停止集市、影剧院演出或者其他人群聚集的活动；停工、停业、停课；封闭或者封存被传染病病原体污染的公共饮用水源、食品以及相关物品；控制或者扑杀、无害化处理染疫动物；封闭可能造成传染病扩散的场所等。因此在发生重大传染病疫情时，政府采取紧急措施之前，应当经过风险评估。

《传染病防治法》第 25 条规定，各级疾控机构有责任开展对传染病疫情和突发公共卫生事件的流行病学调查、风险评估、现场处理及其效果评价。因此，风险评估应由各级疾控机构按法律要求完成。实施紧急措施的人民政府，应按规定同时向上一级人民政府报告。接到报告的上级人民政府认为采取的紧急措施不适当的，应当立即调整或者撤销。由此，建立了对政府采取紧急措施必要性的评估审核机制。传染病疫情已在一定区域内呈现快速传播、涉及众多人群的态势，才能触发紧急措施，避免对轻微疫情过度反应。政府需依据疾病预防控制机构、医疗机构等专业部门提供的疫情监测、流行病学调查、风险评估等科学数据，判断疫情发展趋势与危害程度，以此作为决策依据，杜绝盲目决策。

3. 采取紧急措施的权限在哪个层级的政府？

《传染病防治法》第 63 条明确规定，传染病暴发、流行时，县级以上地方人民政府应当立即组织力量，按照传染病预防控制应急预案进行防治，控制传染源，切断传染病的传播途径；发生重大传染病疫情，经评估必要时，可以采取紧急措施：如限制或者停止集市、影剧院演出或者其他人群聚集的活动；停工、停业、停课；封闭或者封存被传染病病原体污染的公共饮用水源、食品以及相关物品；控制或者扑杀、无害化处理染疫动物；封闭可能造成传染病扩散的场所等。因此，县级以上人民政府经评估认为必要时，均有权对行政区域内的重大传染病疫情采取紧急措施。

4. 政府可采取哪些紧急防控措施？

当传染病暴发、流行时，县级以上地方人民政府肩负着组织力量进行防治的重任，新法规定县级以上人民政府在实施紧急措施的同时，必须向上一级人民政府报告[1]，可采取一系列紧急措施并予以公告。

第一，限制或停止聚集活动：有权限制或者停止集市、影剧院演出或者其他人群聚集的活动。

第二，停工、停业、停课：能够决定停工、停业、停课，从源头上减少人员流动与接触机会。在一些疫情严峻地区，政府下

---

[1] 《传染病防治法》第63条规定，传染病暴发、流行时，县级以上地方人民政府应当立即组织力量，按照传染病预防控制应急预案进行防治，控制传染源，切断传染病的传播途径；发生重大传染病疫情，经评估必要时，可以采取下列紧急措施：（1）限制或者停止集市、影剧院演出或者其他人群聚集的活动；（2）停工、停业、停课；（3）封闭或者封存被传染病病原体污染的公共饮用水源、食品以及相关物品；（4）控制或者扑杀、无害化处理染疫动物；（5）封闭可能造成传染病扩散的场所；（6）防止传染病传播的其他必要措施。县级以上地方人民政府采取前款规定的紧急措施，应当同时向上一级人民政府报告。接到报告的上级人民政府认为采取的紧急措施不适当的，应当立即调整或者撤销。必要时，国务院或者国务院授权的部门可以决定在全国或者部分区域采取本条第一款规定的紧急措施。

达停工停业通知，除保障民生的必要行业外，各类企业暂停生产经营；学校也全面停课，转为线上教学，阻断疫情在工作场所和校园的传播链条。

第三，污染物品及场所处理：可封闭或者封存被传染病病原体污染的公共饮用水源、食品以及相关物品；控制或者扑杀染疫野生动物、家畜家禽；封闭可能造成传染病扩散的场所。在禽流感疫情发生时，政府会及时扑杀染疫家禽，对相关养殖场及周边区域进行封锁、消毒，防止病毒进一步扩散。

此外，根据《中华人民共和国突发事件应对法》第30条、第45条的规定，统筹安排突发事件应对工作所必需的设备和基础设施建设，合理确定应急避难、封闭隔离、紧急医疗救治等场所，实现日常使用和应急使用的相互转换。政府还可采取组织营救和救治受害人员、控制危险源、抢修公共设施、启用应急物资、惩处扰乱市场秩序和社会秩序行为等措施，全方位保障传染病防治工作的开展。

5. 政府应急响应权限的调整机制是什么？

《传染病防治法》在应急响应权限调整机制中明确了"谁来调整""怎么调整""调整什么"。

"谁来调"明确了责任主体。根据修订后的《传染病防治法》的规定，省级以上人民政府负责统筹全局，依据疫情监测、风险评估等专业信息，综合判断是否调整应急响应级别；县级以上地方人民政府则需在上级政府指导下，结合本地实际落实响应调整措施。

"怎么调"则强调科学与规范①。调整需以疾病预防控制机构、医疗机构等提供的疫情数据为基础,通过专家论证、风险评估等程序,客观分析疫情传播风险、医疗资源承载能力等因素。当疫情风险升高时,按程序将响应级别从低到高逐步升级,强化管控措施;当疫情得到有效控制,风险降低,再有序降级。

"调什么"涉及响应措施的具体内容。包括人员流动限制程度、聚集性活动管控范围、物资调配力度、医疗资源配置等。例如,响应升级时,可能加强交通管制、限制大型活动举办;响应降级后,逐步放开企业复工复产、学校复课等,实现防控与发展的协调推进。

6. 政府的应急响应如何做到动态调整?

传染病的传播特性复杂多变,这也决定了防控措施必须灵活适配风险等级。传统"一刀切""静态化"的应急响应模式已难以适应现实需求。2025 年修订《传染病防治法》的核心目标,是通过"分级授权、动态调整"重构应急响应体系,建立"国家—省—市"三级响应框架,在"全国一盘棋"与"因地制宜"之间找到平衡,旨在打破传统防控模式,构建更具灵活性与适应性的疫情应对体系。这一调整既是对"精准防控"理念的深化,也是对地方治理能力的法律赋权。

从现实需求来看,不同传染病的传播速度、致病力存在显著

---

① 《传染病防治法》第 2 条规定,传染病防治工作坚持中国共产党的领导,坚持人民至上、生命至上,坚持预防为主、防治结合的方针,坚持依法防控、科学防控的原则。

差异，同一传染病在不同地区、不同阶段的流行态势也不尽相同。同时，这一调整顺应了科学防控的趋势，以实时监测数据、风险评估结果为依据，实现应急响应与疫情发展的动态平衡，最大程度保障公共卫生安全与社会稳定。

7. 哪些部门有权决定暂停公共交通运营？

在面对自然灾害、事故灾难、公共卫生事件、社会安全事件等紧急情况，可能导致传染病大规模传播、影响公共安全时，部分部门有权决定暂停公共交通运营，以控制人员流动，降低疫情扩散风险，保障公众生命健康与安全。县级以上地方人民政府：依据《中华人民共和国突发事件应对法》第 73 条的规定，在突发事件应急处置中起主导作用。在重大传染病疫情等紧急状况下，有权决定在本行政区域内暂停公共交通运营。交通运输主管部门：作为公共交通行业主管部门，在政府领导下执行相关决策，具体组织实施公共交通运营暂停工作，协调运营企业落实停运措施，如调整运营计划、安排车辆回场、通知从业人员等，并做好停运期间的行业管理与应急保障。公安部门：在维护社会治安与交通秩序时，若遇突发事件需紧急控制人员流动，可对公共交通采取临时管制措施，包括暂停运营，以保障公众安全。根据《传染病防治法》第 66 条第 2 款的规定，因甲类传染病发生重大传染病疫情时，省级人民政府可以决定对本行政区域受影响的相关区域实施封锁；封锁大、中城市或者跨省级行政区域的受影响的相关区域，以及因封锁导致中断干线交通或者封锁国境的，由国务院决定。

8. 政府在什么情况下可以限制或者停止集市、影剧院演出或者其他人群聚集的活动？

《传染病防治法》第63条规定，在传染病暴发、流行时，县级以上地方人民政府可以采取限制或者停止集市、影剧院演出或者其他人群聚集的活动，同时向上一级人民政府报告。接到报告的上级人民政府认为采取的紧急措施不适当的，应当立即调整或者撤销。这样规定是因为在疫情严重时，人员大量聚集容易加速传染病的传播，暂停这些活动能有效减少人员接触，降低疫情扩散风险。而要求上报并由上级政府监督调整，是为了避免过度或不合理的管控影响社会正常运转。如果上级政府发现这些措施对民生造成过大负面影响，或者不符合实际防控需求，就会及时修正，确保防控措施既有效又合理，在保障公众健康的同时，尽量减少对社会经济生活的干扰。

二、政府紧急措施的约束

1. 政府的紧急措施权限有何约束？

在传染病防治领域，政府权力的运用始终关乎着公众利益与社会秩序的稳定。旧法在应对传染病疫情时，为有效遏制传染病传播，赋予了政府较为宽泛的权力，在疫情严峻的紧急状态下，政府在调集人员、调用储备物资、临时征用房屋及交通工具等方面，拥有较大的自主决策权，能够迅速调配社会资源投入抗疫工作。

随着社会法治理念的发展以及应对各类传染病防控的经验积

累，2025 年修订后的《传染病防治法》在赋予政府必要紧急权力的同时，更注重权力行使的规范与监督。例如，在启动紧急措施方面，增设了风险评估前置、上级备案、动态解除三重门槛。只有当传染病达到暴发、流行状态，基于专业部门科学数据评估，并履行向上级政府报告获批的程序后，地方政府才能采取相应紧急措施，避免了部分地区随意启动紧急措施，对社会经济秩序造成不必要冲击的情况。此外，在权力行使过程中，明确规定了权力行使的范围、方式及监督机制，保障权力不被滥用，同时明确了公众对隔离管控措施存疑情况下的法律救济途径，力求在疫情防控与保障公民权益、维护社会正常运转之间寻求平衡，推动政府依法、科学、合理地履行疫情防控职责。

2. 政府宣布紧急措施不适当时，由谁决定进行调整或撤销？

《传染病防治法》第 63 条规定，在传染病暴发、流行时，县级以上地方人民政府有权封闭可能造成传染病扩散的场所，同时向上一级人民政府报告。接到报告的上级人民政府认为采取的紧急措施不适当的，应当立即调整或者撤销。第 64 条及第 65 条规定，对已经发生甲类传染病、新发传染病、突发原因不明的传染病相关场所或者该场所内的特定区域的人员，所在地县级以上地方人民政府可以实施隔离措施，同时向上一级人民政府报告。接到报告的上级人民政府认为实施的隔离措施不适当的，应当立即调整或者撤销。被实施隔离措施的人员应当予以配合；拒绝执行隔离措施的，由公安机关协助疾病预防控制机构采取强制隔离措施。

3. 为什么要建立地方政府的监督协调机制？

《传染病防治法》在应急响应权限方面，提升了地方防控的灵活性与自主性，但也存在一定的潜在风险。部分地方政府可能出于自身利益考量，在疫情信息报告、防控措施落实、物资调配等方面存在隐瞒、拖延或不合理设限的情况。例如，在物资紧缺时，为保障本地需求，限制物资外流，影响全国防控大局；或者在疫情形势好转时，为追求经济复苏，过早放松防控标准，导致疫情反弹并扩散。为避免此类问题，需构建全方位的监督与协调机制。法律明确规定上级政府对下级政府的应急响应工作负有监督责任，通过定期检查、专项督查等方式，确保防控措施依法依规落实。同时，建立跨地区联防联控机制，加强区域间信息共享与协作，打破地域壁垒。此外，强化社会监督，畅通公众举报渠道，鼓励媒体、社会组织等对地方防控工作进行监督，形成多方合力，保障应急响应权限在法治轨道上规范运行。

第三节 疫情控制措施的适用性

1. 为何要让防控措施因地制宜？

2025 年修订的《传染病防治法》将有关传染病防治措施予以整合，增强疫情控制措施的适应性，有望实现"精准防控、动态适配"的原则，促进传染病防治措施与疫情实际风险相匹配。这一修订既是回应公众对过度防控的批评，也是基于大数据、人工智能等技术进步的现实需要，标志着我国传染病防控进入"科学治理"新阶段。传染病的传播受地域环境、人口密度、经济结构等多种因素影响，不同地区疫情态势千差万别。传统的防控措施，虽在一定程度上能控制疫情，但容易忽视地方差异，导致资源浪费或防控不足。从现实需求看，城市与农村、发达地区与欠发达地区在医疗资源、人口流动性等方面存在显著差异。例如，在人口密集、交通发达的大城市，疫情传播速度快，需强化人员流动管控和核酸检测；而在人口稀疏的农村地区，更应注重基层医疗资源调配和传染病防治知识普及。此外，不同行业对传染病防治的需求也各不相同，如冷链物流行业需严格把控货物消杀，学校则要重点关注学生健康监测。让防控措施"因地制宜"，既能精准应对疫情，又能减少对社会经济的负面影响，实现传染病防治与社会发展的平衡。

2. 增强适用性和提高防控效率有什么关系？

增强防控措施适用性与提高防控效率紧密相关。适用的防控措施能精准发力，快速控制传染病疫情。如精准流调确定重点防控区域和人群，集中资源进行检测、隔离等措施，依据《传染病防治法》的防控要求，迅速切断传播途径，提高检测阳性率，及时发现感染者并隔离治疗，防止疫情进一步扩散，节省时间与资源，提高防控效率。合理安排疫苗接种，根据不同年龄段、职业人群特点制订接种计划，能加快群体免疫屏障构建，减少传染病疫情传播风险，提升整体防控效率。在交通管控方面，依据疫情风险等级合理设置卡点，既保障必要交通通行，又防止传染病疫情跨区域传播，使防控工作有条不紊进行,避免因措施不当造成交通拥堵、物流停滞等问题,保障防控工作高效开展,实现以最小成本获取最大防控成果。

3. 采取措施的机关是否应在采取措施时向社会发布公告？公告内容都有哪些？

《传染病防治法》第67条第1款规定,依照本法规定采取传染病疫情防控措施时,决定采取措施的机关应当向社会发布公告,明确措施的具体内容、实施范围和实施期限,并进行必要的解释说明。相关疫情防控措施的解除,由原决定机关决定并宣布。由此说明,采取疫情防控措施的机关应当主动将措施的内容、实施范围和期限对社会进行公告。

4. 采取传染病疫情防控措施时，政府有什么法定义务？

《传染病防治法》第67条第2款规定,采取法律规定的措施期间,当地人民政府应当保障食品、饮用水等基本生活必需品的供应,提供基本医疗服务,维护社会稳定;对未成年人、老年人、残疾人、孕产期和哺乳期的妇女以及需要及时救治的伤病人员等群体给予特殊照顾和安排,并确保相关人员获得医疗救治。当地人民政府应当公布求助电话等,畅通求助途径,及时向有需求的人员提供帮助。

5. 《传染病防治法》修订后传染病疫情控制措施的适用性将达到什么程度？

增强传染病疫情控制措施的适用性,本质上是在"管得住"

疫情与"放得开"社会经济之间寻求平衡。《传染病防治法》修订后从明确主体职责、建立动态调整机制，到鼓励创新防控手段，一系列规定使防控工作既能有效应对疫情，又能减少对社会的负面影响。其核心启示在于：越是复杂的公共卫生危机，越需要法律提供"刻度精准的手术刀"。然而，实现这一平衡并非易事，需要政府、社会和公众共同努力。政府要不断提升科学决策和精准施策能力，加强资源统筹与协调；社会各界应积极配合防控工作，提供支持；公众需增强防疫意识，理解和遵守防控措施。只有各方协同发力，才能在"管得住"与"放得开"之间走出一条稳健之路，筑牢防控防线。未来，随着5G、AI技术的普及和基层治理能力提升，这套机制有望实现"既保安全、又保发展"的双重目标。

第四节　个人权利与公共利益的平衡

一、疫情防控中的个人权利限制

1. 在传染病疫情控制期间个人的人身自由权是否能够受到限制？

从立法目的看，《传染病防治法》第 1 条明确规定，其旨在预防、控制和消除传染病的发生与流行，保障公众生命安全和身体健康，防范和化解公共卫生风险。这意味着在传染病疫情防控的特殊时期，公共卫生安全被置于重要地位。当个人人身自由权与公共卫生安全发生冲突时，基于"两利相权取其重"的原则，为了维护更大范围公众的生命健康,个人人身自由权会受到一定限制。

从具体措施规定来看,《传染病防治法》第14条指出,中华人民共和国领域内的一切单位和个人,必须接受疾控机构、医疗机构有关传染病的调查、检验、采集样本、隔离治疗、医学观察等预防控制措施。例如,对于确诊患者、病原携带者以及疑似患者,会采取强制隔离治疗措施;对密切接触者,会实施医学观察。在这些情况下,个人的出行等人身自由权利会受到限制,目的在于切断传染病传播途径,防止传染病疫情进一步扩散,保护公众健康安全。

2. 患传染病死亡的患者遗体,其家属是否有权处置?

《传染病防治法》第71条第1款规定,患甲类传染病、炭疽死亡的,应当将其尸体立即进行卫生处理,就近火化;患其他传染病死亡的,必要时应当将其尸体进行卫生处理后火化或者按照规定深埋。对尸体进行火化或者深埋应当及时告知死者家属。例如,感染鼠疫、霍乱死亡的患者,遗体必须迅速处理,家属无权自行决定土葬、转运等其他处置方式。患其他传染病死亡的,必要时,需将尸体进行卫生处理后火化或者按照规定深埋,像乙类传染病中的传染性非典型肺炎、人感染高致病性禽流感等,即便不是必须立即火化,家属也不能随意安排,要配合医疗机构、疾控部门等,按规定对遗体进行卫生处理,再决定后续火化或深埋。当医疗机构为查找传染病病因,对在医疗机构死亡的传染病患者或疑似传染病患者,必要时可以按照国务院卫生健康主管部门、疾病预防控制部门的规定,进行尸体解剖查验,并需告知死者家属，做好记录。这意味着家属虽有知情权，但不能拒绝解剖查验，以查找传染病病因，保障公众健康和社会安全。

二、个人权利与公共利益之间的平衡

1. 为什么说个人权利与公共利益之间是"平衡"而非"取舍"？

在传染病防控的特殊情境下，个人权利与公共利益的关系曾长期陷入"非此即彼"的认知误区。传统观念往往强调公共利益绝对优先，通过限制个人权利快速控制疫情。有人认为，传染病防控的本质是公共利益与个人权利的博弈。然而，这种"取舍"思维不仅可能引发公众抵触情绪，还可能会削弱防控措施的执行效力。2025年修订的《传染病防治法》明确展示出"平衡"理念，旨在打破这种二元对立，构建兼顾公共安全与个人权益的防控体系。

从现实层面看，传染病防控本质上是一项系统性社会工程，需要全体社会成员的配合。若过度牺牲个人权利，可能导致公众对防控措施的信任危机。例如，在部分传染病疫情防控中，因强制隔离措施缺乏人文关怀、个人信息泄露等问题引发争议，反而影响防控效率。此外，"平衡"理念更符合社会发展趋势，在保障公共卫生安全的同时，维护公民基本权利，促进社会和谐稳定，实现传染病疫情防控与法治建设的良性互动。这一修订标志着我国公共卫生立法从"权力主导"转向"权利与公益平衡"的新阶段。

2. 在流行病学调查中传染病患者的个人隐私被泄露将如何处罚？

指流行病学调查（以下简称流调），是传染病预防控制的重要措施。流调报告中包含确诊病例、无症状感染者及密切接触者的隐私信息。一些地方流调报告频遭泄露，直接导致患者遭受二次伤害，成为妨碍传染病疫情防控工作顺利开展的不稳定因素。在信息保护层面，法律强化了个人信息的全流程保护。传染病防治中开展个人信息收集、存储、使用、加工、传输、提供、公开、删除等个人信息处理活动，应当遵守《中华人民共和国个人信息保护法》等法律、行政法规的规定，采取措施确保个人信息安全，保护个人隐私，不得过度收集个人信息，不得用于传染病防治以外的其他目的[1]。医疗机构、疾控机构等主体在收集、使用个人健康信息时，必须遵循最小必要原则，未经授权不得公开或滥用。相关单位应充分利用"数据脱敏""访问权限分级"等手段，防止因传染病疫情防控导致个人隐私泄露。此外，法律还赋予公民对自身权利的救济途径，若认为权利受到不当侵害，可依法申请行政复议或提起诉讼，确保权利救济渠道畅通。

---

[1] 《传染病防治法》第13条规定，国家支持和鼓励在传染病防治中运用现代信息技术。传染病防治中开展个人信息收集、存储、使用、加工、传输、提供、公开、删除等个人信息处理活动，应当遵守《中华人民共和国民法典》、《中华人民共和国个人信息保护法》等法律、行政法规的规定，采取措施确保个人信息安全，保护个人隐私，不得过度收集个人信息；相关信息不得用于传染病防治以外的目的。

3. 在传染病隔离期间,个人的生活与自由权利如何得到保障?

在传染病防控体系中,隔离措施是阻断病毒传播、保障公共卫生安全的重要手段,但这并不意味着公民人身自由可以被无限期限制。对传染病病人、病原携带者和疑似传染病病人实施隔离治疗时,需依据医学诊断结果和流行病学调查情况,科学确定隔离期限;一旦患者达到解除隔离标准,医疗机构或疾控部门应立即出具相关证明,及时解除隔离。新法明确了隔离场所需保障基本生活条件、医疗服务及必要的心理疏导,确保隔离人员的生存权和健康权,实施隔离措施的人民政府应当对被隔离人员提供生活保障。新法中对此进行细化,除食品、饮用水等生活必需品外,还应提供基本医疗服务,维护社会稳定,并对未成年人、老年人、残疾人、孕产期和哺乳期的妇女以及需要及时救治的伤病人员等群体予以特殊照顾。当地人民政府应当公布求助电话等,畅通求助途径,及时向有需求的人员提供帮助①。

---

① 《传染病防治法》第67条规定,依照本法第63条至第66条规定采取传染病疫情防控措施时,决定采取措施的机关应当向社会发布公告,明确措施的具体内容、实施范围和实施期限,并进行必要的解释说明。相关疫情防控措施的解除,由原决定机关决定并宣布。采取前款规定的措施期间,当地人民政府应当保障食品、饮用水等基本生活必需品的供应,提供基本医疗服务,维护社会稳定;对未成年人、老年人、残疾人、孕产期和哺乳期的妇女以及需要及时救治的伤病人员等群体给予特殊照顾和安排,并确保相关人员获得医疗救治。当地人民政府应当公布求助电话等,畅通求助途径,及时向有需求的人员提供帮助。因采取本法第58条、第63条至第66条规定的措施导致劳动者不能工作的,用人单位应当保留其工作,按照规定支付其在此期间的工资、发放生活费。用人单位可以按照规定享受有关帮扶政策。

4. 个人认为传染病疫情防控措施侵犯自身合法权益时，应该怎么申诉？

《传染病防治法》第 74 条规定，单位和个人认为采取本法第 58 条、第 63 条至第 66 条规定的传染病疫情防控措施侵犯其合法权益的，可以向县级以上地方人民政府或者其指定的部门提出申诉，申诉期间相关措施不停止执行。县级以上地方人民政府应当畅通申诉渠道，完善处理程序，确保有关申诉及时处理。由此说明，法律赋予个人质疑传染病疫情防控措施的申诉权利，然而根据法律要求，个人在申诉期间仍然有义务配合当前的防控措施，直至申诉成功。

5. 个人在什么情况下可以依法申请行政复议或提起诉讼？

从法律的平衡性角度分析，《传染病防治法》在赋予政府及相关部门采取防控措施权力的同时，也注重对个人权利的保护。《传染病防治法》第 17 条规定，采取传染病预防、控制措施，应当依照法定权限和程序，与传染病暴发、流行和可能造成危害的程度、范围等相适应；有多种措施可供选择的，应当选择有利于最大程度保护单位和个人合法权益，且对他人权益损害和生产生活影响较小的措施，并根据情况变化及时调整。单位和个人认为有关行政行为或防控措施侵犯其合法权益的，还可以依法申请行政复议、提起诉讼。这表明法律并非一味强调限制个人权利，而是在保障公共卫生安全的前提下，力求平衡公共利益与个人权益，确保防控措施既合理又合法。

6. 个人能否参加宣传教育、志愿服务等传染病疫情防控工作？

根据《传染病防治法》第 14 条第 2 款规定，国家支持和鼓励单位和个人参与传染病防治工作。各级人民政府应当完善有关制度，提供便利措施，引导单位和个人参与传染病防治的宣传教育、疫情报告、志愿服务和捐赠等活动。这一规定体现了传染病防治工作中社会力量参与的重要性，以法律形式构建起政府与社会协同抗疫的桥梁。不仅可以激发全社会参与传染病防治的积极性，也凝聚起强大的社会合力，为筑牢公共卫生安全防线、守护人民群众生命健康奠定了坚实基础。

7. 个人在隔离期间无法正常到岗工作，工资是否会受影响？

《传染病防治法》第 67 条规定，因依法采取防控措施而导致劳动者不能工作的，用人单位应当保留其工作，按照规定支付其在此期间的工资、发放生活费。用人单位可以按照规定享受有关帮扶政策。因此个人在隔离期间无须担心岗位或薪资会受到影响，应按法律规定，配合传染病疫情防控相关措施，维护自身合法权益和公共利益。

8. 政府在疫情期间有权征用私人场地作为隔离点吗？

根据《传染病防治法》第 69 条规定，在发生重大传染病疫情时，政府有权征用有关单位和个人的房屋及相关设施、设备、场地及物资等。根据传染病疫情防控的需要，国务院及其有关部门有权在全国或者跨省级行政区域范围内，县级以上地方人民政府及其有关部门有权在本行政区域内，紧急调集人员或者调用储备物资，临时征用房屋、交通工具以及相关设施、设备、场地和其他物资，要求有关单位和个人提供技术支持。因此，在重大传染病疫情期间，各级政府在其行政区域范围内，有权征用所需场地作为隔离点。同时，第 69 条还规定了临时征用房屋或场所，政府部门应当依法给予公平、合理的补偿；能返还的，应当及时返还。因此，法律在授予政府紧急征用相关资源的同时，对被征用人的合法权益给予了充分保障。

第五章
医疗救治

　　传染病疫情发生后，除传染病防控外，还要将传染病疫情给社会带来的危害降到最低，对传染病患者的治疗也非常重要。国家应当建立健全传染病诊疗服务体系，为已经确诊和疑似感染传染病的患者提供高质量的医疗服务，降低死亡率，改善疾病预后。

第五章　医疗救治

第一节　医疗救治体系的构建与运行

一、传染病医疗救治体系的基本架构

1. 我国传染病医疗救治体系由哪些部分组成？

我国传染病医疗救治体系是守护公众健康、抵御传染病威胁的坚固堡垒，由多部分有机组成，各部分协同合作，在传染病防治工作中发挥着关键作用。这一体系涵盖医疗救治机构、医疗救治信息网络、医疗救治专业技术队伍等多个方面。《传染病防治法》第76条规定，国家建立健全重大传染病疫情医疗救治体系，建立由传染病专科医院、综合医院、中医医院、院前急救机构、临时性救治场所、基层医疗卫生机构、血站等构成的综合医疗救治体系，对传染病患者进行分类救治，加强重症患者医疗救治，提高重大传染病疫情医疗救治能力。

实践中，医疗救治机构包括急救、传染病和职业中毒、核辐射救治及后备医院等机构。医疗救治信息网络包括数据交换平台、数据中心和应用系统。通过统一的公共卫生信息资源网络，实现医疗卫生机构与疾病预防控制机构和卫生行政部门之间的信息共享。省、市（地）两级政府应从当地医疗机构抽调高水平的医疗技术人员，建立应对突发公共卫生事件的医疗救治专业技术队伍。其组成人员平时在原医疗机构从事日常诊疗工作，定期进行突发公共卫生事件应急培训、演练，在突发公共卫生事件发生

时，接受政府卫生部门统一调度，深入现场，承担紧急医疗救援任务。

2. 我国传染病医疗救治机构都有哪些？

传染病专科医院：在传染病防治中承担着核心角色，如北京佑安医院、北京地坛医院、上海公共卫生临床中心等，这些医院专注于传染病的诊断、治疗与研究，具备先进的传染病诊疗设备和专业的医疗团队，能够对各类传染病进行精准诊断与有效治疗，尤其在应对复杂、重症传染病时，发挥着不可替代的作用。

综合医院传染病相关科室：综合医院通常设有感染科等相关科室，负责常见传染病的诊治。在传染病防控工作中，它们承担着传染病患者的初筛、诊断和一般治疗任务。一些大型综合医院还设有独立的传染病病区，在传染病疫情发生时，可迅速将普通病区转换为传染病专用病区，用于收治病情较重的患者，为传染病患者提供及时、全面的医疗服务。

基层医疗卫生机构：乡镇卫生院和社区卫生服务中心在传染病防控的医疗救治体系中，承担着前沿哨所的重任。它们负责对辖区内居民进行传染病监测与报告，开展传染病防治知识宣传教育，对轻症传染病患者进行初步诊断和治疗，并及时将病情较重的患者转诊至上级医疗机构。以北京的社区卫生服务中心为例，在流感高发季，可为出现流感症状的居民提供初步诊疗，并指导居民做好防护和居家隔离等措施。

紧急救援机构：在传染病疫情突发时，急救中心与急救站迅速响应，承担传染病患者的紧急转运任务。

3. 医疗救治体系在传染病防控中如何实现分级诊疗？

在传染病防控中，医疗救治体系通过明确各级医疗机构职能定位、规范转诊流程、建立协同机制等方式实现分级诊疗，形成有序高效的防控救治格局。

（1）明确各级医疗机构职能定位

基层医疗卫生机构：作为传染病防控的"前沿哨所"，承担首诊筛查与初步处理工作。乡镇卫生院和社区卫生服务中心负责对辖区居民进行日常健康监测，对出现发热、咳嗽等疑似传染病症状的患者进行初步诊断、登记和报告。以流感为例，基层机构可对轻症患者进行诊治，指导其居家隔离和用药，对病情较重或无法明确诊断的患者，及时转诊至上级医疗机构。

综合医院：主要承担传染病患者的进一步诊断、治疗和重症患者的前期救治。综合医院的感染科等相关科室，利用先进的检查设备和专业的医疗团队，对基层转诊患者进行精准诊断和规范化治疗。对于病情进展迅速、出现重症倾向的患者，在积极救治的同时，及时将其转诊至传染病专科医院或具备重症救治能力的定点医院。

传染病专科医院：作为传染病防控的核心力量，负责接收综合医院转诊的重症、疑难传染病患者，以及集中收治新发、突发传染病患者。传染病专科医院具备完善的传染病隔离设施、专业的重症监护设备和经验丰富的救治团队，能够开展高难度的诊疗和抢救工作，如对病毒性肝炎、艾滋病合并机会性感染等复杂传染病患者进行有效治疗。

（2）规范转诊流程

建立双向转诊机制：明确规定基层医疗卫生机构、综合医院和传染病专科医院之间的转诊标准和流程。基层医疗机构发现超出自身诊疗能力的传染病患者，应及时填写转诊单，通过绿色通道将患者转诊至对口的综合医院或传染病专科医院。上级医院在患者病情稳定后，可将其转回基层医疗机构进行康复治疗和随访管理，实现"基层首诊、双向转诊、急慢分治"。

信息化辅助转诊：借助医疗救治信息网络，实现转诊信息的实时共享和传递。各级医疗机构通过传染病监测信息网络直报系统等平台，及时将患者的基本信息、病情资料等传输至接收医院，使接收医院提前做好接诊准备，提高转诊效率和救治成功率。

（3）建立协同机制

医疗资源共享与调配：在传染病疫情防控期间，建立区域内医疗资源共享机制，包括床位、设备、药品和专业技术人员等。例如，当某家传染病专科医院床位紧张时，可协调其他医院腾出部分符合传染病收治条件的床位，接收患者；通过组建区域医疗救治专家组，对疑难病例进行远程会诊或现场指导，实现优质医疗资源的下沉和共享。

多部门协同合作：医疗救治体系与疾病预防控制机构、卫生行政部门等密切配合。疾病预防控制机构负责疫情监测、流行病学调查和传染源控制等工作，并及时向医疗机构通报疫情信息；卫生行政部门统筹协调医疗资源，制定防控策略和措施，保障医疗救治工作的顺利开展。

4. 基层医疗机构在救治体系中承担什么角色？

在我国传染病防控救治体系中，基层医疗机构意义重大，承担着多方面关键职责。《传染病防治法》第76条规定，国家建立健全重大传染病疫情医疗救治体系，建立由传染病专科医院、综合医院、中医医院、院前急救机构、临时性救治场所、基层医疗卫生机构、血站等构成的综合医疗救治体系，对传染病患者进行分类救治，加强重症患者医疗救治，提高重大传染病疫情医疗救治能力。同时第26条第2款也规定，基层医疗卫生机构应当有专门的科室或者指定人员负责传染病预防、控制管理工作，在疾病预防控制机构指导下，承担本机构的传染病预防、控制和责任区域内的传染病防治健康教育、预防接种、传染病疫情报告、传染病患者健康监测以及城乡社区传染病疫情防控指导等工作。

从监测与报告层面来看，基层医疗机构是传染病防控的"前沿哨所"。乡镇卫生院和社区卫生服务中心按照规定，对辖区内居民开展传染病日常监测工作，一旦发现有发热、咳嗽等疑似传染病症状的患者，会立即进行初步诊断，并通过国家传染病监测信息网络直报系统，及时准确地上报病例信息。例如，在流感高发季，北京的不少社区卫生服务中心会对前来就诊的发热患者进行流感病毒检测筛查，若发现疑似流感病例，迅速上报疾控部门。

在疾病预防方面，基层医疗机构积极开展传染病防治知识宣传教育活动，提升居民的传染病防控意识与自我防护能力。例如，各地社区卫生服务中心会定期举办健康讲座，讲解常见传染病如流感、手足口病等的预防方法，包括勤洗手、多通风、及时接种疫苗等。同时，承担责任区域内的预防接种工作，按照国家免疫规划，为适龄儿童及特定人群接种疫苗，构建免疫屏障，降低传染病发生风险。

由医疗救治工作中，基层医疗机构负责对轻症传染病患者进行初步治疗。例如，针对普通感冒、轻症肠道传染病等，依据诊疗规范给予相应治疗，同时指导患者做好居家隔离与康复护理，避免交叉感染。遇到重症或超出自身诊疗能力的传染病患者，会依据双向转诊机制，及时将患者转诊至上级医疗机构，并协助做好转诊过程中的防护与交接工作。

【典型案例5-01】某社区卫生服务中心开展传染病防控救治工作[①]

在呼吸道疾病高发期，某社区卫生服务中心增加轮值全科医生、夜诊全科医生以及护士、药房工作人员数量，延长就诊时间，并开展流感、肺炎支原体等病原微生物核酸检测，为呼吸道疾病轻症患者提供首诊服务，帮助孩子快速精准治疗，承担了对轻症传染病患者进行初步治疗的职责。

5. 传染病专科医院和综合医院的分工是怎样的？

传染病专科医院和综合医院在传染病防治工作中，分工明确且相辅相成，共同为守护公众健康贡献力量。

传染病专科医院在传染病防治领域堪称"主力军"。从疾病

[①]《国家卫健委建议呼吸道疾病症状较轻患儿首选基层医疗机构、儿科等就诊 记者实探我市社区卫生服务中心》，载蓬江区人民政府网站，https：//www.pjq.gov.cn/ztzl/zczwgkml/26gzdly/wsjk/content/post_2990571.html，2025年6月12日访问。

诊治层面，更加专注于各类传染病的精准诊断与深度治疗。例如，艾滋病、病毒性肝炎等复杂传染病，专科医院凭借深厚的专业积累和先进的诊疗技术，为患者提供持续、系统的治疗方案。在传染病疫情暴发时，专科医院更是承担起集中收治、重症救治的重任。在传染病疫情期间接收大量重症患者，通过专业的团队和先进的设备，开展高难度抢救工作，最大程度提高患者治愈率。同时，专科医院还在传染病的监测预警和防控策略制定中发挥着关键作用。凭借长期积累的传染病病例数据和专业研究，能够敏锐捕捉传染病流行趋势，为公共卫生部门制定防控政策提供科学依据。

综合医院则在传染病防治中扮演着不可或缺的"多面手"角色。综合医院各科室齐全，在传染病防治中，其感染科是应对传染病的前沿阵地，承担常见传染病的初筛、诊断和治疗工作。当流感、手足口病等传染病流行时，感染科凭借专业知识和经验，快速识别并治疗患者。而且，综合医院能利用多学科协作优势，为合并其他基础疾病的传染病患者提供全面医疗服务。若传染病患者同时患有心脏病、糖尿病等慢性病，心内科、内分泌科等多科室可共同会诊，制订个性化治疗方案，确保患者得到妥善救治。在传染病疫情防控期间，综合医院还可根据需要，迅速改造部分区域，扩充传染病收治能力，分担专科医院压力，为疫情防控提供坚实保障。

6. 是不是只有传染病专科医院才可以收治传染病患者？

不是只有传染病专科医院才可以收治传染病患者。《传染病防治法》第 75 条规定，县级以上人民政府应当加强和完善常态与应急相结合的传染病医疗救治服务网络建设，指定具备传染病救治条件和能力的医疗机构承担传染病救治任务，根据传染病救治需要设置传染病专科医院。这意味着，除传染病专科医院外，综合医院等其他具备相应条件和能力的医疗机构，经县级以上人民政府指定，也可以承担传染病救治任务。在以往的传染病疫情防控期间，许多综合医院也都参与到了患者的救治工作中，利用其多学科优势，为患者提供综合治疗。同时，基层医疗卫生机构在疾病预防控制机构指导下，承担着传染病患者的健康监测等工作。当遇到超出自身诊疗能力的传染病患者时，基层医疗机构会及时将患者转诊至上级医疗机构。

【典型案例 5-02】某医院救治鹦鹉热肺炎患者[①]

某医院作为综合医院，其感染科成功救治了一例鹦鹉热肺炎患者。医生根据患者的流行病学史、临床表现及影像学资料进行诊断，在治疗中针对病原体选择针对性抗生素，并通过纤维支气管镜行肺泡灌洗术确诊病原体，最终使患者康复出院。这体现了综合医院利用自身科室设置和医疗技术，对传染病患者进行有效救治。

7. 不同级别医院收治传染病患者有什么标准？

不同级别医院收治传染病患者的标准通常依据传染病的类

[①] 《某医院成功救治一例罕见鹦鹉热肺炎患者》，载常德市卫生健康委员会网站，https://wjw.changde.gov.cn/zhdt/zsdwdt/content_ 1029665，2025 年 6 月 12 日访问。

型、病情严重程度以及医院的救治能力来确定。

基层医疗机构：主要负责初步诊断、报告和转诊。对于常见的丙类传染病如流行性感冒、流行性腮腺炎等轻症患者，若具备基本的诊疗条件和防护措施，可进行对症治疗和健康监测。但遇到病情较重、诊断不明确或缺乏相应治疗条件的患者，需及时转诊至上级医院。

综合医院：通常设有感染性疾病科，负责常见传染病的诊治。对于乙类传染病如病毒性肝炎、肺结核等，以及部分病情较轻的甲类传染病（在指定综合医院具备收治条件的情况下），综合医院可凭借多学科协作优势进行综合治疗。若遇到重症或复杂病例，可组织院内或院外专家会诊，必要时转至传染病专科医院或更高级别的医疗机构。

传染病专科医院：作为传染病防治的专业机构，承担着收治各类传染病患者的主要责任，尤其是甲类传染病和按甲类管理的乙类传染病，如鼠疫、霍乱、传染性非典型肺炎等，以及病情严重、需要特殊隔离和专业治疗的传染病患者。

8. 医疗救治体系中的专家组发挥什么作用？

医疗救治专业技术队伍是医疗救治体系中的重要组成部分，而具备丰富救治经验的专家组则发挥着多方面的关键作用，主要包括以下几点。

提供技术支持与指导：凭借深厚的专业知识和丰富的临床经验，为传染病的诊断、治疗和防控提供专业技术支持，根据实际情况赴现场指导和参与突发事件的医疗应急和救治工作，提高医疗应急处置能力和水平。

制定规范与指南：参与研究制定医疗应急管理和技术规范、诊疗指南等，为各级医疗机构开展传染病防治工作提供统一的标准和规范，确保医疗救治工作的科学性和规范性。

提供政策建议：对全国医疗应急能力和体系建设提供政策建议，助力相关部门完善医疗救治体系，提升整体防控和救治能力。

培训与交流：组织开展相关医疗救治培训和学术交流活动，推广先进的诊疗技术和经验，提高医务人员的专业素质和业务水平。

9. 医疗救治体系如何保障边远地区患者？

我国公民依法享有从国家和社会获得基本医疗卫生服务的权利。国家建立基本医疗卫生制度，建立健全医疗卫生服务体系，保护和实现公民获得基本医疗卫生服务的权利[1]。医疗救治体系主要通过以下方式保障偏远地区患者。

（1）加强基层医疗服务网络建设

国家鼓励医疗卫生机构不断改进预防、保健、诊断、治疗、护理和康复的技术、设备与服务，支持开发适合基层和边远地区应用的医疗卫生技术[2]。改善边远地区乡镇卫生院、村卫生室

---

[1] 《中华人民共和国基本医疗卫生与健康促进法》第5条规定，公民依法享有从国家和社会获得基本医疗卫生服务的权利。国家建立基本医疗卫生制度，建立健全医疗卫生服务体系，保护和实现公民获得基本医疗卫生服务的权利。

[2] 《中华人民共和国基本医疗卫生与健康促进法》第48条规定，国家鼓励医疗卫生机构不断改进预防、保健、诊断、治疗、护理和康复的技术、设备与服务，支持开发适合基层和边远地区应用的医疗卫生技术。

的基础设施和设备条件,配备基本的诊疗设备和药品,提升其医疗服务能力,使其能够应对常见传染病的诊断和治疗。同时,国家建立医疗卫生人员定期到基层和艰苦边远地区从事医疗卫生工作制度。采取定向免费培养、对口支援、退休返聘等措施,加强基层和艰苦边远地区医疗卫生队伍建设[①]。加强基层医疗机构传染病人才队伍建设,提高基层医务人员的传染病诊治专业素质和业务水平,为边远地区患者提供基本的传染病相关医疗服务。

(2) 建立远程医疗服务平台

利用信息化技术,搭建远程医疗平台,实现偏远地区医疗机构与上级医院的互联互通。通过远程会诊、远程诊断、远程培训等方式,让边远地区患者能够得到传染病相关专家的诊断和治疗建议,提高诊断准确性和治疗效果,同时也为基层医务人员提供学习和交流的机会,提升其医疗技术水平。

(3) 完善分级诊疗和转诊制度

明确各级医疗机构的职责和分工,建立健全分级诊疗体系。边远地区基层医疗机构负责患者的首诊和初步诊断,对于超出其

[①] 《中华人民共和国基本医疗卫生与健康促进法》第56条规定,国家建立医疗卫生人员定期到基层和艰苦边远地区从事医疗卫生工作制度。国家采取定向免费培养、对口支援、退休返聘等措施,加强基层和艰苦边远地区医疗卫生队伍建设。执业医师晋升为副高级技术职称的,应当有累计一年以上在县级以下或者对口支援的医疗卫生机构提供医疗卫生服务的经历。对在基层和艰苦边远地区工作的医疗卫生人员,在薪酬津贴、职称评定、职业发展、教育培训和表彰奖励等方面实行优惠待遇。国家加强乡村医疗卫生队伍建设,建立县乡村上下贯通的职业发展机制,完善对乡村医疗卫生人员的服务收入多渠道补助机制和养老政策。

诊疗能力的患者，及时通过绿色通道转诊至上级医院进行进一步治疗。在患者病情稳定后，再转回基层医疗机构进行康复治疗，实现患者的合理分流和有序就医。

（4）开展巡回医疗和义诊活动

组织医疗队深入偏远地区，开展巡回义诊活动，为当地患者提供免费的传染病相关检查、诊断和治疗服务，送医送药上门，解决偏远地区患者看病难的问题。同时，在巡回医疗过程中，对基层医务人员进行现场培训和指导，提高其医疗服务能力。

【典型案例5-03】十堰市结核病防治援助专家提升当地防治水平[①]

2021年，湖北省第九批援疆医疗工作队里的结核病防治专家，被选派至西藏山南市疾控中心支援当地结核病防治工作。该市海拔超过3700米，当地居民防护意识较低且医疗条件薄弱，结核病患者较多。该专家在一年半的时间里，克服语言沟通障碍、饮食和生活习惯差异以及高原环境带来的身体不适等困难，累计为近500名患者带去结核病治疗的希望。他还将较为前沿的结核病电子药盒使用方法带给当地医护人员，提升了当地结核病防治水平。

10. 民营医院能否参与传染病医疗救治？

民营医院作为我国医疗卫生系统的重要组成部分，在提升我

[①]《十堰市人民政府：一腔深情，温暖雪域高原——记市西苑医院援藏医生李先昌》，载十堰市人民政府网站，https://www.shiyan.gov.cn/ywdt/jk/202303/t20230303_4194218.shtml，2025年6月12日访问。

国传染病救治整体能力和水平方面能够发挥积极作用。依据《传染病防治法》①规定，县级以上人民政府应当加强和完善传染病医疗救治服务网络的建设，指定具备传染病救治条件和能力的医疗机构承担传染病救治任务。这里的医疗机构并未区分公立或民营，只要具备相应条件和能力，经政府指定，民营医院同样可以承担传染病救治工作。此外，在一些地方政策中也有明确体现。这些规定明确了民营医院在传染病防治工作中的责任和义务，同时也保障了其参与传染病医疗救治的合法性。

11. 医疗救治体系与疾控系统如何协同？

《传染病防治法》第44条中明确指出，国家建立跨部门、跨地域的传染病监测信息共享机制，加强卫生健康、疾病预防控制等部门的联动监测和信息共享；还明确了疾病预防控制机构和医疗机构在传染病防治中的各自职责，为两者协同提供了法律保障。医疗救治体系与疾控系统可通过以下方式协同。

建立临床医疗、疾病预防控制信息的互通共享制度，医疗机构及时向疾控系统报告传染病病例信息、检测结果等，疾控系统向医疗机构反馈疫情监测、风险评估等信息，为双方决策提供依据。

医疗机构在日常诊疗中留意传染病相关症状和异常病例，及

---

① 《传染病防治法》第75条规定，县级以上人民政府应当加强和完善常态与应急相结合的传染病医疗救治服务网络建设，指定具备传染病救治条件和能力的医疗机构承担传染病救治任务，根据传染病救治需要设置传染病专科医院。

时上报；疾控系统则利用专业监测网络和技术，对疫情进行监测和分析，共同提高监测预警的敏感性和准确性。

在传染病暴发、流行时，疾控系统负责流行病学调查、疫情区域的卫生处理等，医疗机构承担患者救治、密切接触者医学观察等工作，双方密切配合，有效控制传染病疫情传播。

疾控系统为医疗机构提供传染病防治知识和技能培训，医疗机构为疾控系统人员提供临床实践指导，共同提升双方应对传染病的能力。

二、医疗救治的流程与规范

1. 传染病患者的病历记录有什么要求？

《传染病防治法》第 77 条第 1 款规定，医疗机构应当对传染病患者、疑似患者提供医疗救护、现场救援和接诊治疗，按照规定填写并妥善保管病历记录以及其他有关资料。因此，传染病患者病历记录应当在内容准确完整、书写规范及时及妥善保管等方面加以关注：第一，内容准确完整。需详细记录患者的基本信息、症状体征、检查检验结果、诊断过程、治疗措施及病情变化等，确保信息准确无误，尤其应详细记录患者的流行病学史，包括发病前的接触史、旅行史等，都要准确记录，以便为疾病的诊断和防控提供依据。第二，书写规范及时。按照《病历书写基本规范》要求的格式和内容书写，使用规范的医学术语，字迹清晰，不得随意涂改。对传染病患者的初诊、转诊、会诊等关键时间节点要准确记录，保证病历的时效性，以便及时掌握患者病情发展和救治情况。第三，妥善保管病历。医疗机构要按照规定妥善保管传染病患者的病历资料，防止病历丢失、泄露，确保患者隐私安全。病历保存期限按照相关规定执行，以满足后续医疗纠纷处理、科研教学、疾病监测等多方面的需求。

2. 医疗机构不具备救治能力时应当怎么办？

医疗机构不具备相应救治能力的，应当根据《传染病防治法》第77条的规定，将传染病患者、疑似患者及其病历记录一并转至具备相应救治能力的医疗机构。转诊过程中，对传染病患者、疑似患者应当采取必要的防护措施。同时，配备必要医疗设备与人员，监测患者病情，如用救护车转运时，配备心电监护仪、吸氧设备等。此外，应与接收转诊的医疗机构充分交流，详细提供患者病情、诊断情况、检查结果及流行病学史等信息。例如，县级医院向市级传染病专科医院转诊患者时，要提前告知专科医院患者症状持续时间、前期治疗措施等，以便专科医院提前准备，安排床位、调配医护人员。转诊后，原医疗机构仍配合疾控部门防控相关工作。提供患者接触史，如近期活动轨迹、密切接触人群等，利于疾控部门追踪传染源、切断传播途径；提供完整的诊疗记录，为疫情分析和防控策略的制定提供依据。此外，还应不断提升传染病识别及救治能力，通过培训提升医务人员传染病诊疗水平，如组织学习最新传染病诊疗指南；引进专业人才，充实医疗队伍；购置相关医疗设备，增强诊断与治疗能力，逐步提高传染病救治能力。

【典型案例5-04】某医院未按规定转诊结核病患者被处罚[1]

2021年某市卫生健康委员会卫生监督员发现某院涉嫌未按规定将结核病患者和疑似患者转诊至结核病定点医院。该医院于2020年4月至2021年4月接诊多名确诊和疑似肺结核病患者，未按规定转诊，还将肺结核病原学阳性病例与其他患者同住一病房，医师也未下达"按乙类传染病常规护理"的医嘱。桂林市明确市第三人民医院为市级结核病诊疗定点医院，各县结核病诊疗定点医疗机构由各县人民医院承担。依据相关规定，责令该医院立即改正违法行为，并对其作出通报批评、警告的行政处罚，同时给予该医疗机构不良执业行为记分。

3. 医疗救治过程中如何防止交叉感染？

在医疗救治过程中，防止交叉感染是保障患者和医护人员安全、有效控制传染病传播的关键环节，需多维度、系统性地落实防控措施。

依据《传染病防治法》第27条的规定，医疗机构的基本标准、建筑设计和服务流程应当符合预防医疗机构感染的要求，降低传染病在医疗机构内传播的风险。同时，应当严格执行国家规定的管理制度、操作规范，加强与医疗机构感染有关的危险因素监测、安全防护、消毒、隔离和医疗废物、医疗污水处置工作，防止传染病在医疗机构内的传播。医疗机构还应当按照规定对使

---

[1] 《以案释法：传染病防治无小事，依法依规护健康》，载广西壮族自治区卫生监督所网站，http://wsjd.wsjkw.gxzf.gov.cn/sxzc/t18560757.shtml，2025年6月12日访问。

用的医疗器械进行消毒或者灭菌；对按照规定一次性使用的医疗器械，应当在使用后予以销毁。因此，医疗机构应积极预防和控制医院感染与医源性感染，承担起相应的防控责任。在具体措施上，首先要实施标准预防，医务人员在接触患者血液、体液等物质时，必须规范佩戴手套、口罩、穿隔离衣等防护用品，降低感染风险。同时，要严格落实消毒隔离制度，对医疗器械、设备、环境等进行科学规范的消毒处理，对患者的血液、分泌物等医疗废物进行无害化处置，切断传播途径。加强手卫生也是重中之重，医务人员在接触患者前后、进行各项操作前后，均需严格执行手卫生规范，这是预防交叉感染最简便且有效的措施之一。在进行有创操作时，严格遵守无菌操作原则，避免因操作不当引发感染。保持诊疗环境良好，经常通风换气，能够有效降低空气中病原微生物的浓度，减少经空气传播的风险。此外，加强对医务人员的培训，提高其对交叉感染的认识水平和防控能力，使其熟练掌握各项防控技能；通过建立完善的监督检查机制，定期对各项防控措施的落实情况进行检查，确保防控工作不流于形式，切实发挥作用。

4. 传染病患者的心理疏导工作如何开展？

在传染病防治工作中，对患者开展心理疏导是不可或缺的重要环节。心理疏导工作在维护患者尊严与权益的前提下有序开展。根据《传染病防治法》第80条的规定，国家建立重大传染病疫情心理援助制度。县级以上地方人民政府应当组织专业力量，定期开展培训和演练；发生重大传染病疫情时，对传染病患者、接受医学观察的人员、病亡者家属、相关工作人员等重点人群以及社会公众及时提供心理疏导和心理干预等服务。开展传染病患者心理疏导工作，首先需要医护人员以友善、耐心的态度与患者建立信任关系，通过认真倾听和尊重回应，让患者感受到被理解与关怀，为后续疏导工作筑牢基础。在此过程中，医护人员要及时为患者提供准确的疾病信息，用通俗语言解释传染病的传播途径、治疗方案及预后情况，消除患者因认知不足产生的恐惧与焦虑。同时，鼓励患者充分表达内心负面情绪，并给予情感安慰，教授深呼吸、放松训练等实用的情绪调节方法，帮助患者有效管理情绪。此外，与患者共同制订生活和治疗计划，增强其对病情的掌控感与自我管理能力，提升治疗积极性；协助患者与家人、朋友保持联系，组织病友交流活动，构建患者的社会支持网络，减轻孤独感；积极分享成功治疗案例，树立正面榜样，增强患者战胜疾病的信心。面对患者在治疗过程中遇到的经济困难、生活照料等实际问题，也要尽力协调资源予以解决，消除患者的后顾之忧。通过以上多维度、系统性的举措，帮助传染病患者缓解心理压力，以积极心态配合治疗，促进身心康复，同时也助力构建和谐的医患关系，推动传染病防治工作的顺利开展。

5. 中医药在医疗救治中如何发挥作用？

《传染病防治法》第 11 条明确指出，国家坚持中西医并重，加强中西医结合，充分发挥中医药在传染病防治中的作用。同时强调了中西医结合在传染病救治中的重要地位。第 78 条第 1 款指出，医疗机构应当按照传染病诊断标准和治疗要求采取相应措施，充分发挥中西医各自优势，加强中西医结合，提高传染病诊断和救治能力。此外，《中华人民共和国中医药法》第18条第2款和第3款规定，县级以上人民政府应当发挥中医药在突发公共卫生事件应急工作中的作用，加强中医药应急物资、设备、设施、技术与人才资源储备。医疗卫生机构应当在疾病预防与控制中积极运用中医药理论和技术方法。这为中医药参与传染病医疗救治提供了坚实的法律支撑，推动中医药在医疗救治领域持续发挥独特优势，保障公众健康。

在医疗救治中，中医药可发挥多方面作用。从疾病预防角度，中医药秉持"治未病"理念，通过体质辨识为个体制订个性化养生保健方案。在疾病治疗阶段，中医药能全程参与。对于轻症患者，中药可单独发挥显著疗效。例如，在传染病疫情中，一些轻型患者通过服用中药汤剂，其症状可能得到一定程度的缓解，促进康复。对重症患者，中西医结合治疗显示出明显的优势，在疾病康复期，中医药更是关键。通过中医康复手段，如针灸、推拿、中药熏蒸等，帮助患者恢复身体机能。如中风后康复患者，借助针灸刺激穴位，促进肢体功能恢复；部分恢复期的患者采用八段锦、太极拳等中医传统功法锻炼，增强体质，改善呼吸功能。

6. 对防治传染病急需的药品、医疗器械等不足怎么办？

传染病暴发、流行时，对于相关药品、医疗器械等可能出现需求量激增，现有储备不能满足救治需求的情形。对此，《传染病防治法》在药品及医疗器械等的供应、交通运输、研制及创新、审批流程、紧急采购、超说明书用药等方面均有明确规定。第一，《传染病防治法》第 73 条规定，传染病暴发、流行时，有关生产、供应单位应当及时生产、供应传染病疫情防控所需的药品、医疗器械和其他应急物资。交通运输、邮政、快递经营单位应当优先运送参与传染病疫情防控的人员以及传染病疫情防控所需的药品、医疗器械和其他应急物资。县级以上人民政府有关部门应当做好组织协调工作。由此对药品或医疗器械等应急物资的生产、供应、经营及运输等提供了有力的法律保障。第二，《传染病防治法》第 79 条明确了国家鼓励传染病防治用药品及医疗器械等的研制及创新。同时，规定了对防治传染病急需的药品、医疗器械予以优先审评审批。第三，第 79 条还明确规定了因重大传染病疫情医疗救治紧急需要，医师可以按照国家统一制定的诊疗方案，在一定范围和期限内采用药品说明书中未明确的药品用法进行救治。发生重大传染病疫情，构成特别重大突发公共卫生事件的，国务院卫生健康主管部门根据传染病预防、控制和医疗救治需要提出紧急使用药物的建议，经国务院药品监督管理部门组织论证同意后可以在一定范围和期限内紧急使用。

在实际操作中，政府部门会迅速发挥主导作用。一方面，积极协调药品和医疗器械生产企业，通过政策扶持、资金补贴等方式，鼓励企业扩大生产规模，提高产能。另一方面，政府会着力优化物资调配机制。根据传染病疫情严重程度和各地区需求，制订科学合理的分配计划，建立统一的物资调度中心，实时掌握物资库存与需求信息，确保重点地区和人群优先获得物资保障。并且，加强与国际社会的合作，积极进口必要的药品和医疗器械，缓解国内物资短缺压力。医疗机构也需积极配合，合理使用现有的药品和医疗器械，避免浪费。同时，及时反馈物资需求信息，以便政府和相关部门精准调配资源。此外，社会力量也可参与其中，鼓励企业、社会组织和个人捐赠防治传染病所需的药品和医疗器械，形成全社会共同抗击传染病的合力，最大程度地满足救治需求，保障公众健康安全。

【典型案例 5-05】甲型 H1N1 流感疫情防控案例[①]

2009 年甲型 H1N1 流感疫情形势严峻，我国面临着防控压力。中央财政安排 50 亿元专项资金，用于支持甲型 H1N1 流感防控工作。安排专项资金 6.6 亿元，用于质检等防控第一线部门购置体温检测设备、消毒设备、消毒剂、防护用品及试剂药品等防控物资。同时积极支持加强疫苗和抗病毒药物的研制生产，拨付专项资金 10.85 亿元，用于疫苗、抗病毒药品以及临床治疗器械储备。地方财政部门也纷纷出台政策，调整预算，加大投入力度，有力缓解疫情期间药品、设备不足，为流感疫情防控提供坚实保障。

7. 患者家属能否探视住院的传染病患者？

依据《传染病防治法》，传染病防治需遵循预防为主、防治

[①]《迅速行动 全力支持，财政部门积极做好甲型 H1N1 流感防控资金保障工作》，载中华人民共和国财政部网站，https://www.mof.gov.cn/zhengwuxinxi/caizhengxinwen/200910/t20091014_217613.htm，2025 年 6 月 12 日访问。

结合等原则，医院为控制传染病传播、保障患者及其他人员健康，会制定严格探视制度。相关规定虽未明确细致到家属探视的具体条款，但从传染病防治的整体要求和医院管理的法律授权角度来看，医院有权根据实际情况决定家属能否探视。在实际操作中，传染病患者家属探视住院的传染病患者需遵循医院的相关规定，通常限制较多甚至不允许探视。因为探视可能导致传染病传播风险增加，危及其他患者、医护人员及探视者自身健康。不过，若患者所患传染病传染性较弱、传播途径单一、病情特殊或处于康复期，经医生评估同意，家属在严格遵守医院探视要求，如做好个人防护、遵守探视时间、限制接触等条件下，可能被允许探视。但对于传染性强、危害大的传染病，通常禁止家属进入病房探视。

第二节　社会力量参与医疗救治

一、企业在医疗救治中的责任

1. 医药企业在疫情期间要承担哪些任务？

传染病疫情期间，医药企业承担着多方面的重要任务。其中，生产供应任务比较艰巨。《传染病防治法》第73条规定，传染病暴发、流行时，有关生产、供应单位应当及时生产、供应传染病疫情防控所需的药品、医疗器械和其他应急物资。从传染病防治的整体要求来看，医药企业有责任保障药品、医疗器械等物资的生产供应。依据《中华人民共和国药品管理法》等相关法律，医药企业必须严格把控产品质量，保证所生产和销售的药品、医疗器械等符合国家标准和质量要求，绝不能因追求产量而忽视质量，让不合格产品流入市场。此外，医药企业还需配合政府部门做好物资调配工作，按照统一安排，将生产的物资及时、准确地调配到传染病疫情防控最需要的地方。部分有条件的医药企业还可能承担医药储备任务，包括实物储备和产能储备，以应对突发情况。

2. 企业参与医疗救治能否获得政策支持？

企业参与医疗救治能够获得多维度的政策支持。税收优惠方面，传染病疫情防控重点保障物资生产企业有可能享受增值税增量留抵税额全额退还或者部分退还政策；企业无偿捐赠应对疫情的货物，可能免征增值税、消费税等税费；企业为扩大产能新购置设备可能获得一次性在企业所得税税前扣除，向传染病疫情防控相关机构的捐赠也可能在计算企业所得税应纳税所得额时全额扣除。在财政补贴领域，地方政府可能会对参与医疗救治物资生产的企业，补贴其因扩产增设备产生的额外成本；同时，中央和地方财政还会保障医疗卫生机构防控工作所需设备及试剂的采购经费。这些政策支持为企业积极投身医疗救治工作提供了有力的保障，减轻了企业负担，激励企业为传染病疫情防控贡献力量。各部门对企业政策支持的具体管理办法，根据传染病疫情实际情况确定或调整。

3. 企业能否自行组织医疗救助队伍？

企业一般情况下不可以自行组织医疗救助队伍。医疗救助涉及专业的医疗知识和技能，需要具备相应资质的专业人员来实施，以保障救助的有效性和安全性。依据《中华人民共和国医师法》《医疗机构管理条例》等相关法律法规，从事医疗活动的机构和人员必须取得相应的执业资格和许可。例如，医师须经注册后在医疗、预防、保健机构中按照注册的执业地点、执业类别、执业范围执业，未经医师注册取得执业证书，不得从事医师执业活动。而医疗机构的设立也有严格的审批程序和条件要求，包括人员资质、设备设施、管理制度等方面。如果企业自行组织医疗救助队伍，可能会面临非法行医等法律问题，不仅无法有效实施救助，还可能对患者造成伤害，并承担相应的法律责任。不过，在一些特殊情况下，如企业内部有具备资质的医护人员，且经过相关部门批准或在政府统一组织协调下，参与特定的医疗救助活动，则是可行的。

二、社会组织与志愿者的作用

1. 社会组织在医疗保障中承担什么职责？

社会组织在医疗保障体系中发挥着重要且多元的作用。依据《中华人民共和国慈善法》和《中华人民共和国社会保险法》等相关法律规定，社会组织积极参与医疗保障工作。在宣传教育领域，可通过学术讲座、社区活动、线上传播等形式，向公众普及救治常识、医保政策、报销流程等知识，助力提升公众对医疗保

第五章 医疗救治

障制度的认知与参与热情；在医疗救助和慈善帮扶方面，部分社会组织，通过募集资金物资、链接慈善医疗项目，为经济困难患者提供援助，缓解其医疗费用压力；此外，部分专业社会组织还会开展医疗服务质量评估、患者满意度调查等工作，收集公众反馈并传递给相关部门与医疗机构，推动医疗服务质量持续优化。这些职责的履行，不仅填补了政府和市场在医疗保障中的部分空白，还增强了医疗保障体系的覆盖广度与服务深度，促进了医疗保障事业的完善与发展。

2. 志愿者可以参与哪些传染病疫情防控和医疗救治工作？

在传染病疫情防控及救治工作中，志愿者可在多个环节发挥重要作用，且有相应法律规范保障其行动。《中华人民共和国红十字会法》明确指出，红十字会应开展应急救护培训，普及应急救护、防灾避险和卫生健康知识，并组织志愿者参与现场救护[1]。

---

[1] 《中华人民共和国红十字会法》第11条规定，红十字会履行下列职责：（1）开展救援、救灾的相关工作，建立红十字应急救援体系。在战争、武装冲突和自然灾害、事故灾难、公共卫生事件等突发事件中，对伤病人员和其他受害者提供紧急救援和人道救助；（2）开展应急救护培训，普及应急救护、防灾避险和卫生健康知识，组织志愿者参与现场救护；（3）参与、推动无偿献血、遗体和人体器官捐献工作，参与开展造血干细胞捐献的相关工作；（4）组织开展红十字志愿服务、红十字青少年工作；（5）参加国际人道主义救援工作；（6）宣传国际红十字和红新月运动的基本原则和日内瓦公约及其附加议定书；（7）依照国际红十字和红新月运动的基本原则，完成人民政府委托事宜；（8）依照日内瓦公约及其附加议定书的有关规定开展工作；（9）协助人民政府开展与其职责相关的其他人道主义服务活动。

在传染病防控环节，志愿者积极投身于宣传教育工作。他们深入社区、农村、学校、企业等场所，借助举办讲座、发放宣传资料、演示防护操作等形式，向公众普及传染病的传播途径、预防方法、防控政策等知识，提升公众的传染病防控意识与自我防护能力。例如，在流感高发季，志愿者会向民众宣传勤洗手、多通风、保持社交距离等预防要点；在疫情期间，积极推广疫苗接种知识，引导符合条件的人群主动接种疫苗。

志愿者还会协助进行传染病疫情排查工作。在社区中，志愿者可能会参与电话调查、入户访问，协助社区工作人员排查居民的健康状况、旅居史等信息，为传染病疫情防控提供基础数据。在核酸检测现场，志愿者负责维护检测秩序，引导居民有序排队，帮助居民提前扫码录入个人信息，确保检测工作高效、顺利进行。

在医疗救治辅助方面，若志愿者具备相关专业知识或经过专业培训，可在医疗机构或隔离点为患者提供一定帮助。例如，协助医护人员照顾患者的生活起居，为患者送餐、协助洗漱等；在患者管理方面，帮助医护人员引导患者熟悉医院环境和治疗流程，解答患者的疑问；部分具有心理援助资质的志愿者，还能为传染病患者、隔离人员提供心理疏导服务，缓解他们因疾病和隔离产生的焦虑、恐惧、孤独等负面情绪，增强他们战胜疾病的信心。

另外，志愿者还可以参与物资保障工作。在传染病疫情期间，协助相关部门和机构接收、清点、整理、分发传染病防治物资和生活物资，确保物资能够及时、准确地送到有需求的地方，保障防控及救治工作的物资供应。

第三节　特殊人群的医疗救治与保障

一、慢性病患者的医疗服务保障

1. 慢性病患者在传染病疫情期间如何就医？

在传染病疫情期间，慢性病患者的就医需求通过多种方式得到保障。病情稳定的慢性病患者可充分利用互联网医院或医疗平台进行线上复诊与咨询。同时，各地为减少患者往返医院次数，减少交叉感染的机会，可能会适当延长处方用量。当慢性病患者病情出现变化必须前往医院就诊时，可提前通过线上或电话进行预约，选择就近能满足治疗需求的医疗机构，并提前了解就诊流程，以此缩短在医院的停留时间。在就医途中，尽量避免乘坐公共交通工具，并全程做好个人防护，接触公共设施后及时进行手卫生。到达医院后，要保持1米以上社交距离，减少触碰医院物品，配合医生完成必要的检查与治疗。此外，部分地区还出台细化政策，封控区内的慢性病患者可享受基层医疗卫生机构送药上门服务，必要的检验检查也可在就近医疗机构完成，并通过电话随访等方式加强远程指导。这些举措既保障了慢性病患者的就医需求，又最大限度地降低了疫情传播风险。

2. 精神障碍患者的医疗服务如何开展？

传染病疫情期间，精神障碍患者医疗服务开展方式如下：精神卫生医疗机构需制订院内感染应对预案，储备防护物资，与综合性医疗机构建立联络会诊机制。开展全员培训，加强症状和发热监测，落实防范措施，减少探视，做好清洁消毒。有条件的设立发热病区，改造通道，降低交叉感染风险。新入院患者要进行门诊筛查，询问流行病学接触史并做相关检查。此外，应做好居家患者管理与照护。乡镇（街道）精神卫生相关机构要加强居家患者定期访视。关注服药情况，通过网络视频、电话沟通等联络患者和家属。对于封闭管理区患者，协助采取邮寄药品、送药上门等方式保证持续药物治疗。病情不稳定患者，可由精神科医师通过电话、网络咨询等提供远程医疗服务，紧急处置患者由专人协助送医。

二、特殊人群的医疗救治与保障

1. 对老年人如何做好医疗救治与保障？

《传染病防治法》第 67 条规定，对未成年人、老年人、残疾人、孕产期和哺乳期的妇女以及需要及时救治的伤病人员等群体给予特殊照顾和安排，并确保相关人员获得医疗救治。当地人民政府应当公布求助电话等，畅通求助途径，及时向有需求的人员提供帮助。这为保障特殊人群在疫情期间安全就医提供了基本遵循。因此，医疗机构应当全力保障特殊人群在传染病疫情期间的医疗救治需求，维护其健康权益。老年人免疫系统相对薄弱，且常伴有多种慢性基础疾病，如高血压、糖尿病、慢性阻塞性肺疾病等。传染病疫情期间，需密切监测基础病指标，坚持基础病用药，防止病情波动。医疗机构在救治老年患者时，应充分考虑其基础疾病，提供综合治疗与精细化护理，密切观察病情变化，及时调整治疗方案。

2. 对残疾人的医疗救治有哪些特殊要求？

在信息获取方面，疫情防控宣传应提供多样化无障碍版本，如文字、语音、动画、手语视频等，确保各类残疾人都能及时知晓防控信息。在集中隔离、医学观察及诊疗场所，需配备无障碍设施及手语翻译服务，保障残疾人沟通与行动便利；还应为有需要的残疾人提供轮椅、拐杖等康复辅助器具租赁服务。对于生活不能自理的残疾人，若监护人因疫情无法照料，相关部门和社区应安排临时照护。精神障碍患者若因疫情难以获取必需药品，专业机构和社区防治组织应通过远程诊疗、送药上门等方式，确保其连续服药。

3. 孕产妇及新生儿的医疗救治有哪些特殊要求？

孕产妇的医疗救治保障至关重要。传染病疫情期间，助产机构应利用线上渠道，为孕产妇提供健康教育与咨询指导，合理调整产检时间，重点关注高危孕产妇。对于发热孕产妇，助产机构需设置发热门诊，建立预检分诊制度，及时排查。一旦确诊或疑似感染传染病，应尽快转诊至定点医院，严禁自行转诊。定点医院要为其提供产检和安全助产服务，设置隔离病区或病房。产儿科需紧密合作，感染产妇分娩时，新生儿科医生应提前到场。确诊感染产妇分娩的新生儿，需转入隔离观察病区进行医学观察。

4. 低收入人群的医疗费用如何解决？

根据《传染病防治法》第 88 条的规定，对符合国家规定的传染病医疗费用，基本医疗保险按照规定予以支付。对患者、疑似患者治疗甲类传染病以及依照本法规定采取甲类传染病预防、控制措施的传染病的医疗费用，基本医疗保险、大病保险、医疗救助等按照规定支付后，其个人负担部分，政府按照规定予以补助。国家对患有特定传染病的困难人群实行医疗救助，减免医疗费用……

第六章
保障措施

国家建立健全传染病疫情防控体系，不仅仅是法律层面建立相关的制度，更是要在实践层面予以贯彻和落实，《传染病防治法》规定了传染病疫情防控的保障措施，以保证各项传染病防控制度能够落实，在传染病疫情发生后制定的传染病防控的各项措施能够兑现，最终战胜传染病疫情。

第一节 政策保障与机制

一、财政资金的来源与预算管理

1. 国家如何保障传染病防治的财政资金投入？

第一，纳入发展规划。根据《传染病防治法》第 81 条的规定，国家将传染病防治工作纳入国民经济和社会发展规划，县级以上地方人民政府将传染病防治工作纳入本行政区域的国民经济和社会发展规划。从宏观层面确保传染病防治工作有相应的资金支持和政策保障。第二，明确政府职责。县级以上地方人民政府按照本级政府职责，负责本行政区域传染病预防、控制工作经费。各级财政按照事权划分做好经费保障，明确了地方政府在传染病防治经费保障方面的主体责任，确保资金落实到位。第三，确定保障项目。省级人民政府根据本行政区域传染病流行趋势，在国务院卫生健康主管部门、疾病预防控制部门确定的项目基础上，确定传染病预防、监测、检测、风险评估、预测、预警、控制、救治、监督检查等项目，并保障项目的实施经费，使传染病防治的各项具体工作都有经费支持。第四，保障机构经费。县级以上人民政府应当按照规定落实疾病预防控制机构基本建设、设备购置、学科建设、人才培养等相关经费，对其他医疗卫生机构承担疾病预防控制任务所需的经费按照规定予以保障，同时地方各级人民政府应当保障基层传染病预防、控制工作的必要经费，加强基层传染病防治体系建设。

2. 中央与地方财政资金分配比例如何确定？

在传染病防治方面，中央与地方财政资金分配比例主要依据《国务院办公厅关于印发医疗卫生领域中央与地方财政事权和支出责任划分改革方案的通知》来确定。对于基本公共卫生服务（包含传染病及突发公共卫生事件报告和处理等)，明确为中央与地方共同财政事权，由中央财政和地方财政共同承担支出责任。中央制定基本公共卫生服务人均经费国家基础标准，并根据经济社会发展情况逐步提高。根据《国务院办公厅关于印发医疗卫生领域中央与地方财政事权和支出责任划分改革方案的通知》，基本公共卫生服务支出责任实行中央分档分担办法：

第一档包括内蒙古、广西、重庆、四川、贵州、云南、西藏、陕西、甘肃、青海、宁夏、新疆12个省（自治区、直辖市），中央分担80%；第二档包括河北、山西、吉林、黑龙江、安徽、江西、河南、湖北、湖南、海南10个省，中央分担60%；第三档包括辽宁、福建、山东3个省，中央分担50%；第四档包括天津、江苏、浙江、广东4个省（直辖市）和大连、宁波、厦门、青岛、深圳5个计划单列市，中央分担30%；第五档包括北京、上海2个直辖市，中央分担10%。

全国性或跨区域的重大传染病防控等重大公共卫生服务，由中央财政承担支出责任，主要包括纳入国家免疫规划的常规免疫及国家确定的群体性预防接种和重点人群应急接种所需疫苗和注射器购置，艾滋病、结核病、血吸虫病、包虫病防控，精神心理疾病综合管理，重大慢性病防控管理模式和适宜技术探索等内容，上划为中央财政事权，由中央财政承担支出责任。城乡居民基本医疗保险补助资金，中央财政按照一定补助标准，参照基本公共卫生服务支出责任中央分档分担办法安排补助资金；对于医疗救助，中央财政根据救助需求、工作开展情况、地方财力状况等因素分配对地方转移支付资金。

3. 突发传染病疫情时的紧急财政拨款程序是什么？

突发传染病疫情时，紧急财政拨款程序通常遵循"特事特办、急事急办"的原则，以快速保障传染病疫情防控资金及时到位。第一，启动应急机制。根据《突发公共卫生事件应急条例》第 16 条的规定，国务院有关部门和县级以上地方人民政府及其有关部门，应当根据突发事件应急预案的要求，保证应急设施、设备、救治药品和医疗器械等物资储备。第二，简化审批流程。在保证资金安全的前提下，简化资金审批程序，减少不必要的环节和手续。第三，建立快速拨付通道。财政部门在传染病疫情期间可能会与人民银行、国库以及各代理银行等加强沟通协作，建立"绿色通道"，确保资金及时、安全、准确拨付。第四，加强部门协作与监督。财政部门与卫生健康、医疗保障等相关部门密切配合，建立工作机制，及时了解资金需求，准确核算各项补助金额，确保资金专款专用。同时，加强对资金使用的事前、事中和事后监管，防止挤占挪用、虚报冒领等违规行为。

4. 欠发达地区、民族地区和边境地区的传染病防治经费有哪些保障？

根据《传染病防治法》第 84 条的规定，国家加强基层传染病防治体系建设，扶持欠发达地区、民族地区和边境地区的传染病防治工作。地方各级人民政府应当保障基层传染病预防、控制工作的必要经费。国家加强基层传染病防治体系建设，扶持欠发达地区、民族地区和边境地区的传染病防治工作。县级以上地方人民政府按照本级政府职责，负责本行政区域传染病预防、控制工作经费。省级人民政府根据本行政区域传染病流行趋势，在国务院卫生健康主管部门、疾病预防控制部门确定的项目基础上，确定传染病预防、监测、检测、风险评估、预测、预警、控制、救治、监督检查等项目，并保障项目的实施经费。同时，县级以上人民政府应当按照规定落实疾病预防控制机构基本建设、设备购置、学科建设、人才培养等相关经费；对其他医疗卫生机构承担疾病预防控制任务所需经费按照规定予以保障。这些规定从国家和地方政府层面明确了对传染病防治经费的保障责任，尤其强调了对欠发达地区和边境地区的扶持，确保这些地区在传染病防治工作中有足够的资金支持，以提升当地的传染病预防、控制和救治能力，保障公众的生命安全和身体健康。

5. 医疗机构传染病防治专项资金的使用范围有哪些？

医疗机构传染病防治专项资金主要用于以下几个方面：第一，突发性传染病防治。用于弥补对国家确认的各种突发性传染病实施调查、检验、采集样本、隔离治疗等预防控制以及医疗救治措施时发生的支出。第二，日常性传染病防治。包括按传染病防治要求进行的血液检测补助；病人接送运输费用补助；对开展传染病疾病的调查、分析、研究、监测等预防控制工作的业务支出补助；按规定的传染病诊断标准和治疗要求对传染病人实施医疗救护、现场救援和接诊治疗、医疗废弃物和生活垃圾处置等医疗救治支出补助。第三，传染病防治能力提升。对传染病防治知识和技能、技术推广应用与技术培训发生的培训费、人才队伍建设以及支持和鼓励开展传染病防治的科学研究、提高传染病防治条件的基础设施、设备购置等支出的补助。

二、资金使用监督与责任追究

1. 如何监管财政资金的合规使用？

监管财政资金合规使用可从以下方面着手：第一，建立健全监控体系。利用现代信息技术，建立财政资金支付全程动态监控机制[1]，将所有财政资金和全部预算单位纳入监控范围，对资金支付活动进行实时监控，及时发现和预警异常交易。例如，山西省财政厅依托预算管理一体化系统，建立财政资金预算管理全链条的监控体系，通过多种监控手段实现对财政资金的全

---

[1] 参见《财政部关于进一步推进地方预算执行动态监控工作的指导意见》，载中华人民共和国财政部网站，https：//gks.mof.gov.cn/guizhangzhidu/201504/t20150402_1212124.htm，2025年6月12日访问。

方位监督。第二，强化内部控制。财政部门要完善内部管理制度，明确各岗位在财政资金管理中的职责和权限，形成分工明确、相互制衡的岗位机制。同时，加强对内部人员的培训和监督，提高其合规意识和业务水平。第三，开展监督检查。财政部门定期或不定期对财政资金的使用情况进行专项检查或日常检查，也可委托第三方机构进行检查和评估。第四，加强审计监督。政府审计部门依法对财政资金的预算执行、决算等进行审计监督，对资金使用的真实性、合法性和效益性进行审查。《中华人民共和国预算法》及其实施条例，对预算的编制、执行、调整、决算和监督作出了具体规定。《财政部门监督办法》明确了财政部门对单位和个人涉及财政、财务、会计等事项实施监督的相关内容①，以上规定为监管财政资金提供了法律保障。

【典型案例6-01】怒江州财政局多方位强化财政资金监管②

怒江州财政局完善预算监督、执行监督、评价监督三位一体

---

① 《财政部门监督办法》第16条规定，财政部门依法对下列事项实施监督：(1) 财税法规、政策的执行情况；(2) 预算编制、执行、调整和决算情况；(3) 税收收入、政府非税收入等政府性资金的征收、管理情况；(4) 国库集中收付、预算单位银行账户的管理使用情况；(5) 政府采购法规、政策的执行情况；(6) 行政、事业单位国有资产、金融类、文化企业等国有资产的管理情况；(7) 财务会计制度的执行情况；(8) 外国政府、国际金融组织贷款和赠款的管理情况；(9) 法律法规规定的其他事项。对会计师事务所和资产评估机构设立及执业情况的监督，由省级以上人民政府财政部门依法实施。

② 《怒江州财政："三点发力"强化资金监管》，载中华人民共和国财政部网站，https://www.mof.gov.cn/zhengwuxinxi/xinwenlianbo/yunnancaizhengxinxilianbo/202311/t20231108_ 3915344.htm，2025年6月12日访问。

的监督制衡机制，加强财政预算编制、执行、评价等全过程的监督。印发相关文件，细化预算编制，坚持"先有预算、再有指标、后有支出"以收定支"原则，合理安排支出规模，严控经费追加，监管关口前移。依托预算管理一体化平台建立预算执行通报机制，利用系统监控"警报器"，对预警资金进行分析研判、逐级审批，及时发现不合规支出。2023年对多个领域的9个项目及6个部门整体支出财政资金10.93亿元开展重点评价，形成倒逼机制，实现财政资金全流程管控。

2. 政府采购传染病防治物资的价格监管机制如何运行？

根据《中华人民共和国政府采购法》的规定，政府采购传染病防治物资价格监管机制主要通过以下方式运行：第一，采购前的预算与价格调研。采购单位需根据实际需求和市场行情，科学合理地编制采购预算，对传染病防治物资的价格范围有初步界定。同时，可参考历史采购数据、市场平均价格以及其他地区的采购价格等，为采购价格提供参考依据。第二，采购过程中的价格监控。在采购方式上，若采用公开招标，需确保招标过程公平、公正、公开，通过竞争机制促使供应商提供合理价格。对于询价采购，要求供应商一次报出不得更改的价格，采购人根据符合采购需求、质量和服务相等且报价最低的原则确定成交供应商。同时，采购单位应建立健全紧急采购内控机制，坚持集体议事、科学决策，防止采购人员与供应商勾结操纵价格。第三，采购后的价格监督与评估。采购完成后，财政部门可会同审计、纪检等部门对采购项目进行审查，检查采购价格是否合理，是否存在高价采购等问题。同时，建立价格反馈机制，鼓励供应商、社会公众等对不合理价格进行举报和监督。

3. 医疗机构虚报资金需求需承担何种法律责任？

医疗机构虚报资金需求需承担以下法律责任：第一，行政责任。根据《医疗保障基金使用监督管理条例》的规定，定点医药机构通过诱导、协助他人冒名或者虚假就医、购药，提供虚假证明材料，伪造、变造、隐匿、涂改、销毁医学文书等有关资料，虚构医药服务项目等方式骗取医疗保障基金支出的，由医疗保障行政部门责令退回，处骗取金额2倍以上5倍以下的罚款；责令定点医药机构暂停相关责任部门6个月以上1年以下涉及医疗保障基金使用的医药服务，直至由医疗保障经办机构解除服务协议；有执业资格的，由有关主管部门依法吊销执业资格[1]。第二，刑事责任。若虚报资金行为符合《中华人民共和国刑法》中诈骗罪的构成要件，即医疗机构以非法占有为目的，用虚构事实或者隐瞒真相的方法，骗取数额较大的公私财物，可能会被追究刑事责任。

4. 社会捐赠资金如何纳入财政统筹管理？

第一，明确接收主体与账户管理。一般由政府指定的部门或机构负责接收社会捐赠资金，如财政部门或特定的慈善组织等。接收的资金会存入专门设立的账户，如财政国库存款账户或指定

---

[1] 参见《医疗保障基金使用监督管理条例》第40条。

的捐赠资金专户,实行专人专账管理,确保资金的独立性和安全性。第二,区分定向与非定向捐赠。对于定向捐赠资金,遵循捐赠者的意愿,将资金用于特定的项目或对象;非定向捐赠资金则纳入财政统筹范围,根据政府的相关规划和需求进行安排使用。第三,预算编制与审批。财政部门会根据实际收到的捐赠资金情况,将其纳入财政预算管理体系。编制预算时,明确捐赠资金的收支计划,报经同级人民代表大会或相关审批机构审议通过,确保资金使用符合法定程序和公共利益。第四,使用监督与信息公开。建立严格的监督机制,财政、审计、监察等部门对捐赠资金的使用情况进行全程监督,确保资金专款专用,防止滥用和挪用。同时,及时向社会公开捐赠资金的接收、使用和结余情况,接受公众监督。《中华人民共和国慈善法》对慈善组织的设立、捐赠行为、财产管理等方面作出了规定,慈善组织开展公开募捐的,应当在办理其登记的民政部门管辖区域内进行,确有必要在办理其登记的民政部门管辖区域外进行的,应当报其开展募捐活动所在地的县级以上人民政府民政部门备案[1]。捐赠人的捐赠行为不受地域限制。这也为社会捐赠资金的规范管理提供了法律框架。

---

[1] 《中华人民共和国慈善法》第23条规定,开展公开募捐,可以采取下列方式:(1)在公共场所设置募捐箱;(2)举办面向社会公众的义演、义赛、义卖、义展、义拍、慈善晚会等;(3)通过广播、电视、报刊、互联网等媒体发布募捐信息;(4)其他公开募捐方式。慈善组织采取前款第1项、第2项规定的方式开展公开募捐的,应当在办理其登记的民政部门管辖区域内进行,确有必要在办理其登记的民政部门管辖区域外进行的,应当报其开展募捐活动所在地的县级以上人民政府民政部门备案。捐赠人的捐赠行为不受地域限制。

三、医疗保险及费用保障

1. 传染病疫情时，医保能否报销医疗费用？

面对传染病疫情可能给民众带来的经济负担，2025 年修订的《传染病防治法》高度重视医疗费用保障问题，以立法形式为民众筑牢经济防线。《传染病防治法》第 88 条第 1 款和第 2 款规定，对符合国家规定的传染病医疗费用，基本医疗保险按照规定予以支付。对患者、疑似患者治疗甲类传染病以及依照本法规定采取甲类传染病预防、控制措施的传染病的医疗费用，基本医疗保险、大病保险、医疗救助等按照规定支付后，其个人负担部分，政府按照规定予以补助。上述规定为医保报销等保障措施提供了法律基础和依据。

此次修订的《传染病防治法》通过医保支付与政府补助双管齐下，有效减轻了患者的经济压力，确保每一位传染病患者都能毫无后顾之忧地接受治疗。为保障这一政策落地实施，各级政府需制定详细的补助细则，明确补助范围、标准与申请流程，确保资金精准、高效地发放到患者手中。医保部门也需优化支付流程，与医疗机构做好衔接，提升报销效率，让患者切实享受到政策福利，彰显国家在传染病防控中对人民生命健康与经济权益的全方位守护。

【典型案例6-02】甲型H1N1流感疫情案例①

2010年甲型H1N1流感疫情期间，市城镇职工医保中心将流感疑似患者、确诊患者或急性呼吸道症状的人员到甲型流感定点医院机构进行治疗的医疗救治费用纳入了医保报销范围。某发电厂一名重症甲型H1N1流感患者支付医药费9.58万元，医保中心及时审核结算，支付医保基金9.58万元。当时该市甲型H1N1流感职工患者6人，共报销医疗保险基金10.37万元。

2. 国家对特殊困难人群是否都能减免医疗费用？

国家对特殊困难人群有医疗费用减免政策，但并非所有特殊困难人群都能完全减免，而是依据不同的情况给予相应的救助和费用减免。《传染病防治法》第88条第1款、第2款、第3款规定，对符合国家规定的传染病医疗费用，基本医疗保险按照规定予以支付。对患者、疑似患者治疗甲类传染病以及依照本法规定采取甲类传染病预防、控制措施的传染病的医疗费用，基本医疗保险、大病保险、医疗救助等按照规定支付后，其个人负担部分，政府按照规定予以补助。国家对患有特定传染病的困难人群实行医疗救助，减免医疗费用。因此，在重大传染病疫情期间，国家对特定传染病的困难人群按规定实行医疗救助，减免医疗费用。此外，对于非特定传染病的困难人群，也有相关规定予以救助。根据《社会救助暂行办法》的规定，

---

① 《市城镇职工医保中心为一例重症甲型流感患者支付医保基金9.58万元》，载承德市人力资源和社会保障局网站，https://rsj.chengde.gov.cn/art/2010/1/19/art_553_140440.html，2025年6月12日访问。

国家建立健全医疗救助制度，保障医疗救助对象获得基本医疗卫生服务。可以申请相关医疗救助的人员包括：最低生活保障家庭成员、特困供养人员、县级以上人民政府规定的其他特殊困难人员。

3. 商业保险能否参与传染病救治相关保障？

商业保险能够参与传染病救治相关保障。《传染病防治法》第 88 条第 1 款规定，国家鼓励商业保险机构开发传染病防治相关保险产品。这为商业保险参与传染病救治保障提供了明确的法律支持，鼓励商业保险机构在传染病防治领域发挥作用，通过开发相关产品，为传染病患者及相关人群提供保障。在传染病疫情期间，部分商业保险对涉及的典型症状进行赔付，如重疾险对部分重症和危重症患者可能出现的"急性呼吸窘迫综合征""肺炎造成深度昏迷或中度昏迷"等进行赔付；部分商业险对因传染病导致的身故给予一次性赔付。一些保险公司还根据疫情情况，优化现有产品理赔标准，适当扩展保险责任，将意外险、疾病险等产品的保险责任范围扩展至传染病。例如，有部分保险公司表示其推出的传统健康险和寿险产品可对甲流进行赔付。商业保险参与传染病救治相关保障，不仅有助于减轻患者及其家庭的经济负担，也能在一定程度上补充社会医疗保障体系的不足，提高整体的保障水平。

第二节　分级储备体系与应急调配

一、物资分级储备体系建设

1. 什么是分级储备体系？

2025年修订的《传染病防治法》着眼于公共卫生应急管理的关键环节，新增国家建立健全公共卫生应急物资保障体系的重要内容，填补了旧法在此领域的空白[1]。面对传染病疫情可能引发的物资需求激增、供应紧张等问题，完备的应急物资保障体系是支撑传染病疫情防控工作有序开展、稳定社会秩序的关键基础。

《传染病防治法》明确要求国家统筹防控应急物资保障工作，通过加强医药储备，将药品、医疗器械和其他物资全面纳入公共卫生应急物资保障体系。创新性地实行中央和地方两级储备制度，形成"中央统筹、地方协同"的高效物资调配格局[2]。中央层面着重储备战略物资、特殊药品及高端医疗器械，保障全国性重大传染病疫情防控需求；地方则依据本地疾病谱、人口规模等

---

[1] 《传染病防治法》第89条第1款规定，国家建立健全公共卫生应急物资保障体系，提高传染病疫情防控应急物资保障水平，县级以上人民政府发展改革部门统筹防控应急物资保障工作。

[2] 《传染病防治法》第89条第2款规定，国家加强医药储备，将传染病防治相关药品、医疗器械、卫生防护用品等物资纳入公共卫生应急物资保障体系，实行中央和地方两级储备。

实际情况，储备基础防护物资、常用药品等，确保在疫情初期能够快速响应、及时处置。两级储备既各司其职，又紧密联动，通过信息化管理平台实现物资储备数据共享，根据疫情态势动态调整储备规模与结构，有效避免物资短缺或积压现象，为传染病疫情防控提供坚实的物资后盾，切实提升国家公共卫生应急处置能力。

2. 传染病疫情中哪些物资必须纳入储备清单？

根据《国家物资储备管理规定》第3条的规定，国家储备物资是指由中央政府储备和掌握的，国家安全和发展战略所需的关键性矿产品、原材料、成品油以及具有特殊用途的其他物资。国家另有规定的除外。在公共卫生事件等特殊时期，医疗物资的稳定供应对于保障人民生命健康和维持社会秩序至关重要。

通常情况下，物资储备清单包括但不限于以下内容：

第一，个人防护用品。例如，医用防护服、N95口罩、医用外科口罩、一次性手套、防护面屏、护目镜等，用于保护医务人员和相关工作人员免受感染。

第二，消毒用品。例如，含氯制剂、过氧化氢、75%乙醇、免洗手消毒剂、消毒湿巾、医用消毒喷雾等，可用于环境、物品表面以及空气的消毒，以切断病毒传播途径。

第三，医疗救治设备和用品。例如，抢救车、心电图机、心电监护仪、除颤器、简易呼吸器、开口器、压舌板、给氧设施、血氧监测仪、血压计、非接触式体温监测仪、水银体温计等，这些设备是医疗救治过程中不可或缺的，能够帮助医生及时了解患者病情并进行相应的救治。

第四，医疗救治药品。例如，抗病毒药、退烧药、止咳药、抗生素、肾上腺素、阿托品等。

第五，检测用品。例如，针对常见传染病的快速检测试剂盒，如病毒检测试剂盒，以及其他病原体检测试剂盒，可用于快速诊断疾病，以便及时采取防控措施。

第六，生活保障物资。例如，饮用水、食品等，以保障居民的日常饮用水和基本生活用水需求。

第七，医疗废弃物处置耗材和设施。例如，黄色医疗废物垃圾桶、黄色医疗废物垃圾袋、利器盒等，用于规范收集和处置医疗废弃物，防止病毒通过医疗废弃物传播扩散。

此外，针对一些特殊传染病，还可能需要储备相应的疫苗和免疫球蛋白，如霍乱、乙肝、流感等疫苗以及免疫球蛋白，用于预防接种和紧急情况下的被动免疫。同时，生物安全柜和负压病房设备等对于处理高度传染性的病原体、防止病原体扩散也非常重要，也应根据实际情况纳入储备清单。

3. 过期储备物资的处置流程如何规范？

医疗机构处理过期医疗物资需严格遵循法规要求，确保处置全流程规范、安全、环保。首先，依据《医疗废物分类目录》和《医疗卫生机构医疗废物管理办法》的规定，对过期医疗物资进行精准分类，区分感染性、损伤性、药物性、化学性、病理性废物等类别。其中，药物性废物包括：废弃的一般性药品，如抗生素、非处方类药品等；废弃的细胞毒性药物和遗传毒性药物，包括：致癌性药物，如硫唑嘌呤、苯丁酸氮芥、萘氮芥、环孢霉素、环磷酰胺、苯丙胺酸氮芥、司莫司汀、三苯氧氨、硫替派等；可疑致癌性药物，如顺铂、丝裂霉素、阿霉素、苯巴比妥等；免疫抑制剂；废弃的疫苗、血液制品等。因此，过期疫苗属于药物性废物，被病原体污染的过期器械归为感染性废物。

分类完成后，使用符合《医疗废物专用包装物、容器标准和警示标识规定》的专用包装物或容器进行密封包装，确保无破损、渗漏。对病原体培养基等高危险废物，应在产生地点进行压力蒸汽灭菌或者化学消毒处理，再按感染性废物收集处理。

在储存环节，需设置专用的暂时贮存设施、设备，远离医疗区、食品加工区和人员活动区，严禁露天存放，且贮存时间不得超过48小时。贮存场所应设有明显的警示标识，并采取防鼠、防蚊蝇、防蟑螂、防盗以及预防儿童接触等安全措施，定期进行消毒和清洁。

处置过程中，须严格执行危险废物转移联单制度，与取得经营许可证的医疗废物集中处置单位签订处置协议，做好交接登记，详细记录医疗废物的来源、种类、重量或数量、交接时间、处置方法、最终去向以及经办人签名等信息。药物性、化学性废物应交由专业的危险废物处置单位处理；感染性、损伤性、病理性废物则由医疗废物集中处置单位进行无害化处理，如焚烧、高温蒸煮等，确保处置过程符合环保要求，防止污染环境和疾病传播。

二、应急调配与市场协同

1. 省级物资储备的跨区域支援审批流程是什么？

省级物资储备的跨区域支援在传染病防控中至关重要，其审

第六章 保障措施

批流程因各地规定而异，以下为常见的一般流程：

第一，需求提出。当某省面临传染病疫情且物资储备难以满足防控需求时，当地卫生健康行政部门或传染病疫情防控指挥机构作为主要负责部门，会对物资需求进行评估，确认需跨区域调配物资的种类、数量等关键信息。

第二，申请提交。需求省以正式文件形式向有物资储备且可能提供支援的省份发出申请，文件须详细阐述疫情现状、物资缺口、需求紧急程度及预计使用计划等内容。《传染病防治法》第69条第1款规定，发生重大传染病疫情时，根据传染病疫情防控的需要，国务院及其有关部门有权在全国或者跨省级行政区域范围内，县级以上地方人民政府及其有关部门有权在本行政区域内，紧急调集人员或者调用储备物资，临时征用房屋、交通工具以及相关设施、设备、场地和其他物资，要求有关单位和个人提供技术支持。在实际操作中，这意味着需求省的县级以上政府通过正式流程向其他省份请求物资支援，为后续的跨区域调配提供依据。

第三，审批主体审核。接到申请的省份，由省级政府或其指定的物资储备管理部门进行审核。以《湖北省省级应急抢险救灾物资储备管理暂行办法》为例，省级应急管理部门需对储备物资的调用进行审批决策。在传染病物资支援审批中，相关部门会依据本省物资储备现状、后续传染病疫情防控需求、申请省疫情严重程度及与申请省的协作关系等多方面因素综合考量。

第四，审批决策。若审批通过，审批主体下达同意支援的指令，并明确支援物资的种类、数量、调运时间、运输方式及接收单位等关键细节；若未通过，需向申请省说明原因。

第五，物资调运与跟踪。物资调出省的物资储备管理部门组织物资出库和运输，协调运输单位确保物资安全、及时送达。同时，建立跟踪机制，及时掌握物资运输状态，并与需求省保持沟通。例如，某省在救灾物资调运时，调运仓库要迅速按照调运通知要求，及时与使用单位联系沟通，确认具体送达地点，组织物资出库、运输工作，调运工作完成后要及时向相关部门反馈相关情况，在传染病物资跨区域支援调运中也应遵循类似流程。

在整个审批流程中，各环节紧密相连，确保省级物资储备跨区域支援能在传染病防控关键时期，高效、有序地进行，为疫情防控提供有力支持。不同省份会依据自身实际情况，在遵循国家相关法律基础上，制定具体的实施细则和操作流程。

2. 应急物资运输车辆的优先通行权如何保障？

根据《传染病防治法》第 73 条的规定，交通运输、邮政、快递经营单位应当优先运送参与传染病疫情防控的人员以及传染病疫情防控所需的药品、医疗器械和其他应急物资。县级以上人民政府有关部门应当做好组织协调工作。因此，传染病防控应急物资运输车辆的优先通行权，在传染病疫情期间对保障物资及时供应至关重要，可从以下多方面予以保障。

第一，通行证制度。多地实施应急物资运输车辆通行证制度，企业申报、部门审核后发放通行证，凭证车辆在全省高速公路收费站出口和国省干线公路省界入口可优先通行。例如，向运送应急物资的车辆、承运单位或驾驶人发放通行证，随车携带，即可享受优先便捷通行权。这一举措能精准识别应急运输车辆，确保其在运输途中不受阻碍。

第二，绿色通道政策。传染病疫情期间各地收费公路经营单位开通应急物资和人员运输"绿色通道"，对持有统一式样车辆通行证、承担运输任务及空载返程的车辆，一律免收通行费，且保障其"不停车、不检查、不收费、优先便利通行"。这将极大提高应急物资运输效率，减少车辆在收费站点的停留时间。

第三，部门协调联动。公安交管部门与交通运输部门密切协作。公安部交通管理局要求各地公安交管部门加强与交通运输部门配合，遇应急运输车辆交通拥堵时，加强指挥疏导，优先保障通行；事故故障时，快速出警处理，必要时应协助转运。交通运输部也要求省级交通运输主管部门，对执行紧急任务的运力给予优先保障、优先通行。多部门协同合作，为应急物资运输车辆营造良好通行环境。

第四，路线规划与信息沟通。省级交通运输主管部门接到应急运输指令后，科学安排运输路线，加强统筹指挥调度和动态监控。同时，各地交通运输主管部门须严格实施应急物资运输公开电话值班值守制度，保持电话 24 小时畅通，建立与收费站点、执法队伍的便捷沟通机制，及时解决应急运输车辆通行问题。如出现运输阻碍，能够迅速协调，保障车辆按规划路线顺利通行。

3. 临时征用民用房屋、设施或交通工具的是否应当给予补偿？

临时征用民用房屋、设施或交通工具等应当依法给予合理补偿。《中华人民共和国突发事件应对法》第 12 条规定，县级以上人民政府及其部门为应对突发事件的紧急需要，可以征用单位和个人的设备、设施、场地、交通工具等财产。被征用的财产在使用完毕或者突发事件应急处置工作结束后，应当及时返还。财产被征用或者征用后毁损、灭失的，应当给予公平、合理的补偿。《传染病防治法》第 69 条第 2 款规定，紧急调集人员的，应当按照规定给予合理报酬。临时征用房屋、交通工具以及相关设施、设备、场地和其他物资，要求有关单位和个人提供技术支持的，应当依法给予公平、合理的补偿；能返还的，应当及时返还。

第三节 医疗资源统筹与人才队伍建设

一、医疗资源应急调度

1. 医疗资源的应急调度有何法律依据？

根据《传染病防治法》第 89 条第 1 款、第 3 款的规定，国家建立健全公共卫生应急物资保障体系，提高传染病疫情防控应急物资保障水平，县级以上人民政府发展改革部门统筹防控应急物资保障工作。国务院工业和信息化部门会同国务院有关部门，根据传染病预防、控制和公共卫生应急准备的需要，加强医药实物储备、产能储备、技术储备，指导地方开展医药储备工作，完善储备调整、调用和轮换机制。因此，县级以上人民政府在应急状态下有权对医疗资源进行合理调度。

2. 医疗机构停诊非急诊科室的法律依据是什么？

在传染病暴发、流行期间，医疗机构需按照卫生行政部门的要求，承担传染病医疗救治任务，传染病专科医院或部分综合医院可能需要停诊非急诊科室，以增强传染病集中救治力量及控制疫情发展。

《传染病防治法》第 77 条规定，医疗机构应当按照国务院卫生健康主管部门的规定设置发热门诊，加强发热门诊标准化建设，优化服务流程，提高服务能力。因此，在传染病暴发、流行时，各级政府及有关部门会采取相应措施来控制传染病疫情。医疗机构需按照政府卫生行政部门的要求，承担医疗救治任务，这为医院在疫情期间调整科室诊疗安排提供了基本依据。《中华人民共和国突发事件应对法》中指出，县级以上人民政府及其部门为应对突发事件，有权在本行政区域内紧急调集人员或者调用储备物资，临时征用房屋、交通工具以及相关设施、设备[①]。在传

---

① 《中华人民共和国突发事件应对法》第 67 条规定，发布一级、二级警报，宣布进入预警期后，县级以上地方人民政府除采取本法第 66 条规定的措施外，还应当针对即将发生的突发事件的特点和可能造成的危害，采取下列一项或者多项措施：(1) 责令应急救援队伍、负有特定职责的人员进入待命状态，并动员后备人员做好参加应急救援和处置工作的准备；(2) 调集应急救援所需物资、设备、工具，准备应急设施和应急避难、封闭隔离、紧急医疗救治等场所，并确保其处于良好状态、随时可以投入正常使用；(3) 加强对重点单位、重要部位和重要基础设施的安全保卫，维护社会治安秩序；(4) 采取必要措施，确保交通、通信、供水、排水、供电、供气、供热、医疗卫生、广播电视、气象等公共设施的安全和正常运行；(5) 及时向社会发布有关采取特定措施避免或者减轻危害的建议、劝告；(6) 转移、疏散或者撤离易受突发事件危害的人员并予以妥善安置，转移重要财产；(7) 关闭或者限制使用易受突发事件危害的场所，控制或者限制容易导致危害扩大的公共场所的活动；(8) 法律、法规、规章规定的其他必要的防范性、保护性措施。

染病疫情这一突发事件下，医院作为医疗卫生机构，可根据政府部门的要求，对非急诊科室进行停诊等应急处置。《突发公共卫生事件应急条例》中也明确了突发事件应急处理指挥部有权紧急调集人员、储备的物资、交通工具以及相关设施、设备[①]。医院在面临传染病疫情导致的突发公共卫生事件时，需听从应急处理指挥部的指挥，停诊非急诊科室以集中资源应对疫情。

3. 医疗机构停诊非急诊科室的程序通常是什么？

第一，评估传染病疫情形势。医院根据所在地区的疫情严重程度、本院的医疗资源状况以及疫情防控的实际需要，对是否停诊非急诊科室进行评估。第二，内部决策。医院领导班子或传染病疫情防控领导小组召开会议，讨论并决定停诊非急诊科室的具体方案，包括哪些科室停诊、停诊时间等。第三，上报审批。将停诊方案上报至上级卫生健康行政部门，获得批准后实施。第四，通知患者。通过多种方式，如医院官网、微信公众号、短信、电话等，通知已预约的患者暂缓就医，并做好解释工作。第五，信息公示。在医院门诊大厅、住院部等显著位置张贴停诊通知，告知前来就医的患者相关信息。

4. 医护人员跨机构执业应遵循什么规定？

在传染病防控期间，医师跨机构执业分为一般情形和特殊情

[①] 《突发公共卫生事件应急条例》第33条规定，根据突发事件应急处理的需要，突发事件应急处理指挥部有权紧急调集人员、储备的物资、交通工具以及相关设施、设备；必要时，对人员进行疏散或者隔离，并可以依法对传染病疫区实行封锁。

第六章 保障措施

形,都有相应的国家级法律或政策依据。

依据《医师执业注册管理办法》第 17 条第 1 款的规定,医师跨执业地点增加执业机构,应当向批准该机构执业的卫生计生行政部门申请增加注册。在同一执业地点多个机构执业的医师,应当确定一个机构作为其主要执业机构,并向批准该机构执业的卫生计生行政部门申请注册;对于拟执业的其他机构,应当向批准该机构执业的卫生计生行政部门分别申请备案,注明所在执业机构的名称。这意味着在非紧急的传染病防控常态化阶段,若医师要跨机构执业,需按规定完成注册和备案流程,以确保执业行为合法合规,保障医疗质量与安全。

根据《中华人民共和国医师法》第 32 条规定,遇有自然灾害、事故灾难、公共卫生事件和社会安全事件等严重威胁人民生命健康的突发事件时,县级以上人民政府卫生健康主管部门根据需要组织医师参与卫生应急处置和医疗救治,医师应当服从调遣。在传染病防控形势严峻,如疫情大规模暴发,某地区医疗资源严重短缺时,县级以上政府卫生部门有权调遣其他地区或机构的医师前往支援,此时医师跨机构执业无须额外办理复杂的注册变更等手续,以快速响应传染病疫情防控需求,投入医疗救治工作。

此外,《关于印发推进和规范医师多点执业的若干意见的通知》指出,医师在参加城乡医院对口支援、支援基层,或在签订医疗机构帮扶或托管协议、建立医疗集团或医疗联合体的医疗机构间多点执业时,无须办理多点执业相关手续。在传染病防控期间,若涉及此类医联体协作抗疫,或城乡对口支援抗疫工作,医师跨机构执业同样遵循此政策,减少烦琐程序,提高抗疫协同效

— 185 —

率。这些法律及政策依据，从不同角度规范了传染病防控期间医师跨机构执业行为，既保障了正常医疗秩序下的执业规范，又能在紧急传染病疫情防控时灵活调配医疗人力资源，并为传染病防控工作提供有力支持。

二、人才储备及队伍建设

1. 国家如何加强传染病防治人才队伍建设？

《传染病防治法》第86条规定，国家加强传染病防治人才队伍建设，推动传染病防治相关学科建设。开设医学专业的院校应当加强预防医学教育和科学研究，对在校医学专业学生以及其他与传染病防治相关的人员进行预防医学教育和培训，为传染病防治工作提供专业技术支持。疾病预防控制机构、医疗机构等应当定期对其工作人员进行传染病防治知识、技能的培训。国家通过多种方式加强传染病防治人才队伍建设。第一，加强专业人才培养。构建支撑传染病公共卫生事件的人才培养体系和卫生课程体系，如将预防医学科业纳入住院医师规范化培训专业目录，鼓励临床医学专业本科毕业生参加住院医师规范化培训，探索复合型公共卫生医师培训模式[①]。《国务院办公厅关于深化医教协同进一步推进医学教育改革与发展的意见》提出，要建立健全适应行业特点的医学人才培养制度，完善医学人才使用激励机制，为建设

---

① 《对十三届全国人大三次会议第9835号建议的答复》，载中华人民共和国卫生健康委员会网站，http://www.nhc.gov.cn/wjw/jiany/202102/d8f3eeeb56d240478d76b520b349afbb.shtml，2025年6月13日访问。

健康中国提供坚实的人才保障。第二，提供经费保障。增加财政投入支持力度，确保有足够资金用于传染病防治人才的培养、培训及相关科研工作。第三，完善薪酬制度。建立符合医疗行业特点的薪酬制度，推动公立医院薪酬制度改革，保障医务人员合理薪酬待遇，调动其积极性。第四，加强学科平台与科研能力建设。根据《公共卫生防控救治能力建设方案》等文件要求，提升传染病防控科研能力，建设高级别生物安全实验室体系，加强传染病医院基础设施建设，为传染病防治人才营造良好的科研与工作环境，吸引和留住人才。

2. 传染病专科医院如何提升人才队伍传染病救治能力？

作为传染病防治的核心力量，传染病专科医院可凭借专业优势，构建全方位知识提升体系。根据《传染病防治法》第85条第1款的规定，应加强传染病专科医院传染病监测、检验检测、诊断和救治、科学研究等能力和水平。因此，传染病专科医院需定期开展系统培训，加强学术交流，邀请国内外顶尖传染病学专家，围绕新发传染病的病原体变异、治疗新方案、多学科联合诊疗等前沿内容进行授课，提升医务人员对复杂传染病的认知。定期组织内部病例研讨会，针对院内收治的疑难重症传染病病例，从诊断难点、治疗方案调整到预后管理，进行深入剖析和经验总结。利用院内先进设施，开展高仿真模拟演练，如模拟埃博拉病毒感染患者的接诊、转运与救治全过程，强化医务人员在高风险场景下的应急处置能力。此外，专科医院还可与国际知名传染病研究机构合作，选派医务人员参与国际学术交流与培训项目，以及引入国际先进的传染病防治理念和技术；建立内部学术期刊和数据库，及时汇总和分享院内最新研究成果与临床经验，为医务人员搭建知识共享平台，推动传染病防治知识不断更新与深化。

3. 综合医院如何提升传染病人才队伍素质？

综合医院科室设置齐全、患者流量大，在提升医务人员传染病防治知识时，需注重多学科协同与全面覆盖。应定期组织全院性传染病防治培训，内容涵盖传染病的早期识别、预检分诊流程、院感防控要点等基础知识，以确保各科室医务人员都具备基础防控能力。针对发热门诊、急诊科、呼吸科等重点科室，开展专项培训，邀请传染病专家和院内感染控制专家，结合实际案例，讲解传染病的鉴别诊断、危重症患者的抢救流程以及职业暴露后的应急处理措施。建立多学科协作机制，组织感染科、检验科、影像科等科室开展联合病例讨论，通过跨学科交流，提高对复杂传染病的综合诊断和治疗水平。同时，利用院内信息化平台，推送传染病防治知识的学习资料，鼓励医务人员自主学习；定期开展应急演练，模拟传染病在院内的暴发场景，检验和提升各科室之间的协作能力和应急反应速度，强化全院医务人员的传染病防治意识和技能。

4. 基层医疗卫生机构如何加强传染病监测、识别及处置能力？

基层医院作为传染病防控的"前哨站"，提升医务人员传染病防治知识的重点在于夯实基础、强化实用技能。根据《传染病防治法》第26条第2款的规定，基层医疗卫生机构应当有专门的科室或者指定人员负责传染病预防、控制管理工作,在疾病预防控制机构指导下,承担本机构的传染病预防、控制和责任区域内的传染病防治健康教育、预防接种、传染病疫情报告、传染病患者健康监测以及城乡社区传染病疫情防控指导等工作。基层医院应定期组织医务人员参加县级及以上卫生健康部门举办的传染病防治培训班,学习传染病的基础知识、常见症状、报告流程等内容。邀请上级医院的专家到基层开展讲座和现场指导,结合基层实际工作,传授发热患者的初步筛查、常见传染病的早期干预等实用技能。建立与上级医院的远程会诊和转诊机制,遇到疑难传染病病例时,及时向上级医院请教,并在专家指导下参与病例的诊断和治疗过程,积累临床经验。此外,基层医院还可组织医务人员深入社区开展传染病防治知识宣传活动,在实践中加深对传染病防控的理解和认识;定期开展内部知识竞赛和技能比武,激发医务人员学习的积极性,提升传染病防治知识水平和应急处置能力,确保在基层筑牢传染病防控的第一道防线。

第四节 人员权益保障

一、传染病防治人员津贴待遇

1. 传染病防治人员获得津贴的法律依据有哪些?

《传染病防治法》第91条规定,对从事传染病预防、医疗、科研、教学和现场处理疫情的人员,以及在生产、工作中接触传染病病原体的其他人员,按照国家规定采取有效的卫生防护措施和医疗保健措施,并给予适当的津贴。同时,《中华人民共和国医师法》第44条规定,国家建立健全体现医师职业特点和技术劳动价值的人事、薪酬、职称、奖励制度。对从事传染病防治、放射医学和精神卫生工作以及其他特殊岗位工作的医师,应当按照国家有关规定给予适当的津贴。津贴标准应当定期调整。在基层和艰苦边远地区工作的医师,按照国家有关规定享受津贴、补贴政策,并在职称评定、职业发展、教育培训和表彰奖励等方面享受优惠待遇。

2. 哪些传染病防治人员可获得临时性工作补助?

根据《国务院办公厅关于加强传染病防治人员安全防护的意见》,直接参与国内传染病类突发公共卫生事件现场调查处置、患者救治、口岸检疫、动物防疫等各类一线工作的人员,以及政府选派直接参与国外重大传染病疫情防治工作的医疗和公共卫生等防控人员,可获得临时性工作补助。例如,在传染病疫情期间,那些奋战在定点医院隔离病房,直接对确诊患者进行诊断、治疗、护理的医务人员;在疫情防控一线进行流行病学调查,追踪传染源、排查密切接触者的疾控人员,都属于可获补助的范畴。

3. 临时性工作补助的发放时限如何界定?

发放时限界定为各级突发公共卫生事件应急响应开始至响应终止之间的响应期内。以某地发生流感大规模暴发为例,自当地政府启动突发公共卫生事件应急响应的当日起,参与传染病防治一线工作的人员开始计算临时性工作补助,直至传染病疫情得到有效控制，应急响应终止，这段时间内的工作天数将作为补助计算依据。县级或县级以上卫生计生行政部门会同其他派出处置传染病类突发公共卫生事件人员的部门统计人员工作情况，以确定每位传染病防治人员应得的补助金额。

4. 传染病防治人员津贴的执行范围包括哪些人员？

疾病预防控制事业单位中接触有毒、有害物质，有传染危险和长年外勤的现场卫生工作编制内人员，在麻风病院及专职从事传染病、结核病、血吸虫等寄生虫病防治的卫生工作编制内人员，可享受津贴。例如，在传染病专科医院中，专门负责处理传染病患者医疗废物的工作人员，因长期接触可能携带病原体的废物，存在传染风险，符合津贴的发放范围；还有常年在野外进行蚊虫、鼠类等病媒生物监测的疾控工作人员，由于工作环境复杂，接触传染源几率较大，因此也在执行范围内。

5. 传染病防治人员的临时性工作补助和津贴会叠加发放吗？

如果传染病防治人员同时符合临时性工作补助和津贴的发放条件，两项津贴通常可以叠加发放。

6. 享受津贴的传染病防治人员工作变动后，津贴会有什么变化？

享受津贴的人员工作变动后，津贴标准应及时调整或取消。若传染病防治人员调离原本享受津贴的岗位，到一个不存在传染危险、无须接触有毒有害物质的新岗位工作,其津贴将取消;若岗位发生变化,工作风险程度、工作量等有所改变,津贴类别和标准也会相应调整。例如,原本在一线从事传染病患者救治工作、享受一类津贴的医生,因工作调动到医院行政部门,不再直接参与救治工作,其津贴就应停止发放。

二、传染病防治人员职业风险及特殊情况保障

1. 传染病防治人员在工作中感染传染病,是否算工伤?

传染病防治人员在工作中感染传染病是否算工伤,需依据具体法规及实际工作场景判定。根据《工伤保险条例》第15条第2项的规定,在抢险救灾等维护国家利益、公共利益活动中受到伤害的,视同工伤。实践中,在鼠疫、霍乱等甲类传染病,或传染性非典型肺炎、人感染高致病性禽流感等按照甲类管理的乙类传染病等重大传染病疫情中,传染病防治人员因履行传染病防治工作职责而感染传染病,可视同工伤。例如,在鼠疫防控中,疾控人员深入传染病疫区开展流行病学调查,追踪传染源、排查密切接触者,期间不幸感染鼠疫杆菌致病;医护人员在隔离病房内对霍乱患者进行救治护理,因接触患者排泄物等感染霍乱弧菌,这些情形下,只要能证明感染与工作存在直接关联,依据相关规定,均可由用人单位在规定时间内向统筹地区社会保险行政部门提出工伤认定申请,经审核确认后,将依法享受工伤保险待遇,包括医疗费用报销、停工留薪期待遇、伤残津贴(若致残)等。此外,对于在炭疽、人感染H7N9禽流感等乙类传染病防控工作

中，因职业暴露导致感染的传染病防治人员，同样适用上述政策依据，也可通过法定程序申请工伤认定，维护自身合法权益。

2. 传染病防治人员因工伤残，如何进行评定和补偿？

传染病防治人员因工伤残后，需由劳动能力鉴定委员会依据国家制定的工伤与职业病致残程度鉴定标准，对其伤残等级进行评定。评定完成后，可根据伤残等级，按照《工伤保险条例》第36条的规定，由工伤保险基金和用人单位支付相应的补偿。补偿项目包括一次性伤残补助金、伤残津贴、生活护理费等。例如，某防疫人员在执行任务时不幸受伤，导致肢体残疾，经劳动能力鉴定委员会评定为六级伤残，那么他将从工伤保险基金处获得一次性伤残补助金，标准为16个月的本人工资，同时，若他与用人单位保留劳动关系，用人单位还需按月发放伤残津贴，标准为本人工资的60%。

3. 传染病防治人员因公殉职，家属可获得哪些抚恤？

传染病防治人员因公殉职，家属可获得多项抚恤。首先，符合烈士评定（批准）条件的，应评定（批准）为烈士[①]，其遗属

[①] 《烈士褒扬条例》第8条第1款规定，公民牺牲符合下列情形之一的，评定为烈士：（1）在依法查处违法犯罪行为、执行国家安全工作任务、执行反恐怖任务、执行特勤警卫任务、执行突发事件应急处置与救援任务中牺牲的；（2）抢险救灾或者其他为了抢救、保护国家财产、集体财产、公民生命财产牺牲的；（3）在执行外交任务或者国家派遣的对外援助、维持国际和平、执法合作任务中牺牲的；（4）在执行武器装备科研试验任务中牺牲的；（5）其他牺牲情节特别突出，堪为楷模的。

可以领取烈士褒扬金、因公殉职一次性抚恤金，符合条件的还可享受一次性工亡补助金及烈士遗属特别补助金。此外，烈士遗属在医疗、征兵、教育、就业、住房等方面均享有优待[①]。如在一些地区，烈士子女在入学时可享受优先录取政策，在报考当地学校时还可能获得一定的加分；烈士遗属在就医时，可享受优先挂号、优先就诊等服务。

4. 传染病防治人员工伤认定的流程是怎样的？

实践中，用人单位应在传染病防治人员事故伤害发生之日或者被诊断、鉴定为职业病之日起30日内，向统筹地区社会保险行政部门提出工伤认定申请。若用人单位未按规定提出申请，工伤职工或其近亲属、工会组织在事故伤害发生之日或者被诊断、鉴定为职业病之日起1年内，可以直接向用人单位所在地统筹地区社会保险行政部门提出工伤认定申请。申请时需提交工伤认定申请表、与用人单位存在劳动关系（包括事实劳动关系）的证明材料、医疗诊断证明或者职业病诊断证明书（或者职业病诊断鉴定书）等材料。社会保险行政部门在受理工伤认定申请后，应根据审核需要对事故伤害进行调查核实，在规定时间内作出工伤认定的决定，并书面通知申请工伤认定的职工或者其近亲属和该职工所在单位。

5. 传染病防治人员工伤期间的医疗费用如何报销？

已参加工伤保险的传染病防治人员，工伤期间符合工伤保险

---

① 参见《烈士褒扬条例》第24条至第31条。

诊疗项目目录、工伤保险药品目录、工伤保险住院服务标准的医疗费用，从工伤保险基金支付①。对于不符合上述目录和标准的医疗费用，则由用人单位与工伤职工协商解决。若传染病防治人员未参加工伤保险，由用人单位按照工伤保险待遇项目和标准支付费用。例如，某传染病防治人员在工伤治疗期间，使用了符合工伤保险药品目录中的药物进行治疗，其费用将由工伤保险基金直接支付给医院；若因病情需要，使用了部分不在目录内的特殊药物，经用人单位同意后，可由用人单位承担部分费用。

6. 对于因传染病防治工作导致精神创伤的人员，有什么保障措施？

对于因传染病防治工作目睹大量患者痛苦、面临高感染风险等，从而产生精神创伤的传染病防治人员，各地卫生健康部门及

---

① 《工伤保险条例》第30条规定，职工因工作遭受事故伤害或者患职业病进行治疗，享受工伤医疗待遇。职工治疗工伤应当在签订服务协议的医疗机构就医，情况紧急时可以先到就近的医疗机构急救。治疗工伤所需费用符合工伤保险诊疗项目目录、工伤保险药品目录、工伤保险住院服务标准的，从工伤保险基金支付。工伤保险诊疗项目目录、工伤保险药品目录、工伤保险住院服务标准，由国务院社会保险行政部门会同国务院卫生行政部门、食品药品监督管理部门等部门规定。职工住院治疗工伤的伙食补助费，以及经医疗机构出具证明，报经办机构同意，工伤职工到统筹地区以外就医所需的交通、食宿费用从工伤保险基金支付，基金支付的具体标准由统筹地区人民政府规定。工伤职工治疗非工伤引发的疾病，不享受工伤医疗待遇，按照基本医疗保险办法处理。工伤职工到签订服务协议的医疗机构进行工伤康复的费用，符合规定的，从工伤保险基金支付。

用人单位会组织专业的心理干预和治疗。如安排专业心理咨询师为他们提供一对一的心理疏导服务，定期开展心理健康讲座和团体辅导活动，帮助他们缓解心理压力、克服精神创伤。同时，在工作安排上，也会适当调整，给予他们一定的休息时间和心理恢复空间，以便确保他们的身心健康得到有效保障。

第七章

监督管理

在传染病疫情防控工作中，应落实防控制度、措施，各级人民政府及所属部门、卫生健康部门、疾病预防控制部门、疾病预防控制机构、医疗机构以及各单位应积极行动，各司其职。但是相关制度和措施是否能够得以落实，是否有死角，是否有薄弱环节，是否有不履职的情况，需要加强监督管理，促进传染病防控制度和措施的落实，保证传染病防控的执行力。

第一节 政府监督管理

一、政府承担监督管理主导责任

1. 政府在传染病防治监督管理中扮演何种角色？

政府在传染病防治监督管理中占据主导地位，肩负着全方位领导与统筹协调的关键职责。依据《传染病防治法》的规定，各级人民政府承担着领导传染病防治工作的重任，不仅要制订传染病防治计划并组织实施，还需建立健全涵盖疾病防控、医疗救治和监督管理的完善体系。政府需牵头组织多部门协同合作，卫生健康部门负责具体业务指导与监督，财政部门保障经费投入，工信、商务等部门确保物资供应等。在传染病预防阶段，政府通过开展广泛的健康教育活动，提高公众对传染病预防和控制的认识和意识，及时向公众发布准确、科学的传染病信息和防控指南，指导公众正确应对传染病疫情。在传染病疫情发生时，政府需迅速组织力量，调配资源，采取一系列防控措施，如隔离患者、追踪密切接触者、开展大规模核酸检测等，以遏制传染病疫情扩散，保障公众健康与社会稳定。

2. 政府如何监督传染病防治相关计划的制订与实施？

政府在传染病防治工作中，对相关计划的制订与实施进行有效监督是确保防控工作科学有序开展的关键。依据《传染病防治法》的规定，县级以上人民政府领导传染病防治工作，需对传染病防治计划的全流程进行严格把控。在计划制订环节，政府建立严格的审核监督机制。成立由卫生健康、财政、审计等多部门组成的专业审核小组，并对计划的制订过程进行全程监督。要求计划制订需紧密结合传染病流行趋势分析报告、本地人口结构、医疗卫生资源分布等实际情况，杜绝脱离实际的"纸上谈兵"。同时，监督计划制订是否严格遵循相关法律法规，确保计划内容符合《突发公共卫生事件应急条例》等规范要求。在计划实施阶段，政府通过定期检查、专项督查和动态评估等方式进行监督。定期检查，建立检查制度，对防控物资储备情况、医疗救治力量调配进度、重点场所防控措施落实情况等进行实地核查。专项督查则针对计划中的关键任务，如公众宣传教育计划的执行，督查是否按计划开展了足够场次的健康讲座、发放宣传资料数量是否达标等。此外，利用大数据、信息化手段对计划实施效果进行动态评估，若发现某区域传染病发病率未达预期控制目标，将立即启动问责程序，要求责任部门说明情况并限期整改。通过全方位、多维度的监督，保障传染病防治计划有效落实，切实维护公众健康安全。

3. 政府如何落实传染病防治监督报告与接受监督责任？

在传染病防治工作中，政府严格遵循法律规定履行报告义务并主动接受监督，这是保障公众健康、确保防治工作科学有效开展的重要举措。根据《传染病防治法》第 92 条第 1 款的规定，县级以上人民政府应当定期研究部署重大传染病疫情防控等疾病预防控制工作，定期向社会发布传染病防治工作报告，向本级人民代表大会常务委员会报告传染病防治工作，依法接受监督。定期研究部署工作是政府履行职责的基础。县级以上人民政府需根据传染病流行趋势和防控需求，定期组织卫生健康、财政、交通等多部门，对重大传染病疫情防控工作进行研究部署，制定防控策略，调配资源，确保防治工作有序推进。向社会发布传染病防治工作报告，是保障公众知情权的关键。通过政府官方网站、新闻发布会等渠道，定期公布传染病疫情态势、防控措施进展、物资储备使用等情况，让公众及时了解传染病疫情动态，从而增强公众防控信心，同时也便于公众对政府工作进行监督。向本级人民代表大会常务委员会报告工作，则是接受权力机关监督的重要途径。政府需全面、详细地汇报传染病防治工作开展情况，包括取得的成效、存在的问题、下一步工作计划等，人大常委会通过听取报告、提出质询、开展专项调研等方式，对政府工作进行监督，促使政府不断改进工作，提升传染病防治能力。通过这一系列机制，政府将自身工作置于社会公众和权力机关的监督之下，推动传染病防治工作更加透明、高效、科学，切实保障人民群众的生命健康安全。

4. 个人能否向政府举报违规事项？

个人不仅有权向政府举报传染病防治领域的违规事项，而且这种举报行为将会受到法律的明确保障与鼓励。根据《传染病防治法》第 98 条的规定，县级以上人民政府卫生健康主管部门、疾病预防控制部门和其他有关部门应当依法履行职责，自觉接受社会监督。任何单位和个人对违反本法规定的行为，有权向县级以上人民政府及其卫生健康主管部门、疾病预防控制部门和有关机关举报。接到举报的机关应当及时调查、处理。对查证属实的举报，按照规定给予举报人奖励。县级以上人民政府及其卫生健康主管部门、疾病预防控制部门和有关机关应当对举报人的信息予以保密，保护举报人的合法权益。

任何单位和个人，一旦发现医疗机构未按规定进行传染病疫情报告、公共场所不落实消毒隔离措施、单位违规处置医疗废物等违反本法规定的行为，均有权向县级以上人民政府及其卫生健康主管部门、疾病预防控制部门和有关机关进行举报。这一规定不但赋予了公众参与传染病防治监督的重要权利，还构建起了广泛的社会监督网络，让违规行为无处遁形。接到举报的机关负有及时调查、处理的法定职责。受理举报后，相关部门需迅速启动调查程序，并通过现场检查、询问当事人、调取证据等方式，对举报内容进行核实。对于查证属实的举报，按照规定给予举报人奖励，奖励形式包括物质奖励与精神表彰，以此激励更多公众积极参与监督。

5. 举报人能否要求保密个人信息？

举报人不仅有权要求保密个人信息，且其保密诉求受到《传染病防治法》的严格保护。根据《传染病防治法》第 98 条的规定，县级以上人民政府卫生健康主管部门、疾病预防控制部门和其他有关部门应当依法履行职责，自觉接受社会监督。任何单位和个人对违反本法规定的行为,有权向县级以上人民政府及其卫生健康主管部门、疾病预防控制部门和有关机关举报。接到举报的机关应当及时调查、处理。对查证属实的举报,按照规定给予举报人奖励。县级以上人民政府及其卫生健康主管部门、疾病预防控制部门和有关机关应当对举报人的信息予以保密,保护举报人的合法权益。在此法律框架下,保护举报人信息安全是相关部门的法定义务,这一规定旨在消除举报人顾虑,鼓励公众积极参与传染病防治监督工作。因此,县级以上人民政府及其相关部门必须对举报人的信息予以严格保密,采取技术加密、专人管理等措施,防止举报人信息泄露。若因信息泄露致使举报人遭受威胁、报复等情况,将依法追究相关人员责任,切实保护举报人的合法权益。这一系列规定,从权利赋予、处理流程到权益保障,形成了完整的体系,充分保障个人举报违规事项的合法性、有效性与安全性,从而形成有效的社会监督合力,推动传染病防治工作依法依规开展。

6. 政府如何监督下级部门履行传染病防治职责?

政府通过构建多维度、立体化的监督体系,严格督促下级部门履行传染病防治职责,以确保传染病防治工作落到实处。根据《传染病防治法》第92条第2款的规定,县级以上人民政府对下级人民政府履行传染病防治职责进行监督。地方人民政府未履行传染病防治职责的,上级人民政府可以对其主要负责人进行约谈。被约谈的地方人民政府应当立即采取措施进行整改,约谈和整改情况应当纳入地方人民政府工作评议、考核记录。履行传染病防治职责不力、失职失责，造成严重后果或者恶劣影响的，依法进行问责。

首先，日常监督检查是基础手段。上级政府会定期或不定期组织专业人员，对下级部门传染病防治工作进行全面检查，涵盖疫情监测报告、防控措施落实、医疗资源调配、物资储备管理等各个环节。例如，检查医疗机构是否严格执行预检分诊制度，疾病预防控制机构的流调溯源工作是否及时高效等。对于检查中发现的问题，当场指出并要求限期整改，形成详细的检查记录，以便后续复查。

其次，约谈机制是重要的督促方式。当地方人民政府未履行传染病防治职责时，上级人民政府有权对其主要负责人进行约谈。约谈过程中，明确指出存在的问题，提出具体整改要求和时限。被约谈的地方人民政府需迅速制订整改方案，立即采取措施进行整改，如加强人员培训、完善工作流程、加大资金投入等。约谈和整改情况将被纳入地方人民政府工作评议、考核记录，直接影响下级部门及其负责人的绩效考核与评优晋升，以此强化责任意识。

最后，对于履行传染病防治职责不力、失职失责，造成严重后果或者恶劣影响的，将依法进行严肃问责。问责对象不仅包括直接责任人，也涉及负有领导责任的相关人员。依据情节轻重，给予相应的党纪政务处分，若构成犯罪，还将依法追究刑事责任。通过严格的问责机制，形成强有力的震慑，倒逼下级部门主动作为，切实履行传染病防治职责，全力保障人民群众的生命健康安全。

第七章 监督管理

【典型案例 7-01】河池市疟疾防治案例[①]

河池市分阶段推进疟疾防治工作。通过建立健全基层三级疟疾管理与监测体系，开展区域联防联控，加强专业技术人员培训和乡（镇）镜检站建设等措施，河池市疟疾防治工作取得显著成效。上级政府通过建立管理与监测体系、组织区域联防联控、开展人员培训和基础设施建设等方式，监督和指导河池市各级政府落实疟疾防治工作。河池市不但成功控制了疟疾疫情，还保障了当地居民的身体健康和生命安全。

7. 政府如何协调各部门间的传染病防治监督工作？

政府协调各部门间的传染病防治监督工作时，会从多方面着手。首先，明确各部门在传染病防治监督中的职责分工，卫生行政部门主要负责医疗卫生机构、疾病预防控制机构的监督管理；市场监管部门负责监管市场上与传染病防治相关产品的质量与经营秩序；交通部门负责交通工具及交通枢纽的卫生监督等。建立跨部门协调机制，如定期召开联席会议，通报工作进展，研究解决工作中出现的问题。在传染病疫情暴发时，迅速组织多部门联合行动，如组织卫生、公安、交通等部门，在交通要道设立检查点，对过往人员进行体温检测等，防止传染病疫情扩散。加强信息共享，搭建统一的信息平台，各部门及时上传传染病防治相关信息，如卫生部门的疫情监测数据、市场监管部门的产品质量抽

[①] 《接力"战疟"送"瘟神"——河池市疾控中心防疟抗疟工作纪实》，载广西河池市人民政府网站，http://www.hechi.gov.cn/dtyw/bmdt_67736/t11929672.shtml，2025 年 5 月 5 日访问。

检信息等，实现信息互通，提升监督效率与协同性。制订联合执法工作方案，针对重点领域、关键环节开展联合执法行动，形成监督合力，严厉打击违法犯罪行为。

8. 政府如何确保传染病防治措施的有效监督？

政府为确保传染病防治措施的有效实施，采取多种手段。监督检查方面，政府相关部门定期对医疗机构、公共场所、学校等重点场所开展传染病防治措施落实情况的检查，如查看医疗机构的消毒隔离制度执行、传染病疫情报告是否及时准确，检查公共场所的通风、清洁消毒等防控措施是否到位。对检查中发现的问题，责令相关单位限期整改，对拒不整改或整改不到位的依法依规进行处罚。开展宣传教育，通过电视、广播、网络、社区宣传等多种途径，广泛宣传传染病防治知识与措施，提高公众防控意识与自我保护能力，引导公众积极配合防控工作。组织应急演练，模拟传染病暴发场景，检验和提升各部门及相关单位应对传染病疫情的能力，发现问题及时完善应急预案与防控措施。建立考核问责机制，将传染病防治工作纳入相关部门和人员的绩效考核体系，对于工作不力导致疫情扩散等严重后果的，严肃追究相关责任，以此推动各部门积极履行职责，保障传染病防治措施切实有效地实施。

二、政府统筹规划传染病防治监督体系建设

1. 政府如何建立传染病防治监督体系？

政府主要依据《传染病防治法》等法律法规，从法规制度、

组织架构、监督执行等多方面建立传染病防治监督体系。《传染病防治法》第7条规定，各级人民政府加强对传染病防治工作的领导。县级以上人民政府建立健全传染病防治的疾病预防控制、医疗救治、应急处置、物资保障和监督管理体系，加强传染病防治能力建设。第一，在法规制度建设上，明确不同主体职责。例如，规定县级以上人民政府制订传染病防治规划并组织实施，建立健全疾病预防控制、医疗救治和监督管理体系；国务院卫生行政部门主管全国传染病防治及其监督管理工作，县级以上地方人民政府卫生行政部门负责本行政区域内相关工作。同时，针对传染病疫情报告、控制、医疗废物处置、实验室管理等各环节制定详细规范，医疗机构必须严格执行国务院卫生行政部门规定的管理制度、操作规范，防止医源性感染和医院感染。第二，从组织架构搭建来看，须构建多层次监督网络。县级以上人民政府卫生行政部门对下级政府卫生行政部门、疾病预防控制机构、医疗机构、采供血机构等履行传染病防治职责情况进行监督检查。第三，在监督执行层面，采取多种措施保障体系运转。定期开展专项检查与日常监督，采取分类监督综合评价方式，检查预检分诊、消毒隔离等内容。对发现的问题督促整改，对违法违规行为依法查处，加强宣传教育，提升公众和相关机构的防治意识，通过新闻媒体、学校教育等多渠道宣传传染病防治知识和法律法规。

2. 政府怎样推动跨区域传染病防治监督协作？

政府从建立协作机制、信息共享与联合行动等方面推动跨区域传染病防治监督协作。毗邻以及相关的地方人民政府卫生行政部门，应当及时互相通报本行政区域的传染病疫情以及监测、预警的相关信息。政府之间加强合作，建立常态化协作机制，明确协作目标、内容与职责分工，如某地区城市间建立区域卫生应急合作机制。构建信息共享平台，实时共享传染病疫情数据、监测信息、防控措施等，以实现信息互通。在联合行动上，开展联合演练，模拟传染病跨区域传播场景，提升协同应对能力；在传染病流行期间，联合开展交通枢纽卫生检疫、流动人员管控、疫情溯源调查等工作。组织跨区域业务交流与培训，提升各地监督人员专业水平，凝聚跨区域合力，共同防控传染病。

3. 政府如何引导社会力量参与传染病防治监督？

政府通过政策支持、搭建平台与宣传动员等引导社会力量参与传染病防治监督。《传染病防治法》鼓励单位和个人参与传染病防治工作。在政策上，出台奖励政策，对举报传染病防治违规行为且查证属实的个人给予物质和精神奖励。组织志愿者队伍，引导其参与社区传染病防控宣传、监督公共场所防控措施落实等工作。通过多种媒体渠道宣传传染病防治知识与监督重要性，提升公众参与意识，鼓励社会组织、企业参与物资捐赠、防控知识普及等工作，形成全社会共同参与传染病防治监督的良好氛围。

4. 政府在传染病防治监督的宣传教育方面有哪些举措？

政府主要通过多渠道传播、多样化内容与针对性教育等举措，开展传染病防治监督的宣传教育。根据《传染病防治法》第18条第1款的规定，国家开展传染病防治健康教育工作，加强传染病防治法治宣传，提高公众传染病防治健康素养和法治意识。利用电视、广播、报纸等传统媒体开设专题节目、发布科普文章，介绍传染病防治知识、监督要点与法律法规；借助新媒体平台，如官方微博、微信公众号等，及时推送权威信息，制作生动有趣的短视频、动画等，提高传播效果。宣传内容涵盖传染病的传播途径、预防方法、医疗机构和公共场所防控要求、公众监督举报途径等。针对不同群体开展针对性教育，对学校师生，通过举办健康讲座、开展主题班会等方式；对社区居民，组织社区宣传活动、发放宣传手册；对医疗机构从业人员，开展专业培训，全面提升社会各界对传染病防治监督的认知与参与度。

5. 政府如何根据传染病疫情变化调整传染病防治监督策略？

政府依据疫情监测数据、专家评估与防控需求等调整传染病防治监督策略。根据《传染病防治法》第3条的规定，国务院疾病预防控制部门根据传染病暴发、流行情况和危害程度，及时提出调整各类传染病目录的建议。通过疾病预防控制机构等收集传染病疫情监测数据，分析传染病发病趋势、传播范围、人群分布等。组织专家对疫情形势进行评估，如分析疫情是否有扩散风险、现有防控措施效果等。根据监测与评估结果，若某种传染病发病率上升明显，将会加强对相关区域、重点场所的监督检查频次与力度；若出现新的传染病，及时制订针对性监督方案，明确监督重点内容与方法。同时，及时调整防控措施要求，向社会公布并监督落实，动态优化传染病防治监督策略，有效应对传染病疫情变化。

第二节　部门监督管理

一、部门监督职能

1. 疾病预防控制部门主要履行哪些监督检查职责？

疾病预防控制部门在传染病防治监督检查方面肩负多项关键职责。依据《传染病防治法》第 93 条的规定，县级以上人民政府疾病预防控制部门对传染病防治工作履行下列监督检查职责：(1) 对下级人民政府疾病预防控制部门履行本法规定的职责进行监督检查；(2) 对疾病预防控制机构、医疗机构、采供血机构的传染病预防、控制工作进行监督检查；(3) 对用于传染病防治的消毒产品及其生产企业、饮用水供水单位以及涉及饮用水卫生安全的产品进行监督检查；(4) 对公共场所、学校、托育机构的卫生条件和传染病预防、控制措施进行监督检查。县级以上人民政府卫生健康、疾病预防控制等部门依据职责对病原微生物菌（毒）种和传染病检测样本的采集、保藏、提供、携带、运输、使用进行监督检查。

疾控部门有权对传染病疫情报告情况开展监督。要求医疗机构、采供血机构等责任报告单位，严格按照规定的内容、程序、方式和时限，准确且及时地上报传染病疫情。一旦发现存在瞒报、谎报、缓报或漏报的行为，疾控部门将依法依规严肃处理。

在传染病预防控制措施落实情况的监督上，疾控部门须对医疗机构的消毒隔离制度执行状况进行检查，查看病房、手术室等区域的消毒是否达标，隔离设施与措施是否符合规范要求，以此防止医源性感染与医院感染的发生；监督医疗机构是否依照传染病预防、控制预案，在传染病暴发、流行时，迅速采取诸如隔离病人、追踪密切接触者等有效控制措施。疾控部门还会对疫苗接种工作予以监督，涵盖对接种单位资质的审查，检查疫苗的接收、储存、运输和使用是否规范，监督接种人员的操作是否符合标准，以及对与预防接种相关的宣传、培训、技术指导等工作的开展情况进行检查，确保预防接种工作安全、有效地进行。

菌（毒）种管理也是监督重点。疾控部门监督相关单位对传染病菌种、毒种的采集、保藏、携带、运输和使用，是否严格遵循国家规定的条件和技术标准，是否具备完善的安全保管制度和应急处置预案，防止传染病病原体的实验室感染和扩散。另外，疾控部门还承担着对公众和重点场所进行传染病防治知识宣传教育与培训的监督职责，检查学校、托育机构、养老机构、车站等重点场所是否落实传染病预防、控制措施，是否在疾控机构指导下开展相关工作，以此提升全社会的传染病防控意识和能力，保障公众生命健康安全。

2. 卫生健康主管部门、疾病预防控制部门是否有权查阅或调阅患者的病历资料？

《传染病防治法》第 94 条规定，县级以上人民政府卫生健康主管部门、疾病预防控制部门在履行监督检查职责时，有权进入传染病疫情发生现场及相关单位，开展查阅或者复制有关资料、采集样本、制作现场笔录等调查取证工作。被检查单位应当予以配合，不得拒绝、阻挠。这一规定旨在确保相关部门能够全面、准确掌握传染病疫情信息，及时有效开展防控工作。在实际工作中，当传染病疫情发生或存在传播风险时，卫生健康主管部门和疾病预防控制部门为查明传染源、传播途径，评估传染病疫情扩散范围和风险，有权进入传染病疫情发生现场及医疗机构、疾控机构等相关单位，对患者病历资料进行查阅或复制。这些资料包含患者的基本信息、症状表现、诊断记录、治疗过程等，是开展流行病学调查、追踪密切接触者、制定防控策略的重要依据。被检查单位必须予以配合，不得以任何理由拒绝、阻挠，否则将承担相应的法律责任。同时，相关部门在查阅和使用患者病历资料时，也应严格遵守保密规定，保护患者的个人隐私和合法权益，确保权力的行使既符合传染病疫情防控需求，又合法合规。

3. 疾病预防控制部门在检查中发现被污染的饮用水源或食品时应如何处置？

疾控部门在监督检查中，发现被传染病病原体污染的饮用水源或食品，应当依法封闭或销毁。《传染病防治法》第 95 条规定，县级以上地方人民政府疾病预防控制部门在履行监督检查职责时，发现可能被传染病病原体污染的公共饮用水源、食品以及相关物品，如不及时采取控制措施可能导致传染病传播、暴发、流行的，应当采取封闭公共饮用水源、封存食品以及相关物品或者暂停销售的临时控制措施,并予以检验或者进行消毒处理。经检验,对被污染的食品,应当予以销毁;对未被污染的食品或者经消毒处理后可以使用的物品,应当及时解除控制措施。根据县级以上地方人民政府采取的传染病预防、控制措施,市场监督管理部门可以采取封存或者暂停销售可能导致传染病传播、暴发、流行的食品以及相关物品等措施。

经检验确认被污染的食品,疾控部门必须依法予以销毁,从源头消除传染病的传播隐患。这种销毁并非随意为之,而是严格遵循法定程序,确保处置过程规范、透明,避免二次污染。对于经检验未被污染的食品,或经消毒处理后符合安全标准可以继续使用的物品,疾病预防控制部门应及时解除控制措施,保障正常的生产生活秩序,避免过度管控造成不必要的损失。此外,市场监督管理部门可依据县级以上地方人民政府的传染病预防、控制措施,协同采取封存或暂停销售可能导致传染病传播的食品及相关物品等措施。多部门协调配合,形成严密的防控网络,既有效遏制传染病传播风险,又兼顾公共利益与社会稳定,充分体现了法律赋予疾控部门及相关部门在传染病防治中的重要职责与权力。

二、内部监督制度

1. 卫生健康主管部门、疾病预防控制部门为何要建立内部监督制度?

卫生健康主管部门、疾病预防控制部门建立内部监督制度,是保障依法行政、提升管理效能、维护公众健康权益的关键举措。从法律层面来看,《传染病防治法》等法律法规均明确要求行政部门依法履职[①],内部监督制度正是确保这些法律规定有效落实的重要保障。该制度能够规范卫生行政部门工作人员的执法行为,避免权力滥用,确保在传染病防治监督、医疗机构审批、医疗纠纷处理等工作中,严格按照法定程序和标准开展工作,防止出现违规审批、随意处罚等违法行政行为,维护法律的权威性与严肃性。在提升行政效能方面,内部监督制度通过定期检查、专项督查等方式,及时发现工作流程中的漏洞和不足,如信息传递不畅、职责划分模糊等问题,并督促整改,从而优化工作流程,提高行政效率。同时,内部监督制度有助于加强对权力运行的制约,防止利益输送、以权谋私等腐败现象的发生,增强部门公信力。对于公众而言,卫生行政部门的工作直接关系到人民群众的生命健康和切身利益,规范、高效的行政行为能够为公众提供更优质的卫生健康服务。建立内部监督制度,可促使卫生行政部门及时回应公众诉求,解决医疗资源分配不均、公共卫生服务不到位等问题,切实保障公众健康权益,促进卫生健康事业健康发展。

---

① 《传染病防治法》第 97 条规定,县级以上人民政府卫生健康主管部门、疾病预防控制部门应当依法建立健全内部监督制度,对其工作人员依据法定职权和程序履行职责的情况进行监督。上级人民政府卫生健康主管部门、疾病预防控制部门发现下级人民政府卫生健康主管部门、疾病预防控制部门不及时处理职责范围内的事项或者不履行职责的,应当责令纠正或者直接予以处理。

2. 内部监督制度主要监督内容是什么？

根据《传染病防治法》第 97 条的规定，卫生健康主管部门、疾病预防控制部门的内部监督制度围绕行政权力运行的全流程、人员履职规范及制度落实情况展开，主要监督以下核心内容：首先是执法行为监督，确保在传染病防治监督检查、医疗机构审批、医疗事故处理等工作中，严格遵循《传染病防治法》《医疗机构管理条例》等法律法规，杜绝越权执法、随意裁量、程序违法等问题，如监督传染病防治检查时是否依法出示执法证件、是否规范制作检查笔录。其次是履职尽责监督，重点检查工作人员是否按岗位职责完成传染病疫情监测预警、医疗资源规划调配、公共卫生政策落实等任务。例如，在突发公共卫生事件中，监督相关人员是否及时启动应急预案、是否有效组织协调防控资源，避免出现推诿扯皮、消极怠工等现象。再次是廉政风险监督，聚焦行政审批、项目招标、资金分配等关键环节，防范利益输送、吃拿卡要等腐败行为。例如，监督医疗机构资质审批过程中是否存在收受好处违规审批，或公共卫生专项资金拨付时有无违规操作，确保权力在阳光下运行。最后是制度执行监督，核查内部管理制度，如考勤制度、信息公开制度、档案管理制度等是否有效落实，以及传染病防控预案、医疗纠纷处理流程等业务制度是否严格执行。通过定期检查、专项督查等方式，对制度执行不到位的情况进行及时纠正，保障卫生行政工作规范有序，提升部门公信力与行政效能。

3. 内部监督中发现不履职或不当履职行为如何处理？

在传染病防控中，上级卫生健康主管部门一旦在内部监督中发现下级卫生行政部门存在不履职或不当履职行为，将依据《传染病防治法》等相关法律法规严肃处理。若下级卫生健康主管部门未依法履行传染病疫情通报、报告或者公布职责，如隐瞒、谎报、缓报传染病疫情，上级部门首先会责令其改正，同时进行通报批评，以起到警示作用。若造成传染病传播、流行或者其他严重后果，对负有责任的主管人员和其他直接责任人员，将依法给予行政处分，处分类型涵盖警告、记过、记大过、降级、撤职直至开除。如果下级部门在发生或者可能发生传染病传播时未及时采取预防、控制措施，上级部门同样责令其改正并通报批评。对于情节严重的，除对责任人员给予行政处分外，若构成犯罪，将依法移交司法机关追究刑事责任。此外，若下级卫生行政部门未依法履行监督检查职责，对医疗机构、疾控机构等在传染病防控工作中的违规行为视而不见，或者发现违法行为不及时查处，上级部门也会责令其纠正，视情节轻重对责任人员给予相应行政处分，督促下级部门积极履行监督职责，保障传染病防控工作依法、规范、高效开展，切实维护公众健康和社会稳定。

第三节　监督执法程序

一、监督执法要点

1. 传染病防治监督执法的启动条件是什么？

传染病防治监督执法的启动条件，紧密关联着公共卫生安全的维护，主要基于以下几种情况：出现传染病疫情是首要的启动条件。不管是甲类传染病（如鼠疫、霍乱）的散发，还是乙类传染病、丙类传染病（如流行性感冒、流行性腮腺炎等）的局部暴发，一旦有病例出现，卫生健康主管部门就需依据《传染病防治法》启动监督执法。例如，在流感高发季，若某地区短时间内流感病例显著增加，卫生健康主管部门便要立即开展对医疗机构传染病疫情报告、防控措施落实情况的监督检查，查看其是否及时、准确上报病例信息，发热门诊的设置与运行是否规范，是否对患者进行有效隔离与治疗等。日常传染病防治工作中的异常状况，也会触发监督执法。如果疾病预防控制机构未按规定开展传染病监测、预警工作，医疗机构的消毒隔离措施长期执行不到位，或者采供血机构在血液采集、检测、供应过程中存在潜在风险等情况被发现；抑或卫生健康主管部门收到群众举报，某医疗机构的医疗器械消毒不达标，也会启动监督执法程序，对该医疗机构进行检查，查阅消毒记录、实地查看消毒设备运行状况等，核实情况并依法处理。此外，上级指令或相关部门的通报也会促使监督执法启动。若上级卫生行政部门察觉到某类传染病在一定区域有传播风险，下达监督检查任务；或者其他部门，如教育部门反馈学校出现传染病疑似聚集性事件，卫生行政部门都需迅速响应。

2. 监督执法人员在执法前需要做哪些准备？

在传染病防治监督执法进程中，卫生健康主管部门现场检查工作涵盖诸多关键环节。执法人员首先会提前做好充分准备。依据《传染病防治法》等相关法规，结合检查任务，拟定详尽检查方案,明确检查重点与流程。同时,准备好各类执法文书,如现场检查笔录、询问笔录等①。且必须确保参与检查的执法人员不少于两人,以保障检查工作的公正性与合法性。到达检查现场时,执法人员需主动出示执法证件,表明身份,以及向被检查单位说明检查目的、依据及相关权利义务,获取对方配合。

3. 监督执法过程中如何进行现场检查?

在传染病防治监督执法进程中,卫生健康主管部门现场检查工作涵盖诸多关键环节。针对医疗机构,着重查看传染病疫情报告制度落实状况,检查传染病疫情登记、报告卡填写是否规范,有无瞒报、缓报、谎报情形;核查消毒隔离措施,如发热门诊、手术室等重点区域消毒设备运行、器械消毒流程是否合规,医护人员防护用品穿戴是否正确;检查医疗废物管理,查看分类收集、暂存设施、转运登记是否符合标准,防止医疗废物泄漏传播病菌。以医院为例,执法人员会实地查看医疗废物暂存间是否有明显标识、是否远离医疗区与生活区,核对转运联单记录是否完整准确。对于疾病预防控制机构,重点监督传染病监测预警、疫情处置等工作。检查其对传染病疫情信息收集、分析、研判是否及时精准,防控措施制定与执行是否科学有效。查看用于传染病防治的消毒产品及其生产单位时,要检查生产企业卫生许可证、

---

① 《传染病防治法》第96条规定,县级以上人民政府卫生健康主管部门、疾病预防控制部门工作人员依法执行职务时,应当不少于两人,并出示执法证件,填写执法文书。执法文书经核对无误后,应当由执法人员和当事人签名。当事人拒绝签名的,执法人员应当注明情况。

第七章　监督管理

产品卫生安全评价报告等资质文件，抽检产品质量，查看标签说明书是否规范。针对饮用水供水单位，检测水质是否符合国家卫生标准，检查消毒工艺运行、水质检测记录等情况。

在检查过程中，执法人员运用多种手段收集证据。通过现场观察，查看场所布局、人员操作、设施设备运行状态；查阅各类记录、文件，如医疗机构病历档案、消毒记录、疾控机构疫情处置报告等；询问相关人员，了解工作流程、职责履行情况。对发现的问题详细记录，制作现场检查笔录，经被检查单位负责人签字确认。若发现违法行为，依法依规启动立案程序，后续依据情节轻重给予相应处罚，同时责令限期整改，并跟进复查，确保问题彻底解决，保障传染病防治工作依法有序推进，维护公众生命健康安全。

4. 监督执法过程中需至少几名工作人员共同开展工作？

《传染病防治法》第96条规定，县级以上人民政府卫生健康主管部门、疾病预防控制部门工作人员依法执行职务时，应当不少于两人，并出示执法证件，填写执法文书。执法文书经核对无误后，应当由执法人员和当事人签名。当事人拒绝签名的，执法人员应当注明情况。在实际执法过程中，要求至少两名工作人员共同开展工作，是为了保障执法的公正性与客观性。两名及以上工作人员相互配合、相互监督，可以有效避免单人执法可能出现的主观随意性、权力滥用等问题。在对医疗机构的传染病防控措施进行检查时，两名执法人员亦能够从不同角度观察、核实情况，并对现场发现的问题进行交叉印证，确保执法结果真实可靠。

【典型案例 7-02】永安市随机监督抽查案[①]

2022年，永安市卫生健康局在进行国家随机监督抽查任务时，严格要求执法人员不得少于两人，身着制服，向当事人出示执法证件并告知检查的内容和依据。抽查涉及公共场所、生活饮用水、放射卫生等7类，抽取被监督单位77家，配备卫生监督员11名，任务完成77家，完结率达100%，并将随机抽查事项、程序、结果在该市人民政府网上公示，接受社会监督。

5. 监督执法过程中是否必须出示执法证件？

在传染病防治监督执法过程中，执法人员主动出示执法证件是一项至关重要且必须严格遵循的法定程序。依据《传染病防治法》及相关法律法规要求，执法时工作人员必须主动出示执法证件[②]，其明确标注了执法人员所属单位、执法权限等关键信息。这是表明执法身份合法性的关键环节，让被检查单位和个人清晰知晓执法人员的身份与权限，保障其知情权，同时也体现执法的规范性与严肃性。执法人员在进入检查现场的第一时间应主动出示证件，向被检查单位和个人清晰表明自身身份，是保障当事人知情权的基本要求，让其能够准确知晓执法人员的执法依

[①] 《【诚信案例】福建永安市多举措推进全市卫健系统法治诚信建设》，载三明市永安市人民政府网站，https://www.ya.gov.cn/ztzl/xyzl/202306/t20230614_1914923.htm，2025年6月13日访问。

[②] 《传染病防治法》第96条规定，县级以上人民政府卫生健康主管部门、疾病预防控制部门工作人员依法执行职务时，应当不少于两人，并出示执法证件，填写执法文书。执法文书经核对无误后，应当由执法人员和当事人签名。当事人拒绝签名的，执法人员应当注明情况。

据和权限范围,避免因身份不明引发不必要的误解或纠纷。主动出示执法证件也是执法规范性与严肃性的直接体现。这一行为将执法过程置于公众监督之下,有效约束执法人员依法依规行使权力,杜绝随意执法、越权执法等现象。例如,在对医疗机构的传染病防控措施检查时,执法人员亮证表明身份后,才能依法开展查阅资料、询问相关人员等工作,使整个执法过程具有公信力和权威性。若执法人员未按规定出示证件,被检查对象有权对执法行为的合法性提出质疑,相关执法活动也可能因程序瑕疵而被认定无效。通过严格落实执法证件出示制度,既保障了执法工作的顺利开展,也维护了当事人的合法权益,确保传染病防治监督执法在法治轨道上有序进行。

二、监督执法程序中的特殊情况处理

1. 当事人拒绝在执法文书中签字应如何处理?

执法过程中,填写执法文书是不可或缺的步骤。执法文书详细记录检查的时间、地点、对象、发现的问题等信息,是执法工作的重要凭证和依据。执法文书经核对无误后,由执法人员和当事人签名,这一环节不仅是对执法过程和结果的确认,也赋予了当事人对执法行为的知情权和监督权。若当事人拒绝签名,执法人员应当在文书中注明情况[1],并可以通过现场拍照、录像,询问在场证人等方式固定证据,以确保执法过程的完整性和合法

---

[1] 参见《传染病防治法》第96条。

性。通过明确规定执法人员数量、执法证件出示、执法文书填写与签名等要求，从制度层面保障了传染病防治监督执法工作的规范有序开展，既维护了法律的权威，也保障了被检查对象的合法权益，对有效防控传染病、维护公共卫生安全起到了重要的支撑作用。

2. 当事人对监督措施不认可是否可申请行政复议或诉讼？

在传染病防治监督执法中，若当事人认为卫生健康主管部门所采取的监督措施侵犯其合法权益，是可以依法申请行政复议或提起行政诉讼的。这一规定旨在保障当事人的合法权益，确保行政权力的正确行使。依据《中华人民共和国行政复议法》第20条的规定，公民、法人或者其他组织认为具体行政行为侵犯其合法权益的，可以自知道该具体行政行为之日起六十日内提出行政复议申请（法律另有规定的除外）。在传染病防治领域，若当事人对卫生健康主管部门的监督检查程序、结果，如责令整改、警告等监督措施存在异议，可向作出该具体行政行为的卫生健康主管部门的本级人民政府或上一级主管部门提出行政复议申请。例如，某医疗机构因消毒隔离措施不符合规定，被卫生行政部门责令限期整改，若该医疗机构认为卫生行政部门认定事实不清，证据不足，可在规定期限内申请行政复议。同时，根据《中华人民共和国行政诉讼法》第46条的规定，当事人自知道或者应当知道作出行政行为之日起六个月内，可以向有管辖权的人民法院提起行政诉讼。根据第45条的规定，若当事人对行政复议决定不服，除法律规定复议决定为最终裁决的情形外，还可在收到复议决定书之日起十五日内向人民法院提起诉讼。例如,当事人对卫生行政部门关于传染病疫情报告不及时的处罚决定申请复议后,对复议结果不满意,便可以在规定时间内向法院起诉。不过,申请行政复议或提起行政诉讼期间,一般不停止原监督措施的执行,以免影响传染病防治工作的正常开展,只有在特定情形下,如行政机关认为需要停止执行、法院裁定停止执行等,原监督措施才会暂停。通过行政复议和行政诉讼的途径,为当事人提供了维护自身合法权益的有效渠道,也促使卫生行政部门在传染病防治监督执法中更加规范、公正地行使权力。

3. 在监督中发现违法犯罪行为如何处置?

《传染病防治法》对传染病防治相关违法犯罪行为的处置流程作出了系统性规定①,构建起部门协同、权责清晰的处置体系,以保障公共卫生安全。当卫生健康、疾病预防控制等部门在日常监督检查、专项执法行动或处理投诉举报过程中,一旦发现涉嫌传染病防治相关犯罪行为,如故意传播传染病病原体、拒绝执行预防控制措施导致疫情扩散、生产销售不符合标准的消毒产品等,则必须严格按照《行政执法机关移送涉嫌犯罪案件的规定》等要求,在规定时限内将案件移送公安机关。移送时,需完整移交案件卷宗、证据材料、检验报告等相关材料,确保案件信息准确全面,为公安机关侦查提供充分依据。

---

① 《传染病防治法》第99条第1款规定,卫生健康、疾病预防控制等部门发现涉嫌传染病防治相关犯罪的,应当按照有关规定及时将案件移送公安机关。对移送的案件,公安机关应当及时审查处理。

公安机关在接收移送案件后，将迅速启动审查程序，通过调取证据、询问当事人等方式核实犯罪事实。若经审查认定犯罪事实清楚、证据确凿，公安机关将依法立案侦查；若认为情节轻微、证据不足，不构成犯罪，则需书面说明理由，并将案件退回移送部门。对于虽不构成犯罪，但依法应当追究行政责任的情形，公安机关、人民检察院、人民法院应及时将案件移回至卫生健康、疾病预防控制等部门，并由这些部门依据《传染病防治法》《中华人民共和国行政处罚法》等法律法规，对违法行为人给予警告、罚款、吊销执业许可证等行政处罚。

此外，在刑事司法过程中，公安机关、人民检察院、人民法院若需卫生健康、疾病预防控制等部门协助提供专业支持，如出具传染病检测鉴定报告、对涉案的病原体样本、医疗废物等进行无害化处置等，相关部门必须积极配合，利用专业技术和设备及时响应，确保案件依法高效办理。通过这种多部门联动、行刑衔接的机制，既有力打击传染病防治领域的违法犯罪行为，又实现了行政执法与刑事司法的无缝衔接，切实维护社会公共卫生秩序。

第八章
传染病防控的法律责任

由于传染病对人类社会的危害和影响巨大,尤其那些传染性强、毒性大的传染病,更是会对人类社会造成十分严重的破坏,甚至可能产生毁灭性的后果,因此,在传染病疫情防治中,国家不仅要有各种严格的监测、处置制度,对相关单位和个人的传染病防控义务有严格的要求,更要对不履行传染病防控法定义务的单位和个人,以及妨害传染病疫情防治的单位和个人追究法律责任。在强有力的法律责任追究的威慑下,相关单位和个人才会按照《传染病防治法》的规定和要求参与到传染病防控工作中来,才能取得传染病防治的最佳效果。

第八章 传染病防控的法律责任

一、人民政府及所属部门传染病防治的法律责任

1. 卫生健康主管部门、疾病预防控制部门的哪些违法行为要追究法律责任？

卫生健康主管部门、疾病预防控制部门在传染病疫情防控方面发挥主导作用，应当按照《传染病防治法》的规定切实履行其法定职责。根据《传染病防治法》第101条的规定，违反本法规定，县级以上人民政府卫生健康主管部门、疾病预防控制部门有下列情形之一的，由本级人民政府或者上级人民政府卫生健康主管部门、疾病预防控制部门责令改正，通报批评；情节严重的，对负有责任的领导人员和直接责任人员依法给予处分：（1）未依法履行传染病疫情通报、报告或者公布职责，隐瞒、谎报、缓报、漏报传染病疫情，或者干预传染病疫情报告；（2）发生或者可能发生传染病传播时未依法采取预防、控制措施；（3）未依法履行监督检查职责，或者发现违法行为不及时查处；（4）未及时调查、处理对下级人民政府卫生健康主管部门、疾病预防控制部门不履行传染病防治职责的举报；（5）违反本法规定的其他失职、渎职行为。

2. 人民政府有关部门的哪些违法行为应当追究法律责任？

人民政府有关部门应当在职权范围内，按照《传染病防治法》的规定，履行传染病防治职责，包括传染病疫情报告、信息共享、通报、预警，尤其是在传染病疫情出现时，应当在本部门

的工作管辖范围内切实落实已经确定的传染病防控措施。如果人民政府有关部门未能履行其职权范围内的传染病防控措施，便可根据《传染病防治法》第102条的规定依法追究法律责任。

二、医疗卫生专业机构传染病防治的法律责任

1. 疾病预防控制机构及工作人员的哪些违法行为应当追究法律责任？

疾病预防控制机构是传染病防控工作中的核心专业力量，以其专业技术和能力、科学设备和方法，按照科学规律开展传染病防控。传染病防控工作是否能够取得成效，很大程度上取决于疾病预防控制机构的履职情况，因此，应当从法律层面加强监管和督促。根据《传染病防治法》第103条的规定，违反本法规定，疾病预防控制机构有下列情形之一的，由县级以上人民政府疾病预防控制部门责令改正，给予警告或者通报批评，对直接负责的主管人员和其他直接责任人员依法给予处分，并可以由原发证部门依法吊销有关责任人员的执业证书：（1）未依法履行传染病监测、疫情风险评估职责；（2）未依法履行传染病疫情报告职责，隐瞒、谎报、缓报、漏报传染病疫情，或者干预传染病疫情报告；（3）未主动收集传染病疫情信息，或者对传染病疫情信息和疫情报告未及时进行分析、调查、核实；（4）发现传染病疫情或者接到传染病疫情报告时，未依据职责及时采取本法规定的措施；（5）未遵守国家有关规定，导致因使用血液制品引起经血液传播疾病的发生。

2. 医疗机构及工作人员的哪些违反传染病防治的行为应当追究法律责任？

医疗机构是开展诊疗服务的专业单位，在其日常工作中直接面对传染病患者、病原携带者、疑似患者或者上述人员的密切接触者，既是传染病例的发现者，也是传染病人及其他相关人员的采取传染病防控措施、诊疗服务的实施者，因而在传染病疫情防控中的地位和作用都非常重要。根据《传染病防治法》第104条的规定，违反本法规定，医疗机构有下列情形之一的，由县级以上人民政府疾病预防控制部门责令改正，给予警告或者通报批评，可以并处10万元以下罚款；情节严重的，可以由原发证部门或者原备案部门依法吊销医疗机构执业许可证或者责令停止执业活动，对直接负责的主管人员和其他直接责任人员依法给予处分，并可以由原发证部门责令有关责任人员暂停六个月以上一年以下执业活动直至依法吊销执业证书：（1）未按照规定承担本机构的传染病预防、控制工作，医疗机构感染控制任务或者责任区域内的传染病预防工作；（2）未按照规定报告传染病疫情，隐瞒、谎报、缓报、漏报传染病疫情，或者干预传染病疫情报告；（3）未按照规定对本机构内被传染病病原体污染的场所、物品以及医疗废物、医疗污水实施消毒或者无害化处置。违反本法规定，医疗机构有下列情形之一的，由县级以上人民政府卫生健康主管部门依照前款规定给予行政处罚，对直接负责的主管人员和其他直接责任人员依法给予处分：（1）发现传染病疫情时，未按照规定对传染病患者、疑似患者提供医疗救护、现场救援、接诊治疗、转诊，或者拒绝接受转诊；（2）未遵守国家有关规定，导致因输入血液、使用血液制品引起经血液传播疾病的发生。医疗机构未按照规定对使用的医疗器械进行消毒或者灭菌，或者对按照规定一次性使用的医疗器械使用后未予以销毁、再次使用的，依照有关医疗器械管理的法律、行政法规规定追究法律责任。

3. 医疗机构及其工作人员违规使用血液及血液制品应当被追究什么法律责任？

医疗机构在诊疗过程中往往要给患者输血，或者给患者使用血液制品，血液和血液制品都存在传播血源性传染病的风险，故医疗机构在输血、使用血液制品时，应当严格遵守国家的法律、法规和相关规定，否则将存在传播血源性传染病的风险。因此，根据《传染病防治法》第104条第2款的规定，医疗机构未遵守国家有关规定，导致因输入血液、使用血液制品引起经血液传播疾病发生的，由县级以上人民政府卫生健康主管部门依照前款规定给予行政处罚，对直接负责的主管人员和其他直接责任人员依法给予处分。

4. 医疗机构及其工作人员违反消毒制度应当被追究什么法律责任？

消毒、灭菌是传染病防控的重要措施，也是临床上预防创口感染的重要措施，因此，在诊疗过程中，国家制定了严格的消毒、灭菌规定，包括伤口创口、创伤性操作、医疗器械消毒、灭菌等。针对消毒，国家卫生健康委员会专门出台了《消毒管理办法》，医务人员在诊疗过程中应当严格遵守。根据《传染病防治法》第 104 条第 3 款的规定，医疗机构未按照规定对使用的医疗器械进行消毒或者灭菌，或者对按照规定一次性使用的医疗器械使用后未予以销毁、再次使用的，依照有关医疗器械管理的法律、行政法规规定追究法律责任。

【典型案例8-01】某口腔诊所未执行消毒灭菌规范案[①]

2024 年 9 月，德阳市卫生健康委（疾控局）执法人员在对某口腔诊所开展随机监督检查时发现，该口腔诊所无菌物品柜中存在口腔手术器械纸塑包装袋未封口的情况。经查实，该口腔诊所未严格执行《口腔器械消毒灭菌技术操作规范》（WS 506-2016）的相关要求。德阳市卫生健康委（疾控局）依据《消毒管理办法》相关规定，给予该口腔诊所"警告、罚款 2000 元"的行政处罚，并责令立即改正该违法行为。

5. 采供血机构及工作人员未依法履行传染病疫情报告义务应当被追究什么法律责任？

采供血机构的工作涉及采血员采集血液和向医疗机构供给血液，一旦发现传染病疫情，须向当地履行法定报告义务，不但包括不报告，也包括对疫情的隐瞒、谎报、缓报、漏报等。根据《传染病防治法》第 105 条第 1 款的规定，采供血机构未按照规定报告传染病疫情，隐瞒、谎报、缓报、漏报传染病疫情，或者

[①] 《四川省 2024 年度公共卫生和传染病防治行政处罚典型案例公示》，载四川省卫生健康委员会网站，https://wsjkw.sc.gov.cn/scwsjkw/gggs/2025/3/13/82ebfefc88514a15ba871089f042e4d9.shtml，2025 年 6 月 14 日访问。

干预传染病疫情报告的，由县级以上人民政府疾病预防控制部门责令改正，给予警告或者通报批评，可以并处10万元以下罚款；情节严重的，可以由原发证部门依法吊销采供血机构的执业许可证，对直接负责的主管人员和其他直接责任人员依法给予处分，并可以由原发证部门责令有关责任人员暂停6个月以上1年以下执业活动直至依法吊销执业证书。

6. 采供血机构违反规定输血引起传染病传播应当被追究什么法律责任？

输血有感染传染病风险，《中华人民共和国献血法》《医疗机构临床用血管理办法》等法律和规范性文件对采供血机构的采供血行为有严格的规范要求，应当保证其采集血液的品质。采供血机构违反法律规定导致传染病传播的，应当追究采供血机构及工作人员的法律责任。根据《传染病防治法》第105条第2款的规定，采供血机构未执行国家有关规定，导致因输入血液引起经血液传播疾病发生的，由县级以上人民政府卫生健康主管部门依照前款规定给予行政处罚，对直接负责的主管人员和其他直接责任人员依法给予处分。

7. 采供血机构及工作人员非法采集血液或者组织他人出卖血应当被追究什么法律责任？

《中华人民共和国献血法》规定公民义务无偿献血，采供血机构的血液应当来自公民的自愿无偿献血，才能保证血液质量。

相反，非法采集血液或者组织他人出卖血液更容易导致血液中含有传染病相关病原体而存在感染传染病的风险。根据《传染病防治法》第 105 条第 3 款的规定，非法采集血液或者组织他人出卖血液的，由县级以上人民政府卫生健康主管部门责令停止违法行为，没收违法所得，并处 5 万元以上 50 万元以下罚款。

8. 医疗机构、疾病预防控制机构泄露四类人员信息应当被追究什么法律责任？

医疗机构、疾病预防控制机构开展传染病疫情防控工作的重点对象是传染病患者、病原携带者、疑似患者或者上述人员的密切接触者等四类人员，且这四类人员也是传染病流调的重点对象。如果有关单位将流调中获得的该四类人员的个人信息或者隐私泄露，就构成了对该四类人员合法权益的侵害，甚至可能给该四类人员的生活、工作造成影响。因此，对泄露该四类人员个人信息和隐私的医疗机构、疾病预防控制机构及其工作人员，应当做出行政处罚。

根据《传染病防治法》第 110 条第 2 款的规定，医疗机构、疾病预防控制机构泄露传染病患者、病原携带者、疑似患者或者上述人员的密切接触者的个人隐私或者个人信息的，由县级以上人民政府卫生健康主管部门、疾病预防控制部门依据职责责令改正，给予警告或者通报批评，可以并处 5 万元以下罚款，对直接负责的主管人员和其他直接责任人员依法给予处分，对有关责任人员依照有关医师、护士管理等法律、行政法规规定追究法律责任。

三、其他单位和个人传染病防治的法律责任

1. 交通运输邮寄单位及工作人员未优先运输传染病防控人员或者物资应当被追究什么法律责任？

交通运输邮递等单位的业务，是将人或者物品由一个地方传送到另一个地方，在发生传染病疫情时，交通运输邮递业务将受到很大的限制，运输、邮寄能力下降，这时就需要交通运输、邮政、快递经营单位积极配合传染病防控工作，对于有传染病防控的人员和物资应当优先运送和邮寄，以便这些传染病防控人员和物资能够以最快的速度抵达传染病防控目的地。对于未履行优先运送邮寄传染病疫情防控的人员和物资的行为，应当对交通运输、邮政、快递经营单及相关工作人员追究法律责任。根据《传染病防治法》第 106 条的规定，违反本法规定，交通运输、邮政、快递经营单位未优先运送参与传染病疫情防控的人员以及传染病疫情防控所需的药品、医疗器械和其他应急物资的，由交通运输、铁路、民用航空、邮政管理部门依据职责责令改正，给予警告；造成严重后果的，并处 1 万元以上 10 万元以下罚款，对直接负责的主管人员和其他直接责任人员依法给予处分。

2. 从事生产经营未符合标准的健康相关产品应当被追究什么法律责任？

健康相关产品是指人体维系生命健康所必须的非医疗用品，

这些物品为人体每天需要使用，如果质量没有保证，含有传染病毒，很容易造成传染病传播。消毒产品是具有消毒或灭菌功能的产品，其目的就是杀灭传染病病原体，但是如果消毒产品质量不过关，达不到消毒、灭菌的功能，使用者就可能存在被感染的风险。另外，已经明确的受影响的相关区域中被传染病病原体污染或者可能被传染病病原体污染的物品，更是要按照规范要求彻底消毒，阻断传染病病原体的传播。如果相关单位和个人在开展业务过程中存在违反法律规定的行为，应当对该单位及工作人员追究法律责任。

《传染病防治法》第 107 条规定，违反本法规定，存在应当被追究法律责任的生产经营健康相关产品的行为，由县级以上人民政府疾病预防控制部门责令改正，给予警告，没收违法所得，可以并处 20 万元以下罚款；情节严重的，可以由原发证部门依法吊销相关许可证，对直接负责的主管人员和其他直接责任人员可以禁止其 5 年内从事相应生产经营活动。

3. 健康相关产品生产经营单位及工作人员的哪些行为应当被追究法律责任？

健康相关产品生产单位及工作人员存在以下违反《传染病防治法》第 107 条规定的行为，应当被追究法律责任：(1) 饮用水供水单位未取得卫生许可擅自供水，或者供应的饮用水不符合国家卫生标准和卫生规范造成或者可能造成传染病传播、暴发、流行；(2) 生产、销售未取得卫生许可的涉及饮用水卫生安全的产品，或者生产、销售的涉及饮用水卫生安全的产品不符合国家卫生标准和卫生规范；(3) 未取得卫生许可生产用于传染病防治的消毒产品，或者生产、销售的用于传染病防治的消毒产品不符合国家卫生标准和卫生规范；(4) 生产、销售未取得卫生许可的利用新材料、新工艺技术和新杀菌原理生产的消毒剂和消毒器械；(5) 出售、运输本法第 66 条规定的受影响的相关区域中被传染病病原体污染或者可能被传染病病原体污染的物品，未进行消毒处理。

【典型案例8-02】生活饮用水水质检测不合标准案件[①]

2023 年 9 月，广安市岳池县卫生健康局执法人员会同岳池县疾控中心工作人员对某水利水电开发实业公司供应的 5 个乡镇的生活饮用水进行水质监督抽检中发现，该公司供应的生活饮用水中亚氯酸盐、总大肠杆菌、菌落总数、肉眼可见物、浑浊度、锰六项指标超标，水质不符合《生活饮用水卫生标准》。

上述行为违反了《四川省生活饮用水卫生监督管理办法》第 10 条之规定。广安市岳池县卫生健康局责令该公司立即进行整改，确保供应饮用水水质合格，并依据规定给予该公司"警告、罚款 1.6 万元"的行政处罚，责令立即改正违法行为。

4. 涉重点物品的单位及工作人员未履行传染病防控义务应当被追究什么法律责任？

基于科学研究和传染病防控的需要，疾病预防控制机构、医疗

[①] 《四川省公共卫生、传染病防治行政处罚典型案例公示》，载四川省卫生健康委员会网站，https://wsjkw.sc.gov.cn/scwsjkw/gggs/2024/9/13/c371a77af6334715963dc9430dbc1a3e.shtml，2025 年 6 月 14 日访问。

机构的实验室和从事病原微生物实验的单位可能会保存一定数量的病原微生物、菌（毒）种、传染病样本等，这些单位在保管这些具有传染病传播风险的物品或者开展实验对这些物品进行操作的过程中，应当建立符合国家法律规定的防止传染病传播的规章制度，并严格执行。这些单位如果违反相关规定，可能存在导致传染病传播的风险，因而应当对违反规定的单位和个人追究法律责任。

根据《传染病防治法》第108条的规定，违反本法规定，涉重点物品的单位及工作人员有本条规定应当被追究法律责任的行为的，由县级以上人民政府卫生健康、疾病预防控制等部门依据职责责令改正，给予警告或者通报批评，没收违法所得，可以并处10万元以下罚款；情节严重的，可以由原发证部门依法吊销相关许可证，对直接负责的主管人员和其他直接责任人员依法给予处分，并可以由原发证部门责令有关责任人员暂停6个月以上1年以下执业活动直至依法吊销执业证书。

5. 涉重点物品的单位及工作人员的哪些行为应当被追究法律责任？

根据《传染病防治法》第108条的规定，涉重点物品的生产单位及工作人员存在以下违反《传染病防治法》的行为，应当被追究法律责任：（1）疾病预防控制机构、医疗机构的实验室和从事病原微生物实验的单位，不符合国家规定的条件和技术标准，对传染病病原体和样本未按照规定的措施实行严格管理；（2）违反国家有关规定，采集、保藏、提供、携带、运输、使用病原微生物菌（毒）种和传染病检测样本；（3）医疗机构、疾病预防控制机构、检验检测机构未按照传染病检验检测技术规范和标准开展检验检测活动，或者出具虚假检验检测报告；（4）生产、销售应当备案而未备案的消毒剂、消毒器械以及抗（抑）菌剂；（5）公共场所、学校、托育机构的卫生条件和传染病预防、控制措施不符合国家卫生标准和卫生规范。

【典型案例8-03】现制现售水制水设备安装使用不合规案[①]

2023年9月13日，攀枝花市卫生健康委员会执法人员对某中学开展秋季学校卫生监督检查时，发现位于该学校二号教学楼走廊处，由某环保科技有限公司设置的有反渗透现制现售水设备，安装位置与男厕所直线距离仅为5米，不符合现制现售水设备安装使用的规定要求。位于该学校阶梯教室B口亦设置有反渗透现制现售水设备，且该设备投入使用前未进行水质检测。

该公司行为违反了《四川省生活饮用水卫生监督管理办法》第25条、第26条规定，攀枝花市卫生健康委员会按规定，给予该环保科技有限公司"警告，罚款8925元"的行政处罚，并责令立即改正违法行为。

6. 涉大型项目的单位及工作人员未履行传染病防控义务应当被追究什么法律责任？

自然疫源地是指自然界中野生动物长期携带病原体（如病

[①] 《四川省公共卫生、传染病防治行政处罚典型案例公示》，载四川省卫生健康委员会网站，https://wsjkw.sc.gov.cn/scwsjkw/ggqs/2024/9/13/c371a77af6334715963dc9430dbc1a3e.shtml，2025年6月14日访问。

毒、细菌等）的区域，病原体可通过媒介（如节肢动物）在动物间循环传播，并在特定条件下感染人类。在这些地方开展服务于人类的大型建设项目存在传播传染病的风险，因此，在自然疫源地建设这些大型项目，在立项前除要进行环评、风评外，还有进行卫生评价。相关单位未开展传染病传播风险评价即立项并开工建设的，有关单位和工作人员将会面临承担法律责任的风险。

《传染病防治法》第109条规定，违反本法规定，在国家确认的自然疫源地兴建水利、交通、旅游、能源等大型建设项目，未经卫生调查进行施工，或者未按照疾病预防控制机构的意见采取必要的传染病预防、控制措施的，由县级以上人民政府疾病预防控制部门责令限期改正，给予警告，并处10万元以上50万元以下罚款；逾期不改正的，处50万元以上100万元以下罚款，提请有关人民政府依据职责权限责令停建、拆除，对直接负责的主管人员和其他直接责任人员依法给予处分。

7. 传染病疫情期间不履行传染病防控义务的单位及个人应当承担什么法律责任？

传染病防控应当群策群力，全员参与，不留防控死角。传染病疫情期间，所有单位和个人都应当参与到传染病防控工作中来，在自己的工作范围内，在自己的能力条件下，自觉而积极履行传染病防控义务，执行传染病防控措施。如果存在《传染病防治法》规定的应当予以处罚的不履行传染病防控义务的违法行为，应当对相关单位和个人追究法律责任。

根据《传染病防治法》第111条第1款的规定，违反本法规定，有不履行传染病防控义务的行为应予处罚的情形的，由县级以上人民政府疾病预防控制部门责令改正，给予警告，对违法的单位可以并处 2 万元以下罚款，对违法的个人可以并处 1 千元以下罚款；情节严重的，由原发证部门依法吊销相关许可证或者营业执照。

8. 传染病疫情期间相关单位及个人存在的哪些不履行传染病防控义务的行为会被处罚？

根据《传染病防治法》第 111 条第 1 款的规定，任何单位及工作人员存在以下违反《传染病防治法》的行为，应当被追究法律责任：(1) 拒不执行人民政府及其有关部门依法采取的传染病疫情防控措施；(2) 拒不接受和配合疾病预防控制机构依法采取的传染病疫情防控措施；(3) 拒不接受和配合疾病预防控制机构开展的流行病学调查，或者在流行病学调查中故意隐瞒传染病病情、传染病接触史或者传染病暴发、流行地区旅行史；(4) 甲类传染病患者、病原携带者、疑似患者或上述人员的密切接触者拒绝接受和配合依法采取的隔离治疗、医学观察措施，或者隔离治疗、医学观察的期限未满擅自脱离；(5) 故意传播传染病；(6) 故意编造、散布虚假传染病疫情信息；(7) 其他妨害依法采取的传染病疫情防控措施的行为。

9. 传染病疫情期间相关单位安排具有传染病传播风险的人从事传染病传播风险的工作将承担什么法律责任？

传染病疫情期间，传染病患者、病原携带者、疑似患者都是具有高度传播传染病风险的人，在其传染病未治愈、未确诊之前，不得安排从事容易造成传染病传播风险的工作。但是有的经营单位，常常抱着侥幸心理，冒险安排这些人从事容易造成传染病传播风险的工作，因而应当追究有关单位的责任。

根据《传染病防治法》第111条第2款的规定，安排传染病患者、病原携带者、疑似患者从事法律、行政法规和国务院疾病预防控制部门规定禁止从事的易使该传染病扩散的工作的，由县级以上人民政府疾病预防控制部门责令改正，给予警告，可以并处2万元以下罚款；法律、行政法规另有规定的，依照其规定。

10. 传染病防治专业单位及工作人员未履行个人信息保护义务应当被追究什么法律责任？

基于传染病疫情流行病学调查的要求，相关人员可能与传染病感染、传播有关联的个人信息都要被提供，这些信息很多都涉及个人隐私，且很多属于个人敏感信息。相关部门在对流调中获得的这些信息分析、研判时，如果不能做好信息保护工作，就容易导致这些信息的泄露，侵害公民的合法权益，对相关人员的生活、工作都可能造成负面影响，从而也影响后续流调工作的开展。因此，对于不履行个人信息保护义务的卫生行政部门、疾控机构或者其他有关单位以及这些单位的责任人员，应当给予行政处罚。根据《传染病防治法》第110条第1款的规定，违反本法规定，县级以上人民政府卫生健康主管部门、疾病预防控制部门或者其他有关部门未依法履行个人信息保护义务的，由本级人民政府或者上级人民政府有关部门责令改正，通报批评；情节严重的，对负有责任的领导人员和直接责任人员依法给予处分。

11. 传染病防治中有关单位和个人有其他未依法履行个人信息保护义务行为的应当被追究什么法律责任？

目前，关于公民个人信息和隐私保护的法律体系比较完善，对于侵害公民个人信息和隐私的行为，在民事法律、行政法律和刑事法律层面都有明确的规定，这些追究相关单位和个人不履行保护公民个人信息义务的行为责任的规定，同样适用于传染病防治中。例如，《中华人民共和国民法典》"人格权"第六章"隐私权和个人信息保护"中的规定；《中华人民共和国个人信息保护法》中对公民个人信息尤其敏感个人信息的保护规定；《中华人民共和国刑法》第253条之一"侵害公民个人信息罪"等。所以《传染病防治法》第110条第3款也作出了指引性规定，传染病防治中其他未依法履行个人信息保护义务的，依照有关个人信息保护的法律、行政法规规定追究法律责任。

四、违反传染病防治的刑事处罚

1.《中华人民共和国刑法》对违反《传染病防治法》规定了哪些罪名？

在《中华人民共和国刑法》第六章"妨害社会管理秩序罪"的第五节"危害公共卫生罪"中，有违反《传染病防治法》的行为涉及的罪名有8个，分别是妨害传染病防治罪（《中华人民共和国刑法》第330条）、传染病菌种、毒种扩散罪（《中华人民共和国刑法》第331条）、妨害国境卫生检疫罪（《中华人民共和国刑法》第332条）、非法组织卖血罪（《中华人民共和国刑法》第333条第1款）、强迫卖血罪（《中华人民共和国刑法》第333条第1款）、非法采集、供应血液、制作、供应血液制品罪（《中华人民共和国刑法》第334条第1款）、采集、供应血液、制作、供应血液制品事故罪（《中华人民共和国刑法》第334条第2款）、妨害动植物防疫、检疫罪（《中华人民共和国刑法》第337条第1款）。在《中华人民共和国刑法》第九章还有传染病防治失职罪（《中华人民共和国刑法》第409条）。

2. 什么是妨害传染病防治罪，《中华人民共和国刑法》是如何规定的？

妨害传染病防治罪，是指违反《传染病防治法》的规定，造成甲类传染病传播或者有传播严重危险的行为。

《中华人民共和国刑法》第330条规定，违反《传染病防治法》的规定，有下列情形之一，引起甲类传染病以及依法确定采取甲类传染病预防、控制措施的传染病传播或者有传播严重危险的，处3年以下有期徒刑或者拘役；后果特别严重的，处3年以上7年以下有期徒刑：（1）供水单位供应的饮用水不符合国家规定的卫生标准的；（2）拒绝按照疾病预防控制机构提出的卫生要求，对传染病病原体污染的污水、污物、场所和物品进行消毒处理的；（3）准许或者纵容传染病病人、病原携带者和疑似传染病病人从事国务院卫生行政部门规定禁止从事的易使该传染病扩散的工作的；(4) 出售、运输疫区中被传染病病原体污染或者可能被传染病病原体污染的物品，未进行消毒处理的；(5) 拒绝执行县级以上人民政府、疾病预防控制机构依照《传染病防治法》提出的预防、控制措施的。单位犯前款罪的，对单位判处罚金，并对其直接负责的主管人员和其他直接责任人员，依照前款的规定处罚。甲类传染病的范围，依照《中华人民共和国传染病防治法》和国务院有关规定确定。

3. 什么是传染病防治失职罪，《中华人民共和国刑法》是如何规定的？

传染病防治失职罪，是指从事传染病防治的政府卫生行政部门的工作人员严重不负责任、导致传染病传播或者流行，情节严重的行为。

《中华人民共和国刑法》第 409 条规定，从事传染病防治的政府卫生行政部门的工作人员严重不负责任，导致传染病传播或者流行，情节严重的，处 3 年以下有期徒刑或者拘役。该罪的犯罪主体是特殊主体，即政府卫生行政部门的工作人员。根据《最高人民法院、最高人民检察院关于办理妨害预防、控制突发传染病疫情等灾害的刑事案件具体应用法律若干问题的解释》第 16 条的规定，在预防、控制突发传染病疫情等灾害期间，从事传染病防治的政府卫生行政部门的工作人员，或者在受政府卫生行政部门委托代表政府卫生行政部门行使职权的组织中从事公务的人员，或者虽未列入政府卫生行政部门人员编制但在政府卫生行政部门从事公务的人员，在代表政府卫生行政部门行使职权时，严重不负责任，导致传染病传播或者流行，情节严重的，依照《中华人民共和国刑法》第409条的规定，以传染病防治失职罪定罪处罚。构成该犯罪所要求的危害后果是"情节严重"，具体指以下情形：（1）对发生突发传染病疫情等灾害的地区或者突发传染病病人、病原携带者、疑似突发传染病病人，未按照预防、控制突发传染病疫情等灾害工作规范的要求做好防疫、检疫、隔离、防护、救治等工作，或者采取的预防、控制措施不当，造成传染范围扩大或者疫情、灾情加重的；（2）隐瞒、缓报、谎报或者授意、指使、强令他人隐瞒、缓报、谎报疫情、灾情，造成传染范围扩大或者疫情、灾情加重的；（3）拒不执行突发传染病疫情等灾害应急处理指挥机构的决定、命令，造成传染范围扩大或者疫情、灾情加重的；（4）具有其他严重情节的。

【典型案例8-04】A县卫生健康主管部门负责人的行为构成传染病防治失职罪[①]

A县卫生健康主管部门负责人黎某某两次接到关于A县麻疹疫情的汇报，但没有按要求督促疾病预防控制中心及医疗机构按规定及时将相关信息上报相关部门。后又因担心继续网络直报麻疹疫情，A县卫生系统绩效考评会被"黄牌警告"，遂要求各医院发现新的麻疹疫情不进行网络直报，并对患者病历上的"麻疹"字样进行技术处理。

黎某某在A县传染病防治协调会上强调收治的疑似麻疹病患

[①] 《101个罪名解读（14）｜传染病防治失职罪》，载湖北省纪委监委网站，https://www.hbjwjc.gov.cn/xwtt/139670.htm，2025年6月14日访问。

者的病历上不能出现"麻疹"字样,已经诊断的麻疹病历,必须改为"肺炎""上呼吸道感染"等字样,不能进行网络直报,但仍以麻疹病情救治。此后 A 县麻疹疫情暴发,10 个乡镇均有病例报告、累计报告麻疹病例 540 例,排除 12 例,确诊 528 例,除死亡 1 例外,其余 527 例经治疗已经痊愈。后 A 县纪检监察机关成立专案组,介入调查,黎某某主动交代情况。

经查,黎某某在履行传染病防治职责过程中,严重不负责任,其授意、指使医疗机构隐瞒麻疹疫情,使上级有关部门没有及时掌握疫情动态,致使麻疹疫情错过最佳防控时机,导致传染病麻疹传播和流行,造成 500 余人感染麻疹病和 1 人经医治无效死亡的严重后果,情节严重,其行为已触犯法律,构成了传染病防治失职罪。因黎某某有自首情节,并有悔罪表现,故免予刑事处罚。

附 录

中华人民共和国传染病防治法

（1989年2月21日第七届全国人民代表大会常务委员会第六次会议通过 2004年8月28日第十届全国人民代表大会常务委员会第十一次会议第一次修订 根据2013年6月29日第十二届全国人民代表大会常务委员会第三次会议《关于修改〈中华人民共和国文物保护法〉等十二部法律的决定》修正 2025年4月30日第十四届全国人民代表大会常务委员会第十五次会议第二次修订 2025年4月30日中华人民共和国主席令第47号公布 自2025年9月1日起施行）

目　录

第一章　总　　则

第二章　预　　防

第三章　监测、报告和预警

第四章　疫情控制

第五章　医疗救治

第六章　保障措施

第七章　监督管理

第八章　法律责任

第九章　附　　则

第一章 总　　则

第一条　为了预防、控制和消除传染病的发生与流行，保障公众生命安全和身体健康，防范和化解公共卫生风险，维护国家安全和社会稳定，根据宪法，制定本法。

第二条　传染病防治工作坚持中国共产党的领导，坚持人民至上、生命至上，坚持预防为主、防治结合的方针，坚持依法防控、科学防控的原则。

第三条　本法所称传染病，分为甲类传染病、乙类传染病、丙类传染病，以及突发原因不明的传染病等其他传染病。

甲类传染病，是指对人体健康和生命安全危害特别严重，可能造成重大经济损失和社会影响，需要特别严格管理、控制疫情蔓延的传染病，包括鼠疫、霍乱。

乙类传染病，是指对人体健康和生命安全危害严重，可能造成较大经济损失和社会影响，需要严格管理、降低发病率、减少危害的传染病，包括新型冠状病毒感染、传染性非典型肺炎、艾滋病、病毒性肝炎、脊髓灰质炎、人感染新亚型流感、麻疹、流行性出血热、狂犬病、流行性乙型脑炎、登革热、猴痘、炭疽、细菌性和阿米巴性痢疾、肺结核、伤寒和副伤寒、流行性脑脊髓膜炎、百日咳、白喉、新生儿破伤风、猩红热、布鲁氏菌病、淋病、梅毒、钩端螺旋体病、血吸虫病、疟疾。

丙类传染病，是指常见多发，对人体健康和生命安全造成危害，可能造成一定程度的经济损失和社会影响，需要关注流行趋势、控制暴发和流行的传染病，包括流行性感冒、流行性腮腺炎、风疹、急性出血性结膜炎、麻风病、流行性和地方性斑疹伤寒、黑热病、包虫病、丝虫病、手足口病，除霍乱、细菌性和阿米巴性痢疾、伤寒和副伤寒以外的感染性腹泻病。

国务院疾病预防控制部门根据传染病暴发、流行情况和危害程度，及时提出调整各类传染病目录的建议。调整甲类传染病目录，由国务院卫生健康主管部门报经国务院批准后予以公布；调整乙类、丙类传染病目录，由国务院卫生健康主管部门批准、公布。

第四条 突发原因不明的传染病需要采取本法规定的甲类传染病预防、控制措施的，国务院疾病预防控制部门及时提出建议，由国务院卫生健康主管部门报经国务院批准后予以公布。

对乙类传染病中的传染性非典型肺炎、炭疽中的肺炭疽，采取本法规定的甲类传染病预防、控制措施。其他乙类传染病需要采取本法规定的甲类传染病预防、控制措施的，依照前款规定的程序批准、公布。

需要解除依照本条规定采取的甲类传染病预防、控制措施的，国务院疾病预防控制部门及时提出建议，由国务院卫生健康主管部门报经国务院批准后予以公布。

依照本法规定采取甲类传染病预防、控制措施的传染病，适用本法有关甲类传染病的规定。

第五条 省级人民政府对本行政区域常见多发的其他传染病，可以根据情况决定按照乙类或者丙类传染病管理并予以公布，报国务院疾病预防控制部门备案。

第六条 国家建立健全传染病防治体制机制，明确属地、部门、单位和个人责任，实行联防联控、群防群控。

第七条 各级人民政府加强对传染病防治工作的领导。

县级以上人民政府建立健全传染病防治的疾病预防控制、医疗救治、应急处置、物资保障和监督管理体系，加强传染病防治能力建设。

第八条　国务院卫生健康主管部门牵头组织协调全国传染病疫情应对工作，负责全国传染病医疗救治的组织指导工作。国务院疾病预防控制部门负责全国传染病预防、控制的组织指导工作，负责全国传染病疫情应对相关工作。国务院其他有关部门在各自职责范围内负责传染病防治有关工作。

县级以上地方人民政府卫生健康主管部门牵头组织协调本行政区域传染病疫情应对工作，负责本行政区域传染病医疗救治的组织指导工作。县级以上地方人民政府疾病预防控制部门负责本行政区域传染病预防、控制的组织指导工作，负责本行政区域传染病疫情应对相关工作。县级以上地方人民政府其他有关部门在各自职责范围内负责传染病防治有关工作。

中国人民解放军、中国人民武装警察部队的传染病防治工作，依照本法和中央军事委员会的有关规定办理，由中央军事委员会负责卫生工作的部门实施监督管理。

第九条　国务院和县级以上地方人民政府的重大传染病疫情联防联控机制开展疫情会商研判，组织协调、督促推进疫情防控工作。

发生重大传染病疫情，构成突发公共卫生事件的，国务院和县级以上地方人民政府依照有关突发公共卫生事件应对的法律、行政法规规定设立应急指挥机构、启动应急响应。

第十条　国家建立健全城乡一体、上下联动、功能完备的疾病预防控制网络。

国务院疾病预防控制部门领导各级疾病预防控制机构业务工作，建立上下联动的分工协作机制。

国家、省级疾病预防控制机构成立疾病预防控制专家委员会，为传染病防治提供咨询、评估、论证等专业技术支持。

第十一条 国家坚持中西医并重，加强中西医结合，充分发挥中医药在传染病防治中的作用。

第十二条 国家支持和鼓励开展传染病防治的科学研究，组织开展传染病防治和公共卫生研究工作以及多学科联合攻关，提高传染病防治的科学技术水平。

第十三条 国家支持和鼓励在传染病防治中运用现代信息技术。

传染病防治中开展个人信息收集、存储、使用、加工、传输、提供、公开、删除等个人信息处理活动，应当遵守《中华人民共和国民法典》、《中华人民共和国个人信息保护法》等法律、行政法规的规定，采取措施确保个人信息安全，保护个人隐私，不得过度收集个人信息；相关信息不得用于传染病防治以外的目的。

第十四条 中华人民共和国领域内的一切单位和个人应当支持传染病防治工作，接受和配合为预防、控制、消除传染病危害依法采取的调查、采集样本、检验检测、隔离治疗、医学观察等措施，根据传染病预防、控制需要采取必要的防护措施。

国家支持和鼓励单位和个人参与传染病防治工作。各级人民政府应当完善有关制度，提供便利措施，引导单位和个人参与传染病防治的宣传教育、疫情报告、志愿服务和捐赠等活动。

第十五条 疾病预防控制部门、街道办事处和乡镇人民政府应当开展群防群控工作，指导居民委员会、村民委员会协助做好城乡社区的传染病预防、控制工作。

居民委员会、村民委员会应当协助县级以上人民政府及其有关部门、街道办事处和乡镇人民政府做好城乡社区传染病预防、控制的宣传教育、健康提示以及疫情防控工作，组织城乡居民参与城乡社区的传染病预防、控制活动。

县级以上人民政府及其有关部门、街道办事处和乡镇人民政府应当为居民委员会、村民委员会开展传染病预防、控制工作提供必要的支持和保障。

第十六条 国家和社会应当关心、帮助传染病患者、病原携带者和疑似患者，使其得到及时救治。

任何单位或者个人不得歧视传染病患者、病原携带者和疑似患者，不得泄露个人隐私、个人信息。

第十七条 采取传染病预防、控制措施，应当依照法定权限和程序，与传染病暴发、流行和可能造成危害的程度、范围等相适应；有多种措施可供选择的，应当选择有利于最大程度保护单位和个人合法权益，且对他人权益损害和生产生活影响较小的措施，并根据情况变化及时调整。

单位和个人认为有关地方人民政府、卫生健康主管部门、疾病预防控制部门和其他有关部门，以及疾病预防控制机构、医疗机构等实施的相关行政行为或者传染病预防、控制措施，侵犯其合法权益的，可以依法申请行政复议、提起诉讼。

第十八条 国家开展传染病防治健康教育工作，加强传染病防治法治宣传，提高公众传染病防治健康素养和法治意识。

学校、托育机构应当结合年龄特点对学生和幼儿进行健康知识和传染病防治知识的教育。

新闻媒体应当开展传染病防治和公共卫生知识的公益宣传。

个人应当学习传染病防治知识，养成良好的卫生习惯，培养健康的生活方式。

第十九条 国家支持和鼓励开展传染病防治的国际交流与合作。

第二十条 对在传染病防治工作中做出显著成绩和贡献的单位

和个人,按照国家有关规定给予表彰、奖励。

对因参与传染病防治工作致病、致残、死亡的人员,按照有关规定给予补助、抚恤和优待。

第二章 预　　防

第二十一条　各级人民政府组织开展爱国卫生运动,完善公共卫生设施,改善人居环境状况,加强社会健康管理,提升全民健康水平。

第二十二条　地方各级人民政府应当有计划地建设和改造城乡公共卫生设施,改善饮用水卫生条件,对污水、污物、粪便进行无害化处置。城市应当按照国家和地方有关标准修建公共厕所、垃圾和粪便无害化处置场以及排水和污水处理系统等公共卫生设施。农村应当逐步改造厕所,建立必要的卫生管理制度。

县级以上地方人民政府应当加强医疗废物收集处置能力建设。设区的市级人民政府应当确定医疗废物协同应急处置设施,提高重大传染病疫情医疗废物应急处置能力。

第二十三条　县级以上人民政府农业农村、水利、林业草原等部门依据职责指导、组织控制和消除农田、湖区、河流、牧场、林区、草原地区的鼠害与血吸虫危害,以及其他传播传染病的动物和病媒生物的危害。

交通运输、铁路、民用航空等部门依据职责指导、监督交通运输经营单位以及车站、港口、机场等相关场所的运营单位消除鼠害和蚊、蝇等病媒生物的危害。

第二十四条　国家实行免疫规划制度。政府免费向居民提供免疫规划疫苗。

国务院疾病预防控制部门制定国家免疫规划。省级人民政府在执行国家免疫规划时，可以根据本行政区域疾病预防、控制需要，增加免疫规划疫苗种类，加强重点地区、重点人群的预防接种，报国务院疾病预防控制部门备案并公布。

国家对儿童实行预防接种证制度。医疗机构、疾病预防控制机构与儿童的监护人、所在学校和托育机构应当相互配合，保证儿童及时接种免疫规划疫苗。

出现特别重大突发公共卫生事件或者其他严重威胁公众健康的紧急事件，可以依照《中华人民共和国疫苗管理法》的规定在一定范围和期限内紧急使用疫苗。

第二十五条 各级疾病预防控制机构在传染病预防、控制中履行下列职责：

（一）实施传染病预防控制规划，制定传染病预防控制技术方案并组织实施；

（二）组织开展传染病监测，收集、分析和报告传染病监测信息，预测传染病的发生、流行趋势；

（三）开展对传染病疫情和突发公共卫生事件的流行病学调查、风险评估、现场处理及其效果评价；

（四）开展传染病实验室检验检测、诊断、病原学鉴定；

（五）实施免疫规划，负责预防性生物制品的使用管理；

（六）开展健康教育、咨询，普及传染病防治知识；

（七）指导、培训下级疾病预防控制机构及其工作人员开展传染病预防、控制工作；

（八）指导医疗机构和学校、托育机构、养老机构、康复机构、福利机构、未成年人救助保护机构、救助管理机构、体育场馆、监管场所、车站、港口、机场等重点场所开展传染病预防、控制工作；

（九）开展传染病防治基础性研究、应用性研究和卫生评价，提供技术咨询。

国家、省级疾病预防控制机构主要负责对传染病发生、流行以及分布进行监测，对重点传染病流行趋势进行预测，提出预防、控制对策，参与并指导对暴发的传染病疫情进行调查处理，开展传染病病原学鉴定，建立检验检测质量控制体系，开展基础性研究、应用性研究、卫生评价以及标准规范制定。

设区的市级、县级疾病预防控制机构主要负责传染病预防控制规划、预防控制技术方案的落实，组织实施免疫、消毒，指导病媒生物危害控制，普及传染病防治知识，负责本地区传染病和突发公共卫生事件监测、报告，开展流行病学调查和常见病原微生物检测，开展应用性研究和卫生评价。

第二十六条 二级以上医疗机构应当有专门的科室并指定专门的人员，承担本机构的传染病预防、控制和传染病疫情报告以及责任区域内的传染病预防工作。

基层医疗卫生机构应当有专门的科室或者指定人员负责传染病预防、控制管理工作，在疾病预防控制机构指导下，承担本机构的传染病预防、控制和责任区域内的传染病防治健康教育、预防接种、传染病疫情报告、传染病患者健康监测以及城乡社区传染病疫情防控指导等工作。

第二十七条 医疗机构的基本标准、建筑设计和服务流程应当符合预防医疗机构感染的要求，降低传染病在医疗机构内传播的风险。

医疗机构应当严格执行国家规定的管理制度、操作规范，加强与医疗机构感染有关的危险因素监测、安全防护、消毒、隔离和医疗废物、医疗污水处置工作，防止传染病在医疗机构内的传播。

医疗机构应当按照规定对使用的医疗器械进行消毒或者灭菌；对按照规定一次性使用的医疗器械，应当在使用后予以销毁。

第二十八条 国务院疾病预防控制部门拟订国家重点传染病和突发原因不明的传染病预防控制应急预案，由国务院卫生健康主管部门批准、公布。

县级以上地方人民政府制定本行政区域重点传染病和突发原因不明的传染病预防控制应急预案，报上一级人民政府备案并予以公布。鼓励毗邻、相近地区的地方人民政府制定应对区域性传染病的联合预防控制应急预案。

传染病预防控制应急预案应当根据本法和其他有关法律、法规的规定，针对传染病暴发、流行情况和危害程度，具体规定传染病预防、控制工作的组织指挥体系和职责，传染病预防、监测、疫情报告和通报、疫情风险评估、预警、应急工作方案、人员调集以及物资和技术储备与调用等内容。

第二十九条 医疗卫生机构和学校、托育机构、养老机构、康复机构、福利机构、未成年人救助保护机构、救助管理机构、体育场馆、监管场所、车站、港口、机场等重点场所，应当制定本单位传染病预防控制应急预案。

第三十条 传染病预防控制应急预案应当增强科学性、针对性和可操作性，并根据实际需要和形势变化及时修订。

县级以上人民政府疾病预防控制部门应当根据有关传染病预防控制应急预案定期组织开展演练。医疗卫生机构和学校、托育机构、养老机构、康复机构、福利机构、未成年人救助保护机构、救助管理机构、体育场馆、监管场所、车站、港口、机场等重点场所应当根据本单位传染病预防控制应急预案开展演练。

第三十一条 疾病预防控制机构、医疗机构的实验室和从事病原微生物实验的单位，应当遵守有关病原微生物实验室生物安全的法律、行政法规规定，符合国家规定的条件和技术标准，建立严格的管理制度，对传染病病原体和样本按照规定的措施实行严格管理，严防传染病病原体的实验室感染和扩散。

第三十二条 采供血机构、生物制品生产单位应当严格执行国家有关规定，保证血液、血液制品的质量和安全。

禁止非法采集血液或者组织他人出卖血液。

疾病预防控制机构、医疗机构使用血液和血液制品，应当遵守国家有关规定，防止因输入血液、使用血液制品引起经血液传播疾病的发生。

第三十三条 各级人民政府应当加强艾滋病的防治工作，采取预防、控制措施，防止艾滋病的传播。具体办法由国务院制定。

第三十四条 国家建立健全人畜共患传染病防治的协作机制，统筹规划、协同推进预防、控制工作，做好重点人群健康教育、传染病监测、疫情调查处置和信息通报等工作。

县级以上人民政府农业农村、林业草原、卫生健康、疾病预防控制等部门依据职责负责与人畜共患传染病有关的动物传染病的防治管理工作，重点加强鼠疫、狂犬病、人感染新亚型流感、布鲁氏菌病、炭疽、血吸虫病、包虫病等人畜共患传染病的防治工作。

第三十五条 国家建立病原微生物菌（毒）种保藏库。

对病原微生物菌（毒）种和传染病检测样本的采集、保藏、提供、携带、运输、使用实行分类管理，建立健全严格的管理制度。从事相关活动应当遵守有关病原微生物实验室生物安全的法律、行政法规规定；依法需要经过批准或者进行备案的，应当取得批准或者进行备案。

第三十六条 对被传染病病原体污染的水、物品和场所，有关单位和个人应当在疾病预防控制机构的指导下或者按照其提出的卫生要求，进行科学严格消毒处理；拒绝消毒处理的，由当地疾病预防控制部门组织进行强制消毒处理。

第三十七条 在国家确认的自然疫源地计划兴建水利、交通、旅游、能源等大型建设项目的，应当事先由省级以上疾病预防控制机构对施工环境进行卫生调查。建设单位应当根据疾病预防控制机构的意见，采取必要的传染病预防、控制措施。施工期间，建设单位应当设专人负责工地上的卫生防疫工作。施工期间和工程竣工后，疾病预防控制机构应当对可能发生的传染病进行监测。

第三十八条 用于传染病防治的消毒产品、饮用水供水单位供应的饮用水和涉及饮用水卫生安全的产品，应当符合国家卫生标准和卫生规范。

用于传染病防治的消毒产品的生产企业，应当经省级人民政府疾病预防控制部门批准，取得卫生许可。利用新材料、新工艺技术和新杀菌原理生产的消毒剂和消毒器械，应当经国务院疾病预防控制部门批准，取得卫生许可；其他消毒剂、消毒器械以及抗（抑）菌剂，应当报省级人民政府疾病预防控制部门备案。

饮用水供水单位应当经设区的市级或者县级人民政府疾病预防控制部门批准，取得卫生许可。涉及饮用水卫生安全的产品应当经省级以上人民政府疾病预防控制部门批准，取得卫生许可。

第三十九条 传染病患者、病原携带者和疑似患者应当如实提供相关信息，在治愈前或者在排除传染病嫌疑前，不得从事法律、行政法规和国务院疾病预防控制部门规定禁止从事的易使该传染病扩散的工作。

传染病患者、病原携带者、疑似患者以及上述人员的密切接触者应当采取必要的防护措施。

任何单位或者个人不得以任何方式故意传播传染病。

第四十条 学校、托育机构、养老机构、康复机构、福利机构、未成年人救助保护机构、救助管理机构、体育场馆、监管场所、车站、港口、机场等重点场所应当落实主体责任,加强传染病预防、控制能力建设,在疾病预防控制机构指导下开展传染病预防、控制工作。

第三章　监测、报告和预警

第四十一条 国家加强传染病监测预警工作,建设多点触发、反应快速、权威高效的传染病监测预警体系。

第四十二条 国家建立健全传染病监测制度。

国务院疾病预防控制部门会同国务院有关部门制定国家传染病监测规划和方案。省级人民政府疾病预防控制部门会同同级人民政府有关部门,根据国家传染病监测规划和方案,制定本行政区域传染病监测计划和工作方案,报国务院疾病预防控制部门审核后实施。

国家加强传染病监测,依托传染病监测系统实行传染病疫情和突发公共卫生事件网络直报,建立重点传染病以及原因不明的传染病监测哨点,拓展传染病症状监测范围,收集传染病症候群、群体性不明原因疾病等信息,建立传染病病原学监测网络,多途径、多渠道开展多病原监测,建立智慧化多点触发机制,增强监测的敏感性和准确性,提高实时分析、集中研判能力,及时发现传染病疫情和突发公共卫生事件。

第四十三条 疾病预防控制机构对传染病的发生、流行以及影响其发生、流行的因素进行监测,及时掌握重点传染病流行强度、危害程度以及病原体变异情况。

疾病预防控制机构应当加强原因不明的传染病监测，提高快速发现和及时甄别能力；对新发传染病、境内已消除的传染病以及境外发生、境内尚未发生的传染病进行监测。

第四十四条 国家建立跨部门、跨地域的传染病监测信息共享机制，加强卫生健康、疾病预防控制、生态环境、农业农村、海关、市场监督管理、移民管理、林业草原等部门的联动监测和信息共享。

国家建立临床医疗、疾病预防控制信息的互通共享制度，加强医防协同，推动医疗机构等的信息系统与传染病监测系统互联互通，建立健全传染病诊断、病原体检测数据等的自动获取机制，规范信息共享流程，确保个人信息安全。

第四十五条 国家建立健全传染病疫情报告制度。

疾病预防控制机构、医疗机构和采供血机构及其执行职务的人员发现甲类传染病患者、病原携带者、疑似患者或者新发传染病、突发原因不明的传染病，以及其他传染病暴发、流行时，应当于两小时内进行网络直报；发现乙类传染病患者、疑似患者或者国务院疾病预防控制部门规定需要报告的乙类传染病病原携带者时，应当于二十四小时内进行网络直报；发现丙类传染病患者时，应当于二十四小时内进行网络直报。

中国人民解放军、中国人民武装警察部队的医疗机构向社会公众提供医疗服务的，应当依照前款规定报告传染病疫情。

传染病疫情报告遵循属地管理原则，具体办法由国务院疾病预防控制部门制定。

第四十六条 疾病预防控制机构、医疗机构和采供血机构应当建立健全传染病疫情报告管理制度，加强传染病疫情和相关信息报告的培训、日常管理和质量控制，定期对本机构报告的传染病疫情和相关信息以及报告质量进行分析、汇总和通报。

第四十七条 学校、托育机构、养老机构、康复机构、福利机构、未成年人救助保护机构、救助管理机构、体育场馆、监管场所、车站、港口、机场等重点场所发现传染病患者、疑似患者时，应当按照国务院疾病预防控制部门的规定，向所在地疾病预防控制机构报告有关信息。

检验检测机构等应当按照国务院疾病预防控制部门的规定，向所在地疾病预防控制机构报告与传染病防治有关的信息。

第四十八条 任何单位和个人发现传染病患者、疑似患者时，应当及时向附近的疾病预防控制机构、医疗机构或者疾病预防控制部门报告。

疾病预防控制部门应当公布热线电话等，畅通报告途径，确保及时接收、调查和处理相关报告信息。

第四十九条 疾病预防控制机构应当设立或者指定专门的部门、人员负责传染病疫情信息管理工作，主动收集、分析、调查、核实传染病疫情信息。

疾病预防控制机构接到甲类传染病、新发传染病、突发原因不明的传染病报告或者发现传染病暴发、流行时，应当于两小时内完成传染病疫情信息核实以及向同级卫生健康主管部门、疾病预防控制部门和上级疾病预防控制机构报告的工作。疾病预防控制部门接到报告后应当立即报告同级人民政府，同时报告上一级人民政府卫生健康主管部门、疾病预防控制部门和国务院卫生健康主管部门、疾病预防控制部门。

第五十条 任何单位或者个人不得干预传染病疫情报告。

依照本法规定负有传染病疫情报告职责的人民政府有关部门、疾病预防控制机构、医疗机构、采供血机构及其工作人员，不得隐瞒、谎报、缓报、漏报传染病疫情。

第五十一条 对及时发现并报告新发传染病、突发原因不明的传染病的单位和个人,按照国家有关规定给予奖励。

对经调查排除传染病疫情的,报告的单位和个人不承担法律责任。

第五十二条 国家建立健全传染病疫情风险评估制度。

疾病预防控制机构应当及时分析传染病和健康危害因素相关信息,评估发生传染病疫情的风险、可能造成的影响以及疫情发展态势。

第五十三条 国家建立健全传染病预警制度。

疾病预防控制机构根据传染病监测信息和传染病疫情风险评估结果,向社会发布健康风险提示;发现可能发生突发公共卫生事件,经评估认为需要发布预警的,向同级疾病预防控制部门提出发布预警的建议。疾病预防控制部门收到建议后应当及时组织专家进行分析研判,需要发布预警的,由卫生健康主管部门、疾病预防控制部门立即向同级人民政府报告。

县级以上人民政府依照有关突发公共卫生事件应对的法律、行政法规和国务院规定的权限和程序,决定向社会发布预警。

第五十四条 县级以上地方人民政府疾病预防控制部门应当及时向本行政区域的疾病预防控制机构和医疗机构通报传染病疫情以及监测、预警的相关信息。接到通报的疾病预防控制机构和医疗机构应当及时报告本机构的主要负责人,并告知本机构的有关人员。

第五十五条 国务院疾病预防控制部门应当及时向省级人民政府疾病预防控制部门和中央军事委员会负责卫生工作的部门通报全国传染病疫情以及监测、预警的相关信息。中央军事委员会负责卫生工作的部门发现传染病疫情时,应当向国务院疾病预防控制部门通报。

毗邻或者相关地区的地方人民政府疾病预防控制部门,应当及时相互通报本行政区域的传染病疫情以及监测、预警的相关信息。

第五十六条 县级以上人民政府疾病预防控制部门与同级人民政府教育、公安、民政、司法行政、生态环境、农业农村、市场监督管理、林业草原、中医药等部门建立传染病疫情通报机制,及时共享传染病疫情信息。

传染病暴发、流行时,国务院卫生健康、疾病预防控制、外交、工业和信息化、公安、交通运输、铁路、民用航空、海关、移民管理等部门以及中国人民解放军、中国人民武装警察部队的有关单位和部门等建立工作机制,及时共享传染病疫情信息。

第五十七条 国家建立健全传染病疫情信息公布制度。

国务院疾病预防控制部门定期向社会公布全国传染病疫情信息。县级以上地方人民政府疾病预防控制部门定期向社会公布本行政区域的传染病疫情信息。

传染病暴发、流行时,县级以上地方人民政府疾病预防控制部门应当及时、准确地向社会公布本行政区域传染病名称、流行传播范围以及确诊病例、疑似病例、死亡病例数量等传染病疫情信息。传染病跨省级行政区域暴发、流行时,国务院疾病预防控制部门应当及时、准确地向社会公布上述信息。

县级以上人民政府疾病预防控制部门发现虚假或者不完整传染病疫情信息的,应当及时发布准确的信息予以澄清。

传染病疫情信息公布的具体办法由国务院疾病预防控制部门制定。

第四章 疫情控制

第五十八条 医疗机构、疾病预防控制机构发现甲类传染病时，应当立即采取下列措施，并向县级以上地方人民政府疾病预防控制部门报告：

（一）对甲类传染病患者、病原携带者，予以隔离治疗、医学观察；

（二）对甲类传染病疑似患者，确诊前单独隔离治疗；

（三）对甲类传染病患者、病原携带者、疑似患者的密切接触者，予以医学观察，并采取其他必要的预防措施。

医疗机构、疾病预防控制机构对甲类传染病患者、病原携带者、疑似患者以及上述人员的密切接触者采取隔离治疗、医学观察措施，应当根据国家有关规定和医学检查结果科学合理确定具体人员范围和期限，并根据情况变化及时调整。采取隔离治疗、医学观察措施，不得超出规定的范围和期限。

医疗机构、疾病预防控制机构应当向甲类传染病患者、病原携带者、疑似患者以及上述人员的密切接触者书面告知诊断或者判定结果和依法应当采取的措施。

甲类传染病患者、病原携带者、疑似患者以及上述人员的密切接触者应当主动接受和配合医学检查、隔离治疗、医学观察等措施。

拒绝隔离治疗、医学观察或者隔离治疗、医学观察的期限未满擅自脱离的，由公安机关协助医疗机构、疾病预防控制机构采取强制隔离治疗、医学观察措施。

第五十九条 医疗机构、疾病预防控制机构接到其他单位和个人报告甲类传染病的，有关甲类传染病患者、疑似患者的移交按照国务院疾病预防控制部门的规定执行。

第六十条 医疗机构发现乙类或者丙类传染病患者时，应当根据病情采取必要的治疗和控制传播措施。

县级以上地方人民政府疾病预防控制部门指定的医疗机构对肺结核患者进行治疗；对具有传染性的肺结核患者进行耐药检查和规范隔离治疗，对其密切接触者进行筛查。基层医疗卫生机构对肺结核患者进行健康管理。具体办法由国务院疾病预防控制部门拟订，报国务院卫生健康主管部门审核、发布。

第六十一条　医疗机构对本机构内被传染病病原体污染的场所、物品以及医疗废物、医疗污水，应当依照有关法律、行政法规的规定实施消毒和无害化处置。

第六十二条　疾病预防控制机构发现传染病疫情或者接到传染病疫情报告时，应当及时采取下列措施：

（一）对传染病疫情进行流行病学调查，根据调查情况提出对受影响的相关区域的防控建议，对被污染的场所进行卫生处理，判定密切接触者，指导做好对密切接触者的管理，并向疾病预防控制部门提出传染病疫情防控方案；

（二）传染病暴发、流行时，对受影响的相关区域进行卫生处理，向疾病预防控制部门提出传染病疫情防控方案，并按照传染病疫情防控相关要求采取措施；

（三）指导下级疾病预防控制机构、医疗机构实施传染病预防、控制措施，组织、指导有关单位对传染病疫情的处理。

有关单位和个人应当接受和配合疾病预防控制机构开展流行病学调查，如实提供信息。疾病预防控制机构开展流行病学调查，需要有关部门和单位协助的，有关部门和单位应当予以协助。

发生传染病疫情时，疾病预防控制机构和省级以上人民政府疾病预防控制部门指派的其他与传染病有关的专业技术机构，可以进入受影响的相关区域进行调查、采集样本、技术分析和检验检测。被调查单位和个人应当如实提供信息；任何单位或者个人不得隐瞒信息、阻碍调查。

第六十三条 传染病暴发、流行时，县级以上地方人民政府应当立即组织力量，按照传染病预防控制应急预案进行防治，控制传染源，切断传染病的传播途径；发生重大传染病疫情，经评估必要时，可以采取下列紧急措施：

（一）限制或者停止集市、影剧院演出或者其他人群聚集的活动；

（二）停工、停业、停课；

（三）封闭或者封存被传染病病原体污染的公共饮用水源、食品以及相关物品；

（四）控制或者扑杀、无害化处理染疫动物；

（五）封闭可能造成传染病扩散的场所；

（六）防止传染病传播的其他必要措施。

县级以上地方人民政府采取前款规定的紧急措施，应当同时向上一级人民政府报告。接到报告的上级人民政府认为采取的紧急措施不适当的，应当立即调整或者撤销。

必要时，国务院或者国务院授权的部门可以决定在全国或者部分区域采取本条第一款规定的紧急措施。

第六十四条 对已经发生甲类传染病病例的场所或者该场所内的特定区域的人员，所在地县级以上地方人民政府可以实施隔离措施，同时向上一级人民政府报告。接到报告的上级人民政府认为实施的隔离措施不适当的，应当立即调整或者撤销。

被实施隔离措施的人员应当予以配合；拒绝执行隔离措施的，由公安机关协助疾病预防控制机构采取强制隔离措施。

第六十五条 发生新发传染病、突发原因不明的传染病，县级以上地方人民政府经评估认为确有必要的，可以预先采取本法规定的甲类传染病预防、控制措施，同时向上一级人民政府报告。接到报告的上级人民政府认为预先采取的预防、控制措施不适当的，应当立即调整或者撤销。

第六十六条 因甲类、乙类传染病发生重大传染病疫情时，县级以上地方人民政府报经上一级人民政府决定，可以对进入或者离开本行政区域受影响的相关区域的人员、物资和交通工具实施卫生检疫。

因甲类传染病发生重大传染病疫情时，省级人民政府可以决定对本行政区域受影响的相关区域实施封锁；封锁大、中城市或者跨省级行政区域的受影响的相关区域，以及因封锁导致中断干线交通或者封锁国境的，由国务院决定。

第六十七条 依照本法第六十三条至第六十六条规定采取传染病疫情防控措施时，决定采取措施的机关应当向社会发布公告，明确措施的具体内容、实施范围和实施期限，并进行必要的解释说明。相关疫情防控措施的解除，由原决定机关决定并宣布。

采取前款规定的措施期间，当地人民政府应当保障食品、饮用水等基本生活必需品的供应，提供基本医疗服务，维护社会稳定；对未成年人、老年人、残疾人、孕产期和哺乳期的妇女以及需要及时救治的伤病人员等群体给予特殊照顾和安排，并确保相关人员获得医疗救治。当地人民政府应当公布求助电话等，畅通求助途径，及时向有需求的人员提供帮助。

因采取本法第五十八条、第六十三条至第六十六条规定的措施导致劳动者不能工作的，用人单位应当保留其工作，按照规定支付其在此期间的工资、发放生活费。用人单位可以按照规定享受有关帮扶政策。

第六十八条 发生甲类传染病时，为了防止该传染病通过交通工具及其乘运的人员、物资传播，省级人民政府可以决定实施交通卫生检疫。具体办法由国务院制定。

第六十九条 发生重大传染病疫情时，根据传染病疫情防控的需要，国务院及其有关部门有权在全国或者跨省级行政区域范围内，县级以上地方人民政府及其有关部门有权在本行政区域内，紧急调集人员或者调用储备物资，临时征用房屋、交通工具以及相关设施、设备、场地和其他物资，要求有关单位和个人提供技术支持。

紧急调集人员的，应当按照规定给予合理报酬。临时征用房屋、交通工具以及相关设施、设备、场地和其他物资，要求有关单位和个人提供技术支持的，应当依法给予公平、合理的补偿；能返还的，应当及时返还。

第七十条 医疗机构、疾病预防控制机构、检验检测机构应当按照传染病检验检测技术规范和标准开展检验检测活动，加强检验检测质量控制。

第七十一条 患甲类传染病、炭疽死亡的，应当将其尸体立即进行卫生处理，就近火化；患其他传染病死亡的，必要时应当将其尸体进行卫生处理后火化或者按照规定深埋。对尸体进行火化或者深埋应当及时告知死者家属。

为了查找传染病病因，医疗机构在必要时可以按照国务院卫生健康主管部门、疾病预防控制部门的规定，对传染病患者尸体或者疑似传染病患者尸体进行解剖查验，并应当及时告知死者家属。对尸体进行解剖查验应当在符合生物安全条件的场所进行。

第七十二条 本法第六十六条规定的受影响的相关区域中被传染病病原体污染或者可能被传染病病原体污染的物品，经消毒可以使用的，应当在疾病预防控制机构的指导下，进行消毒处理后，方可使用、出售和运输。

第七十三条 传染病暴发、流行时，有关生产、供应单位应当及时生产、供应传染病疫情防控所需的药品、医疗器械和其他应急物资。交通运输、邮政、快递经营单位应当优先运送参与传染病疫情防控的人员以及传染病疫情防控所需的药品、医疗器械和其他应急物资。县级以上人民政府有关部门应当做好组织协调工作。

第七十四条 单位和个人认为采取本法第五十八条、第六十三条至第六十六条规定的传染病疫情防控措施侵犯其合法权益的，可以向县级以上地方人民政府或者其指定的部门提出申诉，申诉期间相关措施不停止执行。县级以上地方人民政府应当畅通申诉渠道，完善处理程序，确保有关申诉及时处理。

第五章 医疗救治

第七十五条 县级以上人民政府应当加强和完善常态与应急相结合的传染病医疗救治服务网络建设，指定具备传染病救治条件和能力的医疗机构承担传染病救治任务，根据传染病救治需要设置传染病专科医院。

第七十六条 国家建立健全重大传染病疫情医疗救治体系，建立由传染病专科医院、综合医院、中医医院、院前急救机构、临时性救治场所、基层医疗卫生机构、血站等构成的综合医疗救治体系，对传染病患者进行分类救治，加强重症患者医疗救治，提高重大传染病疫情医疗救治能力。

第七十七条 医疗机构应当对传染病患者、疑似患者提供医疗救护、现场救援和接诊治疗，按照规定填写并妥善保管病历记录以及其他有关资料。

医疗机构应当按照国务院卫生健康主管部门的规定设置发热门

诊，加强发热门诊标准化建设，优化服务流程，提高服务能力。

医疗机构应当实行传染病预检、分诊制度；对传染病患者、疑似患者，应当引导至相对隔离的分诊点进行初诊。医疗机构不具备相应救治能力的，应当将传染病患者、疑似患者及其病历记录一并转至具备相应救治能力的医疗机构。转诊过程中，对传染病患者、疑似患者应当采取必要的防护措施。

第七十八条 医疗机构应当按照传染病诊断标准和治疗要求采取相应措施，充分发挥中西医各自优势，加强中西医结合，提高传染病诊断和救治能力。

国家支持和鼓励医疗机构结合自身特色，加强传染病诊断和救治研究。

第七十九条 国家鼓励传染病防治用药品、医疗器械的研制和创新，对防治传染病急需的药品、医疗器械予以优先审评审批。

因重大传染病疫情医疗救治紧急需要，医师可以按照国家统一制定的诊疗方案，在一定范围和期限内采用药品说明书中未明确的药品用法进行救治。

发生重大传染病疫情，构成特别重大突发公共卫生事件的，国务院卫生健康主管部门根据传染病预防、控制和医疗救治需要提出紧急使用药物的建议，经国务院药品监督管理部门组织论证同意后可以在一定范围和期限内紧急使用。

第八十条 国家建立重大传染病疫情心理援助制度。县级以上地方人民政府应当组织专业力量，定期开展培训和演练；发生重大传染病疫情时，对传染病患者、接受医学观察的人员、病亡者家属、相关工作人员等重点人群以及社会公众及时提供心理疏导和心理干预等服务。

第六章　保障措施

第八十一条　国家将传染病防治工作纳入国民经济和社会发展规划，县级以上地方人民政府将传染病防治工作纳入本行政区域的国民经济和社会发展规划。

第八十二条　县级以上地方人民政府按照本级政府职责，负责本行政区域传染病预防、控制工作经费。

国务院卫生健康主管部门、疾病预防控制部门会同国务院有关部门，根据传染病流行趋势，确定全国传染病预防、监测、预测、预警、控制、救治、监督检查等项目。各级财政按照事权划分做好经费保障。

省级人民政府根据本行政区域传染病流行趋势，在国务院卫生健康主管部门、疾病预防控制部门确定的项目基础上，确定传染病预防、监测、检测、风险评估、预测、预警、控制、救治、监督检查等项目，并保障项目的实施经费。

第八十三条　县级以上人民政府应当按照规定落实疾病预防控制机构基本建设、设备购置、学科建设、人才培养等相关经费；对其他医疗卫生机构承担疾病预防控制任务所需经费按照规定予以保障。

第八十四条　国家加强基层传染病防治体系建设，扶持欠发达地区、民族地区和边境地区的传染病防治工作。

地方各级人民政府应当保障基层传染病预防、控制工作的必要经费。

第八十五条　国家加强医疗机构疾病预防控制能力建设，持续提升传染病专科医院、综合医院的传染病监测、检验检测、诊断和救治、科学研究等能力和水平。

国家创新医防协同、医防融合机制，推进医疗机构与疾病预防控制机构深度协作。

第八十六条 国家加强传染病防治人才队伍建设，推动传染病防治相关学科建设。

开设医学专业的院校应当加强预防医学教育和科学研究，对在校医学专业学生以及其他与传染病防治相关的人员进行预防医学教育和培训，为传染病防治工作提供专业技术支持。

疾病预防控制机构、医疗机构等应当定期对其工作人员进行传染病防治知识、技能的培训。

第八十七条 县级以上人民政府应当加强疾病预防控制信息化建设，将其纳入全民健康信息化建设。

县级以上人民政府应当建立传染病预防控制信息共享机制，利用全民健康信息平台、政务数据共享平台、应急管理信息系统等，共享并综合应用相关数据。

国家加强传染病防治相关网络安全和数据安全管理工作，提高技术防范水平。

第八十八条 对符合国家规定的传染病医疗费用，基本医疗保险按照规定予以支付。

对患者、疑似患者治疗甲类传染病以及依照本法规定采取甲类传染病预防、控制措施的传染病的医疗费用，基本医疗保险、大病保险、医疗救助等按照规定支付后，其个人负担部分，政府按照规定予以补助。

国家对患有特定传染病的困难人群实行医疗救助，减免医疗费用。

国家鼓励商业保险机构开发传染病防治相关保险产品。

第八十九条 国家建立健全公共卫生应急物资保障体系，提高传染病疫情防控应急物资保障水平，县级以上人民政府发展改革部门统筹防控应急物资保障工作。

国家加强医药储备，将传染病防治相关药品、医疗器械、卫生防护用品等物资纳入公共卫生应急物资保障体系，实行中央和地方两级储备。

国务院工业和信息化部门会同国务院有关部门，根据传染病预防、控制和公共卫生应急准备的需要，加强医药实物储备、产能储备、技术储备，指导地方开展医药储备工作，完善储备调整、调用和轮换机制。

第九十条 国家建立少见罕见传染病和境内已消除的传染病防治能力储备机制，支持相关疾病预防控制机构、医疗机构、科研机构持续开展相关培训、基础性和应用性研究、现场防治等工作，支持相关专家参与国际防控工作，持续保持对上述传染病进行识别、检验检测、诊断和救治的能力。

第九十一条 对从事传染病预防、医疗、科研、教学和现场处理疫情的人员，以及在生产、工作中接触传染病病原体的其他人员，按照国家规定采取有效的卫生防护措施和医疗保健措施，并给予适当的津贴。

第七章 监督管理

第九十二条 县级以上人民政府应当定期研究部署重大传染病疫情防控等疾病预防控制工作，定期向社会发布传染病防治工作报告，向本级人民代表大会常务委员会报告传染病防治工作，依法接受监督。

县级以上人民政府对下级人民政府履行传染病防治职责进行监督。地方人民政府未履行传染病防治职责的，上级人民政府可以对其主要负责人进行约谈。被约谈的地方人民政府应当立即采取措施进行整改,约谈和整改情况应当纳入地方人民政府工作评议、考核记录。履行传染病防治职责不力、失职失责,造成严重后果或者恶劣影响的,依法进行问责。

第九十三条 县级以上人民政府疾病预防控制部门对传染病防治工作履行下列监督检查职责:

(一)对下级人民政府疾病预防控制部门履行本法规定的职责进行监督检查;

(二)对疾病预防控制机构、医疗机构、采供血机构的传染病预防、控制工作进行监督检查;

(三)对用于传染病防治的消毒产品及其生产企业、饮用水供水单位以及涉及饮用水卫生安全的产品进行监督检查;

(四)对公共场所、学校、托育机构的卫生条件和传染病预防、控制措施进行监督检查。

县级以上人民政府卫生健康、疾病预防控制等部门依据职责对病原微生物菌(毒)种和传染病检测样本的采集、保藏、提供、携带、运输、使用进行监督检查。

第九十四条 县级以上人民政府卫生健康主管部门、疾病预防控制部门在履行监督检查职责时,有权进入传染病疫情发生现场及相关单位,开展查阅或者复制有关资料、采集样本、制作现场笔录等调查取证工作。被检查单位应当予以配合,不得拒绝、阻挠。

第九十五条 县级以上地方人民政府疾病预防控制部门在履行监督检查职责时,发现可能被传染病病原体污染的公共饮用水源、食品以及相关物品,如不及时采取控制措施可能导致传染病传播、暴发、流行的,应当采取封闭公共饮用水源、封存食品以及相关物品或者暂停销售的临时控制措施,并予以检验或者进行消毒处理。

经检验，对被污染的食品，应当予以销毁；对未被污染的食品或者经消毒处理后可以使用的物品，应当及时解除控制措施。

根据县级以上地方人民政府采取的传染病预防、控制措施，市场监督管理部门可以采取封存或者暂停销售可能导致传染病传播、暴发、流行的食品以及相关物品等措施。

第九十六条 县级以上人民政府卫生健康主管部门、疾病预防控制部门工作人员依法执行职务时，应当不少于两人，并出示执法证件，填写执法文书。

执法文书经核对无误后，应当由执法人员和当事人签名。当事人拒绝签名的，执法人员应当注明情况。

第九十七条 县级以上人民政府卫生健康主管部门、疾病预防控制部门应当依法建立健全内部监督制度，对其工作人员依据法定职权和程序履行职责的情况进行监督。

上级人民政府卫生健康主管部门、疾病预防控制部门发现下级人民政府卫生健康主管部门、疾病预防控制部门不及时处理职责范围内的事项或者不履行职责的，应当责令纠正或者直接予以处理。

第九十八条 县级以上人民政府卫生健康主管部门、疾病预防控制部门和其他有关部门应当依法履行职责，自觉接受社会监督。

任何单位和个人对违反本法规定的行为，有权向县级以上人民政府及其卫生健康主管部门、疾病预防控制部门和有关机关举报。接到举报的机关应当及时调查、处理。对查证属实的举报，按照规定给予举报人奖励。县级以上人民政府及其卫生健康主管部门、疾病预防控制部门和有关机关应当对举报人的信息予以保密，保护举报人的合法权益。

第九十九条 卫生健康、疾病预防控制等部门发现涉嫌传染病防治相关犯罪的，应当按照有关规定及时将案件移送公安机关。对移送的案件，公安机关应当及时审查处理。

对依法不需要追究刑事责任或者免予刑事处罚，但依法应当追究行政责任的，公安机关、人民检察院、人民法院应当及时将案件移送卫生健康、疾病预防控制等部门，有关部门应当依法处理。

公安机关、人民检察院、人民法院商请卫生健康、疾病预防控制等部门提供检验检测结论、认定意见以及对涉案物品进行无害化处置等协助的，有关部门应当及时予以协助。

第八章 法 律 责 任

第一百条 违反本法规定，地方各级人民政府未依法履行报告职责，隐瞒、谎报、缓报、漏报传染病疫情，干预传染病疫情报告，或者在传染病暴发、流行时未依法组织救治、采取控制措施的，由上级人民政府责令改正，通报批评；情节严重的，对负有责任的领导人员和直接责任人员依法给予处分。

第一百零一条 违反本法规定，县级以上人民政府卫生健康主管部门、疾病预防控制部门有下列情形之一的，由本级人民政府或者上级人民政府卫生健康主管部门、疾病预防控制部门责令改正，通报批评；情节严重的，对负有责任的领导人员和直接责任人员依法给予处分：

（一）未依法履行传染病疫情通报、报告或者公布职责，隐瞒、谎报、缓报、漏报传染病疫情，或者干预传染病疫情报告；

（二）发生或者可能发生传染病传播时未依法采取预防、控制措施；

（三）未依法履行监督检查职责，或者发现违法行为不及时查处；

（四）未及时调查、处理对下级人民政府卫生健康主管部门、疾病预防控制部门不履行传染病防治职责的举报；

（五）违反本法规定的其他失职、渎职行为。

第一百零二条　违反本法规定，县级以上人民政府有关部门未依法履行传染病防治、疫情通报和保障职责的，由本级人民政府或者上级人民政府有关部门责令改正，通报批评；情节严重的，对负有责任的领导人员和直接责任人员依法给予处分。

第一百零三条　违反本法规定，疾病预防控制机构有下列情形之一的，由县级以上人民政府疾病预防控制部门责令改正，给予警告或者通报批评，对直接负责的主管人员和其他直接责任人员依法给予处分，并可以由原发证部门依法吊销有关责任人员的执业证书：

（一）未依法履行传染病监测、疫情风险评估职责；

（二）未依法履行传染病疫情报告职责，隐瞒、谎报、缓报、漏报传染病疫情，或者干预传染病疫情报告；

（三）未主动收集传染病疫情信息，或者对传染病疫情信息和疫情报告未及时进行分析、调查、核实；

（四）发现传染病疫情或者接到传染病疫情报告时，未依据职责及时采取本法规定的措施；

（五）未遵守国家有关规定，导致因使用血液制品引起经血液传播疾病的发生。

第一百零四条　违反本法规定，医疗机构有下列情形之一的，由县级以上人民政府疾病预防控制部门责令改正，给予警告或者通报批评，可以并处十万元以下罚款；情节严重的，可以由原发证部门或者原备案部门依法吊销医疗机构执业许可证或者责令停止执业活动，对直接负责的主管人员和其他直接责任人员依法给予处分，并可以由原发证部门责令有关责任人员暂停六个月以上一年以下执业活动直至依法吊销执业证书：

（一）未按照规定承担本机构的传染病预防、控制工作，医疗机构感染控制任务或者责任区域内的传染病预防工作；

（二）未按照规定报告传染病疫情，隐瞒、谎报、缓报、漏报传染病疫情，或者干预传染病疫情报告；

（三）未按照规定对本机构内被传染病病原体污染的场所、物品以及医疗废物、医疗污水实施消毒或者无害化处置。

违反本法规定，医疗机构有下列情形之一的，由县级以上人民政府卫生健康主管部门依照前款规定给予行政处罚，对直接负责的主管人员和其他直接责任人员依法给予处分：

（一）发现传染病疫情时，未按照规定对传染病患者、疑似患者提供医疗救护、现场救援、接诊治疗、转诊，或者拒绝接受转诊；

（二）未遵守国家有关规定，导致因输入血液、使用血液制品引起经血液传播疾病的发生。

医疗机构未按照规定对使用的医疗器械进行消毒或者灭菌，或者对按照规定一次性使用的医疗器械使用后未予以销毁、再次使用的，依照有关医疗器械管理的法律、行政法规规定追究法律责任。

第一百零五条 违反本法规定，采供血机构未按照规定报告传染病疫情，隐瞒、谎报、缓报、漏报传染病疫情，或者干预传染病疫情报告的，由县级以上人民政府疾病预防控制部门责令改正，给予警告或者通报批评，可以并处十万元以下罚款；情节严重的，可以由原发证部门依法吊销采供血机构的执业许可证，对直接负责的主管人员和其他直接责任人员依法给予处分，并可以由原发证部门责令有关责任人员暂停六个月以上一年以下执业活动直至依法吊销执业证书。

采供血机构未执行国家有关规定，导致因输入血液引起经血液传播疾病发生的，由县级以上人民政府卫生健康主管部门依照前款规定给予行政处罚，对直接负责的主管人员和其他直接责任人员依法给予处分。

非法采集血液或者组织他人出卖血液的，由县级以上人民政府卫生健康主管部门责令停止违法行为，没收违法所得，并处五万元以上五十万元以下罚款。

第一百零六条 违反本法规定，交通运输、邮政、快递经营单位未优先运送参与传染病疫情防控的人员以及传染病疫情防控所需的药品、医疗器械和其他应急物资的，由交通运输、铁路、民用航空、邮政管理部门依据职责责令改正，给予警告；造成严重后果的，并处一万元以上十万元以下罚款，对直接负责的主管人员和其他直接责任人员依法给予处分。

第一百零七条 违反本法规定，有下列情形之一的，由县级以上人民政府疾病预防控制部门责令改正，给予警告，没收违法所得，可以并处二十万元以下罚款；情节严重的，可以由原发证部门依法吊销相关许可证，对直接负责的主管人员和其他直接责任人员可以禁止其五年内从事相应生产经营活动：

（一）饮用水供水单位未取得卫生许可擅自供水，或者供应的饮用水不符合国家卫生标准和卫生规范造成或者可能造成传染病传播、暴发、流行；

（二）生产、销售未取得卫生许可的涉及饮用水卫生安全的产品，或者生产、销售的涉及饮用水卫生安全的产品不符合国家卫生标准和卫生规范；

（三）未取得卫生许可生产用于传染病防治的消毒产品，或者生产、销售的用于传染病防治的消毒产品不符合国家卫生标准和卫生规范；

（四）生产、销售未取得卫生许可的利用新材料、新工艺技术和新杀菌原理生产的消毒剂和消毒器械；

（五）出售、运输本法第六十六条规定的受影响的相关区域中被传染病病原体污染或者可能被传染病病原体污染的物品，未进行消毒处理。

第一百零八条 违反本法规定，有下列情形之一的，由县级以上人民政府卫生健康、疾病预防控制等部门依据职责责令改正，给予警告或者通报批评，没收违法所得，可以并处十万元以下罚款；情节严重的，可以由原发证部门依法吊销相关许可证，对直接负责的主管人员和其他直接责任人员依法给予处分，并可以由原发证部门责令有关责任人员暂停六个月以上一年以下执业活动直至依法吊销执业证书：

（一）疾病预防控制机构、医疗机构的实验室和从事病原微生物实验的单位，不符合国家规定的条件和技术标准，对传染病病原体和样本未按照规定的措施实行严格管理；

（二）违反国家有关规定，采集、保藏、提供、携带、运输、使用病原微生物菌（毒）种和传染病检测样本；

（三）医疗机构、疾病预防控制机构、检验检测机构未按照传染病检验检测技术规范和标准开展检验检测活动，或者出具虚假检验检测报告；

（四）生产、销售应当备案而未备案的消毒剂、消毒器械以及抗（抑）菌剂；

（五）公共场所、学校、托育机构的卫生条件和传染病预防、控制措施不符合国家卫生标准和卫生规范。

第一百零九条 违反本法规定，在国家确认的自然疫源地兴建

附录

水利、交通、旅游、能源等大型建设项目，未经卫生调查进行施工，或者未按照疾病预防控制机构的意见采取必要的传染病预防、控制措施的，由县级以上人民政府疾病预防控制部门责令限期改正，给予警告，并处十万元以上五十万元以下罚款；逾期不改正的，处五十万元以上一百万元以下罚款，提请有关人民政府依据职责权限责令停建、拆除，对直接负责的主管人员和其他直接责任人员依法给予处分。

第一百一十条 违反本法规定，县级以上人民政府卫生健康主管部门、疾病预防控制部门或者其他有关部门未依法履行个人信息保护义务的，由本级人民政府或者上级人民政府有关部门责令改正，通报批评；情节严重的，对负有责任的领导人员和直接责任人员依法给予处分。

医疗机构、疾病预防控制机构泄露传染病患者、病原携带者、疑似患者或者上述人员的密切接触者的个人隐私或者个人信息的，由县级以上人民政府卫生健康主管部门、疾病预防控制部门依据职责责令改正，给予警告或者通报批评，可以并处五万元以下罚款，对直接负责的主管人员和其他直接责任人员依法给予处分，对有关责任人员依照有关医师、护士管理等法律、行政法规规定追究法律责任。

传染病防治中其他未依法履行个人信息保护义务的，依照有关个人信息保护的法律、行政法规规定追究法律责任。

第一百一十一条 违反本法规定，有下列情形之一的，由县级以上人民政府疾病预防控制部门责令改正，给予警告，对违法的单位可以并处二万元以下罚款，对违法的个人可以并处一千元以下罚款；情节严重的，由原发证部门依法吊销相关许可证或者营业执照：

（一）拒不执行人民政府及其有关部门依法采取的传染病疫情防控措施；

（二）拒不接受和配合疾病预防控制机构依法采取的传染病疫情防控措施；

（三）拒不接受和配合疾病预防控制机构开展的流行病学调查，或者在流行病学调查中故意隐瞒传染病病情、传染病接触史或者传染病暴发、流行地区旅行史；

（四）甲类传染病患者、病原携带者、疑似患者或者上述人员的密切接触者拒绝接受和配合依法采取的隔离治疗、医学观察措施，或者隔离治疗、医学观察的期限未满擅自脱离；

（五）故意传播传染病；

（六）故意编造、散布虚假传染病疫情信息；

（七）其他妨害依法采取的传染病疫情防控措施的行为。

安排传染病患者、病原携带者、疑似患者从事法律、行政法规和国务院疾病预防控制部门规定禁止从事的易使该传染病扩散的工作的，由县级以上人民政府疾病预防控制部门责令改正，给予警告，可以并处二万元以下罚款；法律、行政法规另有规定的，依照其规定。

第一百一十二条 违反本法规定，造成人身、财产损害的，依法承担民事责任；构成违反治安管理行为的，依法给予治安管理处罚；构成犯罪的，依法追究刑事责任。

第九章 附 则

第一百一十三条 本法中下列用语的含义：

（一）重大传染病疫情，是指造成或者可能造成公众生命安全和身体健康严重损害的传染病疫情。

（二）传染病患者、疑似患者，是指根据国务院卫生健康主管部门、疾病预防控制部门发布的传染病诊断标准，符合传染病患者、疑似患者诊断标准的人。

（三）病原携带者，是指感染传染病病原体无临床症状但能排出病原体的人。

（四）流行病学调查，是指对人群中疾病或者健康状况的分布及其决定因素进行调查研究，提出疾病预防、控制措施及保健对策。

（五）人畜共患传染病，是指人与脊椎动物共同罹患的传染病，如鼠疫、狂犬病、血吸虫病、包虫病等。

（六）自然疫源地，是指某些可引起人类传染病的病原体在自然界的野生动物中长期存在和循环的地区。

（七）病媒生物，是指能够将传染病病原体从人或者其他动物传播给人的生物，如鼠、蚊、蝇、蚤类等。

（八）医疗机构感染，是指在医疗机构内获得的感染，包括在医疗机构内发生的感染和在医疗机构内获得、离开医疗机构后发生的感染，但不包括进入医疗机构前已开始或者已处于潜伏期的感染。医疗机构工作人员在医疗机构内获得的感染也属医疗机构感染。

（九）实验室感染，是指从事实验室工作时，因接触传染病病原体所致的感染。

（十）消毒，是指用化学、物理、生物的方法杀灭或者消除环境中的病原微生物。

（十一）疾病预防控制机构，是指从事疾病预防控制活动的疾病预防控制中心以及铁路疾病预防控制机构等与上述机构业务活动相同的单位。

（十二）医疗机构，是指依法取得医疗机构执业许可证或者进行备案，从事疾病诊断、治疗活动的机构。

（十三）暴发，是指在局部地区或者集体单位短时间内突然出现很多症状相同的患者。这些患者多有相同的传染源或者传播途径，大多数患者常同时出现在该病的最短和最长潜伏期之间。

（十四）流行，是指在某地区某病的发病率显著超过该病历年发病率水平。

第一百一十四条　传染病防治中有关突发公共卫生事件的应对，本法未作规定的，适用有关突发公共卫生事件应对的法律、行政法规规定。

第一百一十五条　本法自 2025 年 9 月 1 日起施行。

后　记

在公共卫生体系不断完善的进程中，传染病防控始终是守护人民生命健康的关键防线。近年来，新发突发传染病的挑战频发，社会各界对《传染病防治法》的理解与运用需求愈发迫切。我们也深刻意识到，一套系统、实用且通俗易懂的普法读物，能够有效填补理论与实践之间的鸿沟，助力法律更好地落地生根，这正是这本《中华人民共和国传染病防治法知识问答：案例讲解版》成书的初衷。

为确保内容的专业性与实用性，我们深入疾控部门、医院、社区卫生服务中心等一线单位进行调研及交流。在交流过程中，倾听他们在工作中遇到的实际困惑，同时查阅大量文献资料，收集到上百个具有代表性的常见问题。这些问题涵盖疫情报告流程、医疗救治管理、应急物资调配、法律责任界定等多个方面，每一个都凝结着对防控实践的经验与思考。

案例的选取与整理同样是一项艰巨的任务。我们从海量资料中筛选出若干个典型案例，涉及医疗机构、政府部门、企业和个人等不同主体。为了将案例讲深讲透，我们反复研读司法判决文书、行政处理决定，与法律实务专家深入探讨，力求还原案例原貌，准确提炼法律适用要点。

在书籍架构搭建上，我们坚持问题导向，以传染病防控工作的流程为主线，将这些问题分类整合，确保读者能快速定位所需内容。对于每一个问题，既引用《传染病防治法》及配套法规的原文，又结合实际案例进行分析，用通俗易懂的语言阐释法律条文背后的逻辑。同时，为读者提供切实可行的工作建议。

本书的顺利完成，离不开诸多同仁与单位的支持与帮助。感谢中国政法大学在法学理论层面给予的专业指导，其深厚的学术积淀为本书法律条文解读提供了坚实的理论根基；感谢首都医科大学附属北京佑安医院在传染病防控实践领域分享的宝贵经验，助力案例筛选与内容校准；感谢中国研究型医院学会、北京卫生法学会在资源协调与学术研讨中提供的有力支持，为本书创作搭建了良好的交流平台。同时，也感谢在调研过程中，毫无保留分享经验的一线工作者；感谢给予专业指导的法律专家和公共卫生学者；感谢中国法治出版社编辑团队严谨细致的审校与建议；感谢中国政法大学法学院卫生法硕士研究生常永巍在案例收集方面所做的工作。他们的智慧与付出，让这本书能够以更优质的面貌呈现在读者面前。

传染病防控是一项需要全社会共同参与的系统工程，而法律是其中不可或缺的重要支撑。我们衷心希望，这本书能够成为公共卫生工作者、执法人员、社区管理者以及普通民众的"案头书"，帮助大家更好地理解法律、运用法律。若本书能为提升社会整体防控能力、推动《传染病防治法》的贯彻实施贡献一份绵薄的力量，便是对我们所有努力的最好回报。

尽管我们已竭尽全力，但书中难免存在不足之处，恳请广大读者批评指正。未来，我们将持续关注传染病防控领域的新情况、新问题，不断完善内容，与大家共同守护公共卫生安全防线。

刘鑫　霍宏蕾

图书在版编目（CIP）数据

中华人民共和国传染病防治法知识问答：案例讲解版 / 刘鑫，霍宏蕾编著. -- 北京：中国法治出版社，2025.6. -- ISBN 978-7-5216-5333-5

Ⅰ.D922.165

中国国家版本馆 CIP 数据核字第 20252R7P46 号

责任编辑：白天园　　　　　　　　　　　　封面设计：杨鑫宇

中华人民共和国传染病防治法知识问答：案例讲解版
ZHONGHUA RENMIN GONGHEGUO CHUANRANBING FANGZHIFA ZHISHI WENDA：ANLI JIANGJIE BAN

编著/刘鑫，霍宏蕾
经销/新华书店
印刷/三河市国英印务有限公司
开本/880 毫米×1230 毫米　32 开　　　　　印张 / 10.25　字数 / 225 千
版次/2025 年 6 月第 1 版　　　　　　　　　2025 年 6 月第 1 次印刷

中国法治出版社出版
书号 ISBN 978-7-5216-5333-5　　　　　　　定价：36.00 元

北京市西城区西便门西里甲 16 号西便门办公区
邮政编码：100053　　　　　　　　　　　　传真：010-63141600
网址：http：//www.zgfzs.com　　　　　　编辑部电话：010-63141792
市场营销部电话：010-63141793　　　　　　印务部电话：010-63141606

（如有印装质量问题，请与本社印务部联系。）